ÉDOUARD LÉVÊQUE

PARIS-PLAGE
LE TOUQUET

RAPIDE HISTORIQUE

PHYSIONOMIE & DESCRIPTION

MOYENS DE DISTRACTION

Imprimeur Éditeur Charles DELAMBRE
MONTREUIL-SUR-MER ET PARIS-PLAGE

1904

PARIS-PLAGE LE TOUQUET

ÉDOUARD LÉVÊQUE

PARIS-PLAGE

LE TOUQUET

RAPIDE HISTORIQUE

PHYSIONOMIE & DESCRIPTION

MOYENS DE DISTRACTION

Imprimeur-Éditeur Charles DELAMBRE

MONTREUIL-SUR-MER ET PARIS-PLAGE

1904

PRÉFACE

Nous avons l'année dernière publié TRENTE JOURS A PARIS-PLAGE, *ouvrage destiné à indiquer à nos baigneurs et à nos visiteurs, la façon d'occuper sérieusement et agréablement leur temps, pendant leur séjour sur cette plage de prédilection.*

L'accueil sympathique que le public a bien voulu nous accorder, nous a engagé à développer notre œuvre et à la compléter.

TRENTE JOURS A PARIS-PLAGE *expose d'une façon très sommaire et absolument en abrégé, nos passe-temps, nos promenades et nos excursions; il ne donne aucune description.*

Avec ce nouvel ouvrage nous promènerons nos lecteurs dans les différents sites; nous les y arrêterons. *Tout ce qui mérite de retenir leur attention est scrupuleusement dépeint. Nous leur livrons toutes les notes, tous les documents que nous avons recueillis depuis la fondation de notre station balnéaire. Toutes les impressions, toutes les sensations que nous avons ressenties, tous les sentiments que notre âme a éprouvés, nous les traduisons dans nos descriptions.*

Pour rendre notre récit plus attrayant, et pour permettre aux touristes de faire toujours des excursions savantes, nous nous sommes attachés à exposer le côté historique chaque fois que l'occasion s'en est présentée. Les sciences de l'histoire et de l'archéologie se sont tellement développées depuis cinquante ans, qu'il n'est plus permis aujourd'hui de visiter un pays quelconque, sans aborder de suite les faits ou les descriptions qui s'y rapportent. Mais pour exposer les choses, de ce côté, d'une façon sérieuse, nous avons dû nous livrer à des recherches considérables, fouiller bien des archives et consulter tout ce qui a pu être écrit relativement aux localités décrites. Nous avons puisé largement dans des ouvrages qui sont dûs à des érudits en la matière. Au premier rang, nous avons trouvé dans le Dictionnaire Historique et Archéologique du Pas-de-Calais, des renseignements précieux. Il en a été de même dans l'ouvrage du baron Taylor : « Voyages dans l'ancienne France, « Picardie ». Les « Archives de la Picardie et de l'Artois » de P. Roger; les « Chroniques sur la Picardie » du même auteur; les « Notices Historiques, Topographiques et Archéologiques sur l'arrondissement d'Abbeville » d'Ernest Prarond; « l'Histoire d'Etaples » de Souquet; les « Mémoires des Antiquaires de Picardie », etc., etc., nous ont également fourni une foule de documents dont nous sommes heureux d'indiquer la source.

Quand un pays possède de tels éléments à tous les points de vue : pour les arts, pour les sciences, pour l'histoire, comment ne pourrait-on pas en devenir fanatique? Comment ne pas croire en sa brillante destinée?

Nous espérons que nos lecteurs partageront notre enthousiasme. Celui-ci ne s'est jamais démenti une minute depuis vingt ans; au contraire, il s'est fortifié d'année en année, et aujourd'hui tout vient nous donner raison. Tout vient affirmer que ne nous ne nous sommes pas trompé dans nos prévisions de la première heure. Tout proclame que Paris-

Plage devait devenir et deviendra une station de premier ordre, sinon la première entre toutes.

A ceux qui nous taxeraient d'exagération, nous n'aurions qu'une chose à répondre : Quand nous nous sommes mis en route, il y avait huit chalets à la Plage pouvant abriter une trentaine de personnes. Pourquoi y en a-t-il quatre cent cinquante aujourd'hui? Pourquoi au cours de la saison vient-il plus de vingt mille baigneurs? Tous ceux-là évidemment sont accourus chez nous, parce qu'ils ont ressenti, après une première visite faite les années précédentes, ce que nous avons éprouvé nous-même avant eux. Ils ont été empoignés, et ils ont dit comme César : Veni, vidi, vici. *Je suis venu, j'ai vu, j'ai vaincu mes vieilles habitudes d'aller sur les autres plages pour adopter à l'avenir Paris-Plage, la Reine des Plages, l'Arcachon du Nord.*

Ceux qui feront de même dans l'avenir ne se compteront plus, car là où la lumière a jailli, la ville doit se faire, suivant la belle devise des armes de Paris-Plage : FIAT LUX, FIAT URBS.

LIVRE I

Historique — Physionomie

Description — Climat

CHAPITRE I

Rapide historique de Paris-Plage

COMMENT ON FONDE UNE PLAGE. — IL Y A UN QUART DE SIÈCLE. — LES PREMIERS DÉBUTS EN 1882. — LA LÉGENDE DE VILMESSANT. — FONDATION DE LA STATION BALNÉAIRE PAR M. DALOZ PÈRE. — LES PREMIERS CHALETS. — LES POÈTES DE LA PREMIÈRE HEURE. — LA PLAGE S'ACCROIT. — POURQUOI L'APPELLATION DE PARIS-PLAGE. — ETHYMOLOGIE DU MOT « TOUQUET ».

Voir de ses propres yeux naître une ville, voir subitement surgir dans un désert une multitude de constructions, semées à travers rues et places, agrémentées d'hôtels grandioses, de villas coquettes et artistiques, de monuments divers : église, marché, école ; voilà un spectacle que bien peu d'hommes de ce siècle pourront se vanter d'avoir vu.

On lit bien le récit de telles créations, en notre modernité, dans ces journaux de la jeune Amérique, feuilles d'une allure inconnue dans notre routinière Europe. Et encore, croit-on assister, à la lecture de ces lignes, à une de ces représentations imaginaires, telles qu'on les trouve décrites dans certains contes fantastiques faits pour amuser nos enfants.

Pourtant, dans notre vieille France, et en plein XIXe siècle, à côté de cités dont l'antiquité ne se mesure plus, il nous aura été donné d'assister à l'enfantement d'une de ces créations.

Paris-Plage qui EST aujourd'hui, n'existait pas il y a un quart de siècle ! Il ne fait, en effet, qu'entrer maintenant dans sa vingt-troisième année. C'est en 1882, exactement, que fut construite la maison du garde Roberval, actuellement la villa « Léo », ainsi que l'établissement Duboc qui porte comme enseigne « A la Naissance de la Plage ».

La première conception de cette plage appartiendrait à M. de Vilmessant. On rapporte que dans une grande partie de chasse, organisée dans la forêt du Touquet, la compagnie de chasseurs, dont faisait partie l'illustre fondateur du *Figaro*, déboucha subitement sur la grève. Plusieurs des invités ne connaissaient pas le pays. Le voisinage de la mer, si proche de la forêt, fut une révélation. Ce rapprochement les enthousiasma. « A quoi bon courir à Arcachon, « quand, à quatre heures de Paris, on pouvait se procurer « les mêmes avantages ? » Une idée géniale, comme en avait Vilmessant, surgit. « Fondons l'Arcachon du Nord, et puisque nous sommes à deux pas de Paris, appelons ce lieu Paris-Plage ».

Le nom est resté, mais le célèbre homme de lettres n'eut pas la joie de mener à bonne fin l'œuvre entrevue. Plusieurs articles élogieux parurent bien dans le *Figaro*. Un commencement de publicité eut lieu. L'acquisition totale du domaine fut même discutée ; mais la mort vint suspendre le rêve en supprimant le rêveur.

Cependant le propriétaire du domaine reprit l'idée pour son compte.

M. Daloz père, homme de grande initiative, le créateur de cette admirable forêt, sur laquelle nous aurons occasion de nous étendre, fit faire un plan et un lotissement de la station balnéaire projetée. Il rédigea un réglement très étudié, qui devint la base des rapports entre les acquéreurs et le vendeur, et même des acquéreurs entre eux. Dans cette espèce de cahier des charges, où rien n'avait été laissé à l'imprévu, tout avait été pesé et réglementé : police des rues, entretien des chemins, questions d'hygiène.

La plage était créée. Elle ne demanda plus qu'à prospérer. Après les deux constructions de 1882, citées plus haut, on vit apparaître en 1883 les deux premiers chalets,

« l'Avant-garde et la Vigie », qui, pour répondre à leurs noms, furent vraiment les messies de cette admirable phalange de constructions si variées que nous admirons aujourd'hui.

Vint ensuite, en 1885, la villa Saint-Georges, qui servit, dans le commencement, d'hôtel aux visiteurs, et où les baigneurs de la première heure passèrent, dans l'intimité, de si agréables instants; puis en 1886, les « Clématites », avec M. Henry du Parc, l'un des plus sympathiques pionniers de la plage ; « les Bergeronnettes » avec M. Warenghem, receveur d'enregistrement, l'un des fondateurs également, qui nous a quittés momentanément pour suivre sa carrière, mais qui, nous l'espérons, reviendra un jour parmi nous.

Ah ! quand on se reporte à ces modestes débuts, que d'excellents souvenirs on retrouve, mais aussi que de tristesses sur le chemin ! Plusieurs de ceux que nous avons connus si joyeux, si amis, ont disparu. Saluons leur mémoire en passant.

N'avons-nous pas eu aussi nos poëtes, à l'aurore de notre fondation ? Qui ne se rappelle les poësies exquises, composées sur Paris-Plage et sur la forêt, par M. Léon Barat, ou par cette miss King, que personne n'a oubliée, et qui se cachait si bien sous le délicieux pseudonyme de " Froufrou " ?

Tout ce qui est jeune, tout ce qui est antique a toujours inspiré les poëtes et les peintres. Le printemps et le soir de la vie ont été chantés et peints dans tous les pays ; de même l'aurore et le crépuscule ; de même les débuts et la décadence de nos vieilles cités ; de même la naissance de nos jeunes plages, quand elles s'épanouissent dans un cadre, où toutes les beautés de la nature se rencontrent.

Tout contribuait ainsi au lancement de cette station fortunée. Aussi dès 1889, les constructions s'élevèrent de toutes parts. On en compta vingt-deux dans la même année. M. Billoré, architecte à Amiens, conservateur de la Cathédrale et des monuments historiques de cette ville, en édifia la plupart. De ce nombre fut le Grand Hôtel, pour le compte de M. Legendre père, à qui la plage doit un si grand tribut de reconnaissance. Sans le sacrifice pécuniaire si considérable qu'il consentit alors, jamais Paris-Plage ne fut sorti du berceau.

A citer encore, du même architecte, « Concordia », ainsi que « Marthe et Marie », deux chalets en bois très étudiés, appartenant à M. Prévost-Blondel et à M. Charles Herbert, d'Amiens ; également la « villa Suzanne » appartenant à M. Léon Garet, qui a, lui aussi, une part si grande dans la fondation de notre station balnéaire.

Après on ne s'arrêta plus ; et ce qui est plus singulier, on n'y fit plus attention. Cela s'explique. Au début, chaque fois qu'un vide se comblait, cela paraissait être le résultat de nombreuses constructions ; alors qu'il n'y en avait souvent qu'une en réalité. Aujourd'hui tout se groupe. Les moindres espaces se bâtissent, et on ne se rend plus compte de l'accroissement.

A peine voudrait-on croire, qu'il y a aujourd'hui quatre cents chalets, en laissant de côté cependant tous les bâtiments secondaires.

Tel fut le berceau de Paris-Plage qui est maintenant à l'état adulte, et qui va passer bientôt dans la force de l'âge. Quand sonnera l'heure de son apogée ? Nul ne peut le prévoir. Mais son si rapide développement, eu égard aux autres plages, nous fait présager un avenir des plus brillant. Le rêve de Vilmessant n'aura donc pas été une chimère ; puisque en si peu de temps, il sera devenu une si grandiose réalité.

Ici se pose la question du nom donné à notre charmante station. Pourquoi ce nom de Paris-Plage, au lieu de celui si original de « Touquet », connu depuis si longtemps dans toute la région ? Ce mot avait au moins le mérite d'être indigène et modeste. Celui de « Paris-Plage », au contraire, semble à première vue, avoir quelque chose de prétentieux, et c'est vrai.

Cependant, il était difficile de dénommer notre station « le Touquet », parce que cette appellation s'applique à un domaine de plus de mille hectares. C'est un « lieu dit » connu de toute antiquité, mais qui ne pouvait convenir à un emplacement particulier.

Il fallait baptiser cet emplacement. Or, la circonstance dans laquelle il le fut, l'homme qui en fut le parrain, tout cela plaide en faveur de la dénomination actuelle. Et comme, en définitive, l'histoire repose sur un document authentique ou sur une légende, nous devons toujours respecter l'un et l'autre. Conservons donc à notre station le nom de Paris-Plage.

Mais ce mot « Touquet » lui-même, d'où vient-il? Ah! on a déjà bien discuté sur son éthymologie. On a prétendu qu'il était dû à la présence, en grand nombre, d'un poisson dangereux, appelé toquet, dans les eaux de la baie et de la plage. Mais ceci est peu sérieux, étant donné que le poisson en question, se trouve abondamment sur tout le littoral, et qu'il n'y aurait pas eu de raison pour qu'il donnât son nom plutôt à cet endroit qu'à un autre.

Dans ces derniers temps, et depuis le rachat du domaine par M. Whitley, on a lu dans divers journaux anglais, et en France dans l'*Auto*, une explication nouvelle de ce mot « Touquet ». Il voudrait dire en patois « Bouquet »; sans doute pour faire allusion au superbe ensemble d'arbres qu'on rencontre dans ces parages. Cette explication ne nous semble pas devoir retenir davantage l'attention que la précédente, attendu que le mot « bouquet » est bien français et n'a rien qui appartienne au patois.

Certaines personnes lui attribuent une origine romane. En langue d'oil, *estouquet* veut dire petit pieu, d'où le mot *étoquer*. Etoquer une vache, signifie : mettre au pieu une vache dans une prairie. On dit mettre à l'étoc, (mettre au pieu.) Le « Touquet » rappellerait ainsi les prés salés, où, avant la création de la forêt, on mettait paître les bestiaux, mais en les attachant.

D'autre part, Lacurne, dans son ouvrage sur les éthymologies picardes, dit qu'on appelle « Touquet », un angle, un tournant de rue, une pointe, « al' touquet del rue » au coin de la rue. Cette expression s'employait couramment au Moyen-Age.

Il pourrait y avoir là une corrélation avec la définition précédente. Car souvent on marque le coin d'une propriété, d'une rue, par un poteau, par une borne, par un pieu ; en langue romane et en langue picarde par un *etoc*.

Dans tous les cas, cette version est celle qui satisfait le mieux, car elle répond exactement à l'état topographique de l'endroit que nous étudions. Nous sommes établis, en effet, sur un territoire qui forme la pointe, l'angle, et qui se termine surtout par un tournant, venant aboutir dans la baie de Canche.

Jusqu'à ce qu'il nous soit fourni un autre argument, nous tiendrons donc cette dernière explication comme la seule valable.

CHAPITRE II

Physionomie et Description de Paris-Plage

SITUATION. — TOPOGRAPHIE D'AUTREFOIS ET TOPOGRAPHIE ACTUELLE. — LES HORIZONS. — CARACTÈRE DES CONSTRUCTIONS. — AVENIR DU PAYS. — PARIS-PLAGE EST UNE STATION REVÊTUE D'UNE PHYSIONOMIE BIEN SPÉCIALE. — SA FORÊT.

Paris-Plage se trouve à 5 kilomètres d'Etaples, et à 232 kilomètres de Paris. Il fait partie de la commune de Cucq, dont il est distant de 4 kilomètres par la route. Il appartient à l'arrondissement de Montreuil, département du Pas-de-Calais.

On s'y rend d'Etaples, par un tramway électrique, à travers la pittoresque forêt du Touquet; et cela en moins de vingt-cinq minutes.

Agréablement situé sur la rive gauche de la Canche, Paris-Plage dépend du domaine du Touquet, à l'extrémité duquel il est bâti.

L'endroit actuel où il se trouve, s'appelait autrefois « Pointe-du-Touquet », et il ne comprenait absolument qu'un sémaphore et deux phares électriques de 1re classe, avec trois maisons pour le personnel.

Il y avait alors une population fixe de douze habitants, qui s'élève maintenant à environ trois cents pendant l'hiver, et à cinq mille pendant la saison des bains.

Notre future ville se trouve bâtie dans une plaine sans borne en longueur, mais limitée en profondeur par une forêt de 800 hectares.

C'est là une situation exceptionnelle, on en conviendra, et que n'ont pas le bonheur de posséder la plupart de nos rivales.

Pour établir le premier lotissement, qui est la partie bâtie actuellement, et qui mesure un kilomètre de longueur sur 500 mètres de profondeur, il a fallu niveler le terrain qui ne se composait que de dunes. Là on a dû saper un monticule d'une hauteur parfois respectable; ici on a été obligé de combler un gouffre profond.

Aujourd'hui on ne se doute plus de ce travail gigantesque, qui a présidé à notre établissement, ni des dépenses énormes qui en sont résultées; mais on peut s'en rendre compte cependant, en examinant les autres lotissements projetés; ceux-là sont ce qu'était le nôtre autrefois.

Paris-Plage s'encadre fort bien. Les horizons en sont charmants. En regardant la mer, qu'on aperçoit partout au bout des rues transversales, on a à sa droite, dans le fond, et perdues dans la brume toujours bleue, les délicieuses collines du Boulonnais, qui se terminent par une petite montagne en pointe, appelée le Saint-Frieux.

A gauche, vous avez le sémaphore, les baraques des douaniers, comme premier plan, et dans le fond, au bout de la dune se profilant à perte de vue, l'hôpital maritime de Berck, qui se découpe sur le ciel et sur l'océan dans un soupçon vaporeux. Derrière vous, vous avez les silhouettes de la forêt avec ses pins aux crêtes bizarres, dont les tons vert émeraude dans les lumières et bleu cobalt dans les ombres, contrastent très singulièrement avec les couleurs rosées ou violacées du sable.

Au milieu de ce cadre, déjà si luxueux et si poétique, apparaît notre coquet pays, bien bâti et présentant un aspect vraiment original. Quand nous passerons en revue les différentes constructions, nous aurons occasion de nous étendre plus longuement sur certains chalets et sur diverses villas, qui méritent qu'on s'y arrête et qu'on les signale à l'attention des visiteurs.

En général, ce qui caractérise Paris-Plage, c'est la variété de son architecture.

Les Phares
(avant la création de Paris-Plage)

Ici, vous apercevez une maison flamande ; là, une ferme normande. Dans un quartier le chalet en bois domine ; dans un autre c'est la villa moderne, tantôt en briques avec galets, tantôt avec briques et faïences. Partout vous ne rencontrez que constructions confortables. On sent que l'aisance règne dans ce pays nouveau.

Comme monuments publics on n'en compte guère. Cependant la petite chapelle, bien pauvre, a son élégance et déjà son histoire. Plusieurs *ex voto* rappellent des circonstances douloureuses, d'autres des événements heureux.

Il y a un marché couvert, qui jusqu'ici a servi à toute autre chose qu'à sa destination primitive. C'est toujours une note dans le tableau, car la forme ne rappelle pas les autres constructions.

L'école publique est peu importante ; mais elle est bâtie dans une note originale qui retient l'attention, et elle suffit aux besoins du moment.

Le sémaphore et les phares sont dignes du plus grand intérêt ; mais comme ils feront l'objet d'un chapitre spécial, la description en sera faite ultérieurement.

Nos rues sont droites et les maisons sont bâties à l'alignement. Le boulevard très souvent ensablé ne peut guère être apprécié. Il le sera davantage plus tard, quand nous volerons de nos propres ailes, et quand nos ressources nous permettront de l'entretenir dignement.

Ce qui frappe dans cette plage, c'est que rien n'a été livré au hasard. Tout a été prévu pour sauvegarder l'avenir; et certainement, quand les chemins seront entretenus comme ils doivent l'être ; quand tous les propriétaires rivaliseront pour poétiser leur villa, soit par des plantations, soit par des décorations champêtres, en harmonie avec la forêt ; alors nous posséderons une station d'un goût bien à part, et qui nous sera enviée partout.

Nous parlions à l'instant de la forêt. Peut-on évoquer ce mot sans proclamer que c'est là toute la fortune de Paris-Plage ? Peut-on concevoir l'un sans l'autre, Paris-Plage sans la forêt ? Assurément non. C'est la forêt du Touquet qui a fait Paris-Plage, et aujourd'hui que l'honorable M. Whitley veut créer dans le domaine même du Touquet une station spéciale, ouverte toute l'année, nous dirons que c'est Paris-Plage qui fera le Touquet. Ce sera notre façon de payer notre reconnaissance à ces bois superbes, sans lesquels nous ne serions pas ; car rien ne justifiait une plage à cet endroit de la côte plutôt qu'à un autre. La forêt, qu'on est en train d'aménager avec de vastes routes, et dans laquelle toutes les attractions naturelles seront mises en évidence, fera donc de notre plage une station plus que privilégiée, et à nulle autre pareille dans le Nord de la France.

En résumé, disons que Paris-Plage possède bien, à tous les points de vue, un caractère absolument distinct. Ce n'est pas la plage que l'on connaît ailleurs. Ceci est fort heureux, car, comme on a toujours soif de la nouveauté, ce caractère particulier nous attire des visiteurs. Beaucoup de ceux-ci deviennent, dès la première heure, des admirateurs, et un grand nombre de ces derniers se transforment, bien vite, en acquéreurs et en gros propriétaires de l'endroit.

CHAPITRE III

Le Climat à Paris-Plage

IL GÈLE RAREMENT A PARIS-PLAGE. — EXPLICATION SCIENTIFIQUE. — LES OISEAUX CHASSÉS PAR LES FROIDS S'Y RÉFUGIENT. — IL Y PLEUT RAREMENT ; DIFFÉRENTES CAUSES. — BIENFAIT DE L'AIR SALIN ET IODÉ ASSOCIÉ AUX ÉMANATIONS BALSAMIQUES DE LA FORÊT.

Bien que Paris-Plage soit situé dans le Nord de la France, et dans un département où les hivers sont parfois très rigoureux, on peut affirmer sans manquer à la vérité, qu'il n'y gèle presque jamais. Le climat y est exceptionnellement doux, la température modérée en général ; et dans l'été il y fait plutôt chaud, sans que la chaleur pourtant incommode, à cause de la brise de mer qui s'y fait toujours sentir.

Comment expliquer cette exceptionnelle température ?

Ceci est bien simple. A Paris-Plage, et tout le long du littoral, il n'y a que des dunes de sable. Or le sable, en raison de sa couleur blanche, n'absorbe pas les rayons solaires ; il les réfléchit. Par suite, l'atmosphère environnante se trouve chauffée, et une fois la nuit venue, si le froid est indiqué, avant de pouvoir faire sentir son effet, il faut qu'il ait eu le temps, au préalable, de paralyser la chaleur emmagasinée et de l'annihiler. Mais quand arrive le moment où il peut triompher, la nuit est finie, le soleil darde déjà ses premiers rayons, et ceux-ci élèvent de nouveau très vite la température.

Du reste ceux qui nous liront, auront probablement fait eux-mêmes, plus d'une fois, l'expérience de ce que nous avançons. S'il leur est arrivé, par une journée brumeuse, de se promener dans la dune, et de s'abriter du mauvais vent dans un pli de terrain, ils ont dû remarquer qu'aussitôt qu'un rayon de soleil se mettait à percer, une bienveillante chaleur les enveloppait de suite.

Nous nous rappelons avoir éprouvé cela au mois de mars ; à une époque, par conséquent, où il ne fait guère bon ni chaud en nul endroit. Ici on se serait cru au mois de juillet.

Autre remarque, qui prouve bien que sur notre littoral il ne gèle presque jamais. Pendant les grands hivers, alors que la vie semble s'être retirée de partout dans nos campagnes, si vous venez à Paris-Plage, vous êtes saisi de rencontrer, sur le bord de la mer, tous les palmipèdes de nos marais, tous les oiseaux que l'on chasse dans nos plaines et dans nos bois. Les malheureux, mourant de faim et de soif, s'en viennent, poussés par leur instinct, sur notre littoral, où ils trouvent tous les aliments nécessaires à leur existence. Les chasseurs connaissent bien ce détail. Aussi les voit-on accourir, en semblable circonstance, fort nombreux. Contre les pauvres bêtes, déjà épuisées par un long voyage et par les souffrances, la lutte est facile. Les victimes sont abondantes et souvent de qualité : cygnes, perdrix blanches, tous oiseaux inconnus dans nos contrées.

C'est pourquoi nous trouvons excellente l'idée de M. John Withley, de vouloir créer dans la forêt du Touquet une station d'hiver, autrement dit, une plaisance pour toute l'année.

On s'en va bien loin, à Pau, sur la Côte d'azur, pour trouver une température clémente.

Pas n'est pas besoin d'un tel déplacement. A deux pas de Paris et de Londres vous avez l'endroit propice ; et pour comble d'abri contre les vents froids, vous possédez une forêt toujours verte, dont le dessous, loin d'être humide, comme cela devrait être pendant la saison d'hiver, est au contraire toujours sec.

C'est qu'il convient d'ajouter qu'il pleut bien moins à Paris-Plage et au Touquet que partout ailleurs. Le vent est-il de mer, c'est-à-dire d'Ouest, ce qui est toujours l'indice de l'eau, les nuages transportés ou plutôt enlevés vers les terres, par le courant d'air qui se forme dans la baie, s'en vont crever au loin. Sur la grève peu d'eau ; et quand il en tombe, c'est très vite fini.

S'il fait de l'orage, et que celui-ci vienne de la terre, le vent de la mer l'empêche d'avancer et nous sommes presque toujours épargnés.

Du reste dans le pays, on a à lutter beaucoup plus contre la sécheresse que contre l'humidité ; et ceux qui possèdent des jardins savent les efforts qu'ils sont obligés de déployer pour combattre le mal inconnu partout ailleurs. Mais il n'empêche que cela ne soit une qualité pour les baigneurs qui viennent faire une saison à Paris-Plage. Ceux-là ne s'en plaignent pas.

Donc, en résumé, ici nous avons toujours une température modérée et jamais froide, un air sec et vivifiant.

Nous disons vivifiant, car il faut ajouter que, par un privilège spécial à toute la côte qui s'étend depuis Berck jusqu'à la Canche, l'air est saturé non seulement de sel marin, mais encore d'iode ; deux éléments bien faits pour convenir aux enfants, surtout s'ils sont faibles, et pendant les périodes de formation. Ajoutez à cela, quand vous vous retournez vers la forêt, les émanations bienfaisantes des pins maritimes ; émanations qui distribuent aux bronches les principes de la térébenthine, du goudron et de tous les sous-produits qui rentrent dans la composition de la résine. Vous obtenez donc tout ce qu'il faut pour une thérapeutique naturelle, et qui semble indiquée dans bien des affections.

Il n'y a par suite rien d'exagéré dans tout ce qui a été dit et écrit sur Paris-Plage par de savants docteurs. Du reste nous connaissons des cures merveilleuses qui s'y sont opérées ; et beaucoup de ceux qui viennent y passer la saison, le font souvent par reconnaissance pour un pays charmant qu'ils ont pris en affection.

LIVRE II

Moyens de Distraction

à Paris-Plage

Moyens de Distraction à Paris-Plage

RESSEMBLANCE DES PLAGES ENTRE ELLES. — CE QU'IL FAUT AVOIR AU BORD DE LA MER POUR SE DISTRAIRE. — PARIS-PLAGE STATION MARITIME ET RUSTIQUE TOUT A LA FOIS.

Toutes les plages se ressemblent au premier abord, ou à peu près. C'est toujours du sable ou des galets, et par devant vous la mer immense et son horizon, qui se confondent avec le ciel.

Mais, si on se donne la peine d'analyser, tant soit peu, les abords et les environs de chacune, on découvre bientôt une différence profonde entre elles. Cette différence permet la comparaison. Elle donne la mesure du plus ou moins de ressources, dans les distractions qu'elles peuvent offrir au baigneur et au touriste.

Plus une plage pourra fournir de passe-temps, de promenades et d'excursions, plus elle sera appréciée ; plus son développement sera rapide.

Car s'il est agréable de rester sur le bord de la mer, s'il est beau de la contempler dans un calme majestueux, ou dans le déchaînement de la tempête, il deviendrait fastidieux d'être condamné à cette jouissance pendant un mois entier et même moins.

L'homme se lasse vite, et il aime la variété. Au surplus, ces tons aveuglants de l'eau qui miroite et du sable que le soleil illumine, ne sauraient longtemps lui convenir. Il semble qu'on recherche avec bonheur un coin de verdure, où l'œil fatigué pourra se reposer.

Cela explique ces efforts incessants, que les habitants de l'endroit font, pour arriver à fixer un arbuste, et même un brin d'herbe, dans la dune rebelle.

C'est encore là le secret de la vogue de ces plages normandes, où la végétation descend dans la mer, et sur lesquelles Flore et Neptune se donnent la main dans une idylle charmante.

Eh bien! réjouissez-vous, vous qui venez à Paris-Plage. Ce rêve entrevu d'une plage idéale s'est réalisé pour vous. Des promenades ravissantes vous invitent à la contemplation des beautés de la nature. Vous n'avez que l'embarras du choix.

Mais ce qui vous manque, c'est l'indication des sites à visiter, des routes à suivre, des moyens de s'y rendre ; une description, en un mot, qui permettrait à chacun de consulter ses goûts et ses aspirations.

Cette lacune, nous essaierons de la combler dans cet ouvrage.

Trop heureux si nous pouvons atteindre ce but. Nous n'avons d'ailleurs qu'une seule et unique ambition : celle de nous rendre utile à ceux qui sont nos concitoyens pour quelques mois, ou nos hôtes pour quelques jours, souvent même pour quelques heures.

Ceux qui n'ont que très peu d'instants devant eux, ou qui ne peuvent, pour économiser leurs jambes, se dépenser en promenades et en excursions, ceux-là ont besoin de connaître les divers passe-temps qui font de Paris-Plage une station attrayante et habitable.

Ceux qui disposent de plusieurs jours, ne peuvent ignorer toutes ces promenades remarquables, qui fixeront à jamais dans leurs souvenirs, les bons moments dépensés dans ce pays enchanteur.

Ceux enfin qui font une saison complète, nous seront reconnaissants de leur avoir indiqué des excursions qui ne le cèdent en rien à celles de la Normandie et de la Bretagne.

Tous emporteront de chez nous un souvenir durable, qui fera naître en eux, les années suivantes, un désir : celui de revenir parmi nous.

PREMIÈRE PARTIE

Nos Passe-Temps

Nos Passe-Temps

NOS PASSE-TEMPS NE SONT PAS CEUX UNIQUEMENT DES PLAGES MONDAINES. — CE QUE DEMANDE LE REPOS AVEC LA VILLÉGIATURE. — CE QU'ON A AILLEURS. — CE QU'ON A CHEZ NOUS. — OU NOUS TROUVONS NOS DIFFÉRENTS PASSE-TEMPS.

Dans chaque station balnéaire on vous indique les passe-temps. Mais combien ceux-ci diffèrent suivant la contrée.

Dans beaucoup de plages à la mode, c'est le rendez-vous mondain par excellence. Le temps ne se partage guère qu'entre le Casino et l'heure du bain.

Dix fois par jour les dames changent de toilettes. On a fui la ville pour trouver le repos avec la villégiature ; mais hélas ! on a rencontré la fatigue, et un esclavage cent fois plus empoignant que celui de la cité. Par le fait qu'on se trouve resserré dans un endroit moindre, où tout le monde vous connaît vite, on s'est cru obligé à un décor plus grand. Au lieu de faire salon chez soi, on fait salon sur la grève ; et au lieu d'y recevoir plusieurs amis, on y reçoit tout le monde sans distinction.

On se lie parfois avec des personnes parfaitement inconnues, et qui se décorent de mille titres pompeux. On s'établit ainsi des relations fort douteuses, et dont on aurait à rougir dans sa propre ville.

Voilà la plage moderne un peu partout.

A Paris-Plage, rien de tout cela ; c'est la plage de famille. Les baigneurs qui s'y rencontrent, fatigués de la ville, des réceptions de l'hiver, des soirées, des affaires, viennent chercher le repos et la tranquillité. Ils s'abandonnent à la nature enivrante, et ils retrouvent bientôt en eux presque l'homme primitif. Aussi un rien les captive. Mille distractions les attirent du reste, et leur esprit dégagé des préoccupations de la veille, transforme celles-ci en passe-temps de toutes sortes.

Ces passe-temps, ils les rencontrent et ils les créent sur le bord de la mer et à la plage, dans la forêt qu'ils fouillent, dans la baie de la Canche qu'ils explorent, et enfin dans le pays qu'ils parcourent.

Nous allons les passer successivement en revue dans cet ordre.

Promenade à la Maison du Garde dans la grande plaine par la Forêt.

CHAPITRE I

Les Verrotières

LEUR ACCOUTREMENT. — LEUR PAYS. — LE PEINTRE TATTEGRAIN. LEUR FAÇON DE TRAVAILLER.

Quelle est donc cette troupe de femmes, jambes nues, aux jupons rouges, la tête enveloppée d'un mouchoir noué sous le cou ; les unes, une bêche sur l'épaule ; les autres portant une barre de bois transversale au bout de laquelle pend de chaque côté, par de longues cordes, de petits seaux de bois plus larges que haut ?

Au nombre d'une vingtaine, elles s'avancent gaiement à travers la forêt, trois par trois, ayant à leur tête une solide gaillarde bien plantée. Elles chantent un refrain cadencé, pour s'entraîner à la marche, et elles se dirigent vers Paris-Plage.

Ces femmes, ce sont des verrotières ; ainsi qu'on les dénomme dans le pays. Si vous leur demandez d'où elles viennent, elles vous répondront qu'elles arrivent de Merlimont, avec quinze kilomètres dans les jambes. Le soir elles s'en retourneront de même, leur journée terminée. Elles sont venues chercher des vers, que les pêcheurs vont emporter au large, pour leur servir d'amorce.

Ces femmes vaillantes et robustes, ont été immortalisées dans un tableau demeuré célèbre, du grand peintre Tattegrain.

Nous n'avons rien à faire qu'à flâner. Suivons-les de loin, car il est difficile de marcher aussi rapidement qu'elles.

Elles s'en iront, une fois sur la plage, bien loin derrière les parcs. C'est paraît-il en cet endroit, que se trouve le précieux appât en plus grande abondance. Observez-en une, vous en aurez observé dix.

Voyez celle-ci : elle examine le sable pendant quelques secondes, et quand elle voit une petite butte en spirale se former, vite, c'est le ver qui travaille. De sa bêche tranchante, avec une rapidité que personne n'égalerait, elle vous creuse un trou parfois de cinquante centimètres, car l'animal s'enfonce le plus possible et bien vite. Il s'agit de l'atteindre dans sa retraite. Enfin il est conquis. Avec les doigts elle vous retire un ver énorme, d'aspect rebutant. Il est sanguinolent et jaune ocreux au milieu. Elle le plonge dans le seau, et elle passe aussitôt à un autre. Et ainsi de suite pendant des heures, tant que les deux récipients seront pleins.

Mais la mer monte déjà. La journée est finie. Toutes se replient en arrière, et vont chercher un banc de sable, où elles seront quelque temps à l'abri du flot.

Elles jettent toute la trouvaille par terre, et prenant chaque bête une à une, elles opèrent un sectionnement nécessaire pour la qualité et la conservation de l'appât.

Quand l'opération est terminée, on remet le bâton sur l'épaule ; on ajuste le chargement ; et comme on est venu par la forêt, pour varier le plaisir, on retourne par la plage.

Quelle vie laborieuse ont ces braves gens ! Si la mer est basse, à quatre heures du matin, vous pouvez ouvrir la fenêtre de votre balcon ; vous les verrez déjà à l'œuvre. Et quand il faut songer que tous les jours, hiver, été, qu'il pleuve, qu'il vente et qu'il neige, elles font toujours leur trente kilomètres pour gagner leur existence.

On prétend que, l'hiver, toutes les femmes des marins de Berck viennent à la pointe du Touquet, pour se livrer au même travail.

Ceci donne de l'animation à la plage. Chercheuses de vers, pêcheuses de crevettes, tout cela réuni anime le tableau.

Avec les premières, nous avons la note gaie ; car tous ces jupons rouges à l'uniforme sont très amusants. Avec les secondes, nous avons cette tonalité dans la gamme des couleurs éteintes, et qui a bien son charme.

Toutes ensemble forment un heureux tout, fort curieux à observer.

CHAPITRE II

Les Promenades en Bateau à Paris-Plage

LES DIFFÉRENTES DIRECTIONS. — LA POINTE DE LORNEL. — PLAGE DE CAMIERS. — LA CANCHE. — ÉTAPLES. — BEUTIN.

Un vieux loup de mer, la face rude et bronzée, vous aborde. « Une promenade en mer, Monsieur et Madame; il fait beau aujourd'hui. »

Si vous vous laissez tenter, vous n'aurez pas à le regretter. Vous n'avez que l'embarras du choix, car on vous proposera : soit d'excusionner à Berck, soit d'aller à la pointe de Lornel, soit de remonter à Beutin en prenant la Canche avec la marée montante. Ces trois promenades ont chacune leur mérite.

Cependant comme vous aurez occasion d'aller à Berck, par la plage ou par la grande route, quand vous ferez une excursion sérieuse, nous ne vous conseillons pas la voie de mer, celle de terre ayant plus d'intérêt.

L'excursion à la pointe de Lornel aura peut-être plus d'attrait; car vous vous rendrez à un endroit où vous n'aurez guère occasion d'aller, pédestrement ni même en voiture.

Choisissez une belle journée, et embarquez-vous avec la marée montante. Toute la côte que vous verrez défiler devant vous pendant ce trajet est charmante.

Quand vous aurez dépassé les bouées, c'est d'abord le panorama de Paris-Plage, avec ses deux grands phares géants, qui se déroule devant vous. A cette distance, il n'y a plus de vide dans les constructions. Tout se groupe, et vous avez l'illusion d'une cité importante. Vous arrivez bientôt dans les eaux de la Canche, à l'endroit extrême où elle se jette dans la haute mer. Le mont St-Frieux vous apparaît, comme une petite montagne du littoral de l'Italie ou de l'Orient.

Puis ce sont les belles plages de Dannes, de Neufchâtel qui, à perte de vue, s'offrent à vos regards. Voici la pointe de Lornel, puis celle d'Equihen.

Vous pourriez aller bien loin dans cette direction. Aussi nous vous donnons le conseil, puisque la mer montera encore plusieurs heures, de remonter le cours de la Canche jusqu'à Beutin.

Vous irez vite, car le vent souffle de mer. En un clin d'œil, vous voici à la pointe du Touquet.

A votre gauche vous laissez le petit lazaret de Camiers et son phare. A votre droite, ce sont les belles silhouettes de la forêt qui défilent devant vous. Vous arrivez à la hauteur de la propriété de M. de Rocquigny, laquelle ressemble à un petit ermitage. Puis c'est la villa du sympathique M. Junot, un de nos anciens fondateurs, autrefois propriétaire du châlet l'*Eclair*. Enfin, vous entrez dans le port d'Etaples en nombreuse compagnie, car avec vous, plusieurs bâteaux de pêche vont au port pour y faire relâche. D'autre sont restés à l'entrée de la baie, et ont délégué plusieurs hommes de l'équipage dans leurs canots, pour aller porter le poisson.

Aussi, il y a du mouvement sur les quais; les femmes et les enfants se bousculent pour recueillir le précieux chargement.

Vous passez vite, car le vent vous emporte. Vous voilà sous le pont d'Etaples, puis sous le pont du chemin de fer. Là il a fallu carguer la voile et baisser le mât; mais vos hommes d'équipage les ont vite remis en place et vous refilez de nouveau.

Le cours de la Canche devient tortueux et capricieux. Ce n'en est que plus joli. Avec un bon barreur vous passez les tournants sans difficulté.

Au loin, commencent déjà à apparaître les belles collines chargées de bois de la Calotterie. Vous passez presque au pied d'une grande falaise blanche, assez escarpée et couronnée d'arbres.

Tout à fait dans le fond, se profilent sur le ciel les remparts de Montreuil, perché comme un nid d'aigle sur une colline élevée. La rivière coule au milieu de prairies verdoyantes, s'étendant à perte de vue, et dans lesquelles de nombreuses vaches, aux teintes tranchantes, prennent leurs ébats.

Voici un pont de planches qui ne manque pas de poésie par sa simplicité. Il sert à relier la route de la Calotterie à celle qui va d'Etaples à Montreuil. Quand vous l'avez dépassé, le paysage change. La rivière s'encaisse, et sur chaque rive, ce sont des arbres, des buissons, des broussailles qui viennent se baigner dans l'eau limpide, et doubler leur hauteur par une reflexion complète.

Encore quelques centaines de mètres, et vous êtes arrivé au terme de votre promenade.

Beutin apparaît noyé dans la verdure, sur le bord de la rivière.

C'est un charmant petit village, qui n'est pas encore déparé par les modernes constructions. Il a bien l'aspect champêtre, que l'on recherche tant, quand on est condamné, comme nous le sommes tous, dans le voisinage de nos grandes villes, à ne voir que des villages à l'alignement et ressemblant à des faubourgs.

Mais nous nous sommes égarés sur notre bateau. Ce n'est plus un simple passe-temps que nous nous sommes accordés, ni même une promenade. C'est une véritable excursion.

La mer descend. On le sent au courant qui est plus rapide. Déjà les rives, rongées par le flot et à pic, deviennent bien hautes, et laissent voir une argile jaune qui tranche avec le vert.

Remontons bien vite, si nous voulons être rentrés à Paris-Plage avant la chute du jour.

En route nous rencontrons des pêcheurs, qui abaissent leurs grands filets retenus par des perches de dimension. Le lendemain ils en retireront ces belles truites saumonnées, que viennent nous vendre les matelotes d'Etaples.

Enfin nous repassons à Etaples et nous voilà de retour.

Nous conserverons un bon souvenir de cette partie de bateau que nous sommes heureux de vous indiquer.

CHAPITRE III

La Pêche à la Crevette

POUR LES ENFANTS. — LEUR TENUE SI AMUSANTE. — LE TOQUET ET SA PIQURE. — LES PÊCHEUSES DE CREVETTES. — L'HEURE DE LA SAUTRIÈRE. — COMMENT S'ÉQUIPENT CES DAMES ET CES MESSIEURS. — LE ROLE DE L'ARTISTE.

La pêche à la crevette est, à Paris-Plage, l'objet d'une sérieuse distraction, pour les enfants comme pour les grandes personnes.

Pour les enfants, il y a une infinité de bâches peu profondes, quand la mer est retirée, où le précieux crustacé se trouve en abondance. C'est plaisir de voir ces petits bonshommes habillés en marins, retroussés jusqu'au haut des cuisses, et ressemblant à des échassiers, de contempler ces minuscules bonnes femmes aux jupons relevés et rejetés en paquet derrière, un grandissime chapeau capote enveloppant leur " frimousse ", qui poussent devant eux des miniatures de filets, dans lesquels viennent s'engloutir les pauvrettes tant désirées. Avec quel bonheur on les retire des mailles, pour les plonger dans la hotte fixée au côté par un brillant galon rouge ou bleu ! Et quelle joie, quand avec elles, on trouve des enfants de sole ou de limande ! Mais si un crabe ou un toquet paraît, oh alors ! une grimace se dessine bien vite sur leur physionomie rayonnante un instant auparavant. C'est que le terrible crabe avance toujours ses grosses pinces, pour vous tenailler jusqu'au sang ; tandis que le perfide toquet, sortant sur le dos son armature noire, lugubre, en forme d'aile de dragons, et ouvrant une large bouche, les yeux pleins de colère, vous menace d'une piqûre empoisonnée, souvent fort douloureuse. Mais heureusement le plus hardi de la bande est accouru. Il s'empare habilement de la méchante bête par une des pattes, ou par l'extrémité de la queue, et l'envoie promener très au loin.

La piqûre du toquet n'a d'ailleurs rien de mortel. Mais comme elle pourrait faire enfler une jolie main, et même le bras, il est bon de presser la plaie fortement et d'y mettre de suite de l'alcali ou de l'acide phénique. Les mamans ou les gouvernantes, qui suivent des yeux les jeunes pêcheurs feront donc bien d'avoir toujours avec elles ces deux remèdes.

Pour les grandes personnes, c'est en folâtre société que la pêche se fera. Les matelotes d'Etaples, toujours gaies et les premières à rire, viennent en bandes nombreuses au Touquet pour se livrer, hiver, été, par les plus grands froids comme par les plus grandes chaleurs, à cette pêche qui est leur seul gagne pain.

Elles ne dédaigneront pas votre présence, car elles espèreront bien vous vendre une partie de leur butin, ou recueillir *un petit sou pour acheter du pain*, comme elles disent si bien.

Au surplus ces pauvres enfants de malheureux pêcheurs, si elles ont parfois le don de vous importuner, sont bonnes filles. Elles sont toujours obligeantes, et, faut-il le dire, elles sont sympathiques sous leur accoutrement négligé. Les étoffes passées par l'eau de mer, dont elles sont vêtues, ont un grand cachet artistique. Elles font le bonheur des peintres, qui les recherchent avec d'autant plus d'empressement qu'elles abritent souvent des formes sculpturales que l'on devine fort bien, surtout quand elles sont détrempées par l'eau de mer.

C'est que toutes ces matelotes en général sont bien plantées et robustes. Elles ont des proportions harmonieuses qu'il est permis d'admirer. Leur débraillement s'accepte d'ailleurs fort bien, tant il est vrai que tout n'est que convention, et que là où la nature reprend ses droits, elle sait toujours offrir un effet charmant et poétique où l'ingénuité et l'innocence ont toujours les premières places.

Avec les grandissimes filets, semblables à ceux de vos compagnes, vous avez chance de faire une pêche sérieuse. Mais pour cela, il ne faut pas craindre d'entrer dans l'eau jusqu'à la taille. Plus vous irez dans une bâche d'une certaine profondeur, plus la moisson sera abondante. D'autre part, n'oubliez pas que les grosses crevettes se rencontrent, de préférence, le plus près possible de la haute mer, là où elle ne se retire jamais.

Pour atteindre l'endroit favorable à votre pêche, il faut choisir le moment voulu. C'est l'heure de la *sautrière,* comme disent les indigènes dans leur langage expressif. La *sautrière,* ou moment propice à la pêche de la sauterelle de mer ou crevette, a lieu une heure avant la plus basse mer, et une heure après, pendante qu'elle remonte ; en tout deux heures. Les jours où la mer approche très près, c'est-à-dire les jours de grande marée, elle se retire également très loin. Ce sont les journées les plus fructueuses.

Vous recueillerez ordinairement, ces jours-là, des crevettes monstres, presque des salicoques.

Il nous est arrivé bien souvent, dans les hautes marées, de faire de véritables pêches miraculeuses, et de revenir au bercail avec une hotte entièrement pleine au bout de deux heures. On triait le tout en trois lots, avec le concours de tous les gens de la maisonnée, au milieu des oh et des ah ! On faisait trois parts : les petites, les moyennes et les grosses. Avec les premières on faisait des heureux ; avec les secondes on régalait les gens de la cuisine ; avec les grosses on pâmait d'admiration les invités et on recueillait mille félicitations.

Est-il besoin de dire que ce passe-temps est très recherché à Paris-Plage ? On voit des familles entières s'y livrer. On revêt pour la circonstance une tenue spéciale qui fait le bonheur de tous : de ceux qui vont pêcher et de ceux qui les contemplent. Les dames se mettent ordinairement en simple costume de bains, un béret coquettement campé sur la tête ;

les hommes revêtent, avec le pantalon de bain, un bon tricot marin et une calotte. On s'avance crânement, le filet roulé sur l'épaule, comme si l'on portait un fusil, et la hotte au dos retenue par une corde transversale qui s'applique sur le haut de la poitrine.

Ainsi équipés, ces groupes d'amateurs allant se livrer à une pêche sérieuse ne manquent pas d'un certain pittoresque. C'est une toute autre composition que celle de nos matelotes d'Etaples ; mais l'un vaut l'autre. On a beau dire, ces enchanteresses de parisiennes, avec leur jolis minois, auront toujours le monopole du chic. Quand elles s'en mêlent, n'importe quelle tenue elles peuvent revêtir, et pour quelle circonstance que ce soit, elles vous trouveront toujours le je ne sais quoi qui plaît. Un rien relève ce qu'il y aurait eu de fade ou de choquant chez d'autres ; ce rien créera un ensemble plein de gaieté et d'harmonie.

Pour l'artiste, il y a là matière à de délicieux croquis. Aussi nos peintres, toujours si nombreux à Paris-Plage, ne s'en privent pas.

La pêche à la crevette n'est donc pas profitable seulement qu'à ceux qui s'y livrent.

CHAPITRE IV

Les Collectionneurs de Coquillages

LA COLLECTION. — LES DIFFÉRENTES ESPÈCES. — MÉTHODE POUR RAVIVER LES COULEURS. — OUVRAGES EN COQUILLAGES. — LE PLAISIR DES ENFANTS. — PRÉCIEUX SOUVENIRS POUR L'HIVER.

Un des grands amusements des Paris-Plageois, grands et petits, est la recherche des coquillages.

Les uns, en véritables savants, ramassent tous les types qu'ils rencontrent, et les classifient. Les autres s'en servent pour faire des petits ouvrages d'art, qui ont bien leur valeur et leur charme.

Un collectionneur enragé, qui pendant toute une saison, s'est livré à l'étude de nos coquillages, a pu en ramasser trente-deux espèces différentes ; et dans chaque espèce, de quatre à vingt-cinq variétés ; ce qui lui a donné un produit de trois cent cinquante à quatre cents types.

Parmi les plus belles, citons au premier rang l'hélice. On la trouve dans les parties un peu basses, où s'amassent ces espèces de petits fourreaux, comme en peau et couverts de débris de coquilles qui servent d'habitation à une espèce de vermiculaire. Les hélices agathines, *hélix agathina,* sont de très belles coquilles univalves, rappelant l'escargot, mais d'un beau ton opaline, et ayant l'aspect et le toucher de la porcelaine. L'hélice habite les estuaires, ce qui fait qu'on en trouve beaucoup dans la baie de Canche.

Dans les bassures également on trouve, mais pas communément, une autre espèce d'univalve, la toupie petite cône, *trochus conulus,* ainsi que la toupie cinéraire, *trochus cinerarius.* Comme son nom l'indique, cette coquille est conique. La première présente des tons rosés et irisés d'un bel effet.

Dans la même famille et toujours au même endroit, vous rencontrerez la turritelle tarière, *turritella terebra,* avec ses étages clairsemés, d'un beau blanc transparent ; le buccin pygmée, *buxinum lineatum,* en blanc, en gris ou en jaune, avec ses petites stries granitées.

La plus grosse du genre sera le buccin ondé, *buxinum undatum,* qui sert souvent de refuge au Bernard l'ermite, *Cancer Bernhardus,* crustacé du genre pagure.

Parmi les univalves nous devons encore citer quelques porcelaines *cyprea,* volutes et les patelles : la patelle vulgaire, *patella vulgata,* la patelle trou de serrure, *patella nimbosa.* Les patelles sont des espèces de cônes qui s'attachent aux rochers.

Passons maintenant aux bivalves. La plus belle est assurément la bucarde épineuse, *cardium aculeatum,* avec ses grosses côtes. Vient ensuite l'arche ondulée, *arca undata,* avec ses dessins festonnés rougeâtres sur fond crême.

Citons maintenant :

La Vénus treillisée — *Venus decussata ;*

La Vénus argentée — *Venus argentea ;*

La Vénus virginale — *Venus virginale ;*

La Vénus poule — *Venus gallina.*

Ce genre de coquillages est très abondant sur notre plage et les variétés peuvent se compter à l'infini.

Puis c'est la Pholade dactyle, *Pholus dactylus,* coquille très allongée en largeur : la telline radiée, *tellina radiata ;* les nombreuses variétés de peignes : le peigne gigantesque, *Pecten maximus,* dont le mollusque est délicieux avec sa chair au goût de homard ;

Le peigne élégant — *Pecten elegans ;*

Le peigne sinué — *Pecten sinuosus.*

N'oublions pas les *austrea* (huîtres) :

Les moules communes — *mytilus edulis.*

Les anomies, cette espèce de coque mince et tortillée, aux aspects nacrés de toutes les nuances ;

L'anomie écaille — *Anomia squamula ;*

L'anomie violette — *Anomia violacea ;*

L'anomie ambrée — *Anomia electrica.*

On peut encore rattacher aux coquilles, l'enveloppe de l'oursin épineux, *Echinus spinosus*, et celle de l'oursin commun, *Echinus esculentus*. Tout le monde les connaît. Inutile de les décrire.

Les collectionneurs qui voudront donner à tous ces coquillages un aspect soigné devront, après les avoir bien nettoyés, les passer au vernis de copale. Ce vernis aura l'avantage de faire remonter tous les tons et de leur donner, outre la transparence et le brillant, un aspect porcelaineux qui est très agréable.

Reste à parler du parti que l'on peut tirer de toutes ces coquilles au point de vue artistique.

Nous avons vu des jeunes filles, aux doigts de fée, confectionner avec les petites vénus rosées et rougeâtres, des fleurs de roses fort délicates et fort jolies. Chaque coquillage simulait une pétale. Les fleurs émergeaient, elles-mêmes, d'un vase en coquillages très gracieusement traité.

On fait encore des dessus de boîtes, des garnitures de paniers, qui ne manquent pas d'un certain cachet, surtout quand on sait assortir et associer les couleurs.

Avec des arches ondulées ou des bucardes épineuses à grosses côtes, nous avons vu faire des pelotes à épingles tout à fait originales.

Voilà pour le plaisir des grands.

Quant aux petits, Dieu sait si les coquillages font leur bonheur. Du reste les enfants ne peuvent pas concevoir la mer et son beau sable sans cet ornement. Pour eux, aller sur une plage ou dans un port de mer, où on ne trouve pas de coquillages, ce n'est pas y aller. Mieux vaut rester chez soi.

De Paris-Plage on ne s'en va pas les poches vides, ni les paniers non plus.

Aussi il faut voir avec quel bonheur, quelle avidité tout ce petit peuple ramasse, entasse dans des petites voitures, dans des boîtes, dans des seaux, dans des hottes les précieuses coquilles. On ne les choisit guère, on prend à même, car c'est par milliards qu'elles se rencontrent sous leurs pas.

Et l'hiver, quand bien loin de notre belle station, on revoit les collections qu'on a faites pendant la saison, les petits ouvrages qu'on a édifiés de ses mains, on se reporte par la pensée vers Paris-Plage. On se rappelle les circonstances dans lesquelles on a ramassé chaque coquille, les amis avec qui on se trouvait, les agréables instants qu'on a passés ensemble. Et voilà comment le souvenir appelle le souvenir. Vous devez à un objet qui a bien peu de valeur en lui-même la joie de revivre par l'esprit et par le cœur avec ceux qui sont bien loin de vous. Si vous portez à cette heure, à votre oreille, la grosse coquille en spirale, vous entendrez le mugissement de la mer qui donnera à votre rêve généreux presque un semblant de réalité.

CHAPITRE V

Le Jeu de Croquet à Paris-Plage

LE CADRE ET LE TABLEAU DU JEU DE CROQUET. — LES TOILETTES DE CES DAMES. — AVANTAGES DES MODES SPORTIVES. — LE CROQUET DES ENFANTS.

Toutes les plages de sable ont leurs joueurs de croquet, et nous n'avons certes pas la prétention de monopoliser à notre profit ce jeu, comme s'il n'était possible de s'y livrer que chez nous.

Mais à Paris-Plage il s'exerce dans un cadre qui mérite bien sa description.

Parler aussi de ceux qui s'y livrent et de ceux qui regardent est chose non moins amusante. Car si les uns éprouvent de la joie, dans ce genre d'exercice, il en est d'autres qui n'en ressentent guère moins à contempler les joueurs eux-mêmes.

Il a été fait sur ce thème « du jeu de croquet sur la plage » des compositions de toute nature, des toiles à n'en plus finir.

Chaque année, dans une de nos grandes expositions, on retrouve ce sujet favori. Mais, si on le traitait à Paris-Plage, quels effets charmants on trouverait pour mieux souligner ses sujets.

C'est qu'il est peu de pays à « figures » comme le nôtre, suivant l'expression d'un peintre célèbre, M. Japy, qui vint à Paris-Plage, il y a une dizaine d'années. Ici tout contribue à mettre en lumière les personnages, les fonds et les premiers plans.

Comme fonds : c'est la mer verte ou bleue, ce sont les collines vaporeuses de la Canche, souvent violacées, quelfois grises, bleutées. Comme premiers plans : c'est un sable rosé, chaud, violet-intense dans les ombres occasionnées par les petites cavités, que forment en marchant les pas des promeneurs.

Et quand, par dessus tout cela, vous avez, se profilant sur un joli ciel, des jupes rouges, des corsages blancs, des couleurs étincelantes de toute nature, oh alors quelle peinture !

Voyez ce groupe qui se dessine si bien par là. Peut-on trouver une gamme plus fine et plus en harmonie avec le paysage ? Et que dire des poses ? Quels mouvements agréables donne au corps cette obligation continuelle de se baisser à demi, pour viser et pousser la boule !

Ne dirait-on pas que les baigneurs, qui se livrent à ce croquet, ont presque autant de plaisir à s'admirer entre eux et à jouir de l'effet qu'ils produisent, qu'à faire la partie elle-même ? Pourquoi ne voulez-vous pas que nous éprouvions la même satisfaction à les admirer de loin ?

Observez-les. Ils ont revêtu une tenue de circonstance. Les dames ont des toilettes claires, très claires, plus que légères, très dessinantes, et diablement parisiennes. Sur la tête un béret rouge ou blanc coquettement chiffonné, et dans lequel une épingle s'enfonce avec chic ; aux pieds le soulier jaune obligatoire — et le costume est complet.

Les messieurs, eux aussi, ont leur habillement à part. C'est le veston et le pantalon blanc, à petites rayures rouges et bleues, avec une chemise bouffante de couleur, sur laquelle en guise de ceinture, vient s'enrouler une large écharpe de soie noire. Sur la tête un chapeau de feutre mou, aux bords convulsés, est négligeamment jeté.

Ces costumes absolument fin de siècle, qui tiennent de tout, du russe, de l'espagnol et de l'anglais, ne manquent pas de poésie.

Pourquoi ? Parce qu'ils ont le caractère du négligé et de l'abandon, c'est-à-dire du bien-être et de la commodité. Or, chaque fois que ces qualités se révèlent, c'est que le corps est redevenu plus libre. Mais le corps de l'homme est beau ; c'est le chef-d'œuvre de la Création. Laissez-en soupçonner les splendeurs avec les lignes, sans l'emprisonner dans vos modes stupides qui le déparent, et aussitôt vous en dégagerez l'esthétique.

Puissent ces nouveaux vêtements être le prélude d'une révolution dans l'art de l'habillement qui, depuis un demi-siècle, s'éternise dans un classique lugubre et emprunté. Il semble qu'ils respirent la joie, et que ceux qui en sont revêtus sont plus gais que les autres. Oui, c'est bien vrai : *l'habit fait le moine*. Ecoutez-lez plutôt, avec leur conversation joyeuse, leurs réflexions humoristiques ; en même temps que les boules sous les arceaux, ils font passer des drôleries qui font revivre le vieil esprit français.

A ce titre, nous devons encourager tous ces jeux, si par les costumes qu'ils inspirent, si par les mœurs nouvelles qu'ils visent, ils nous sortent de cette ornière fatale, dans laquelle nous végétons depuis trop longtemps.

Il n'est pas jusqu'aux enfants qui ne se livrent à ce charmant passe-temps. Vous entendez leur babillage et leurs cris, qui vous arrivent jusque sur votre balcon, où souvent vous passez quelques instants, dans une douce ivresse de repos et de somnolence. C'est que la boule roule bien, et quelquefois trop vite, sur ce sable fin et ferme qui constitue nos vastes bancs de sable. Elle a dépassé le but et pendant ce temps-là, les petits camarades passent et gagnent.

Mais ne vous occupez pas, heureux joueurs, qui que vous soyez, de nos regards indiscrets et inquisiteurs. Faites comme chez vous, car vous y êtes. La plage est immense, et si avec notre lunette inquisitrice nous pouvons fouiller vos groupes aimables, vos paroles n'arrivent pas jusqu'à nous. Elles vont se perdre dans le flot qui mugit, et qui en emportera parfois très heureusement le détail et le secret.

CHAPITRE VI

La Pêche aux Equilles

DESCRIPTION DE L'ÉQUILLE — DIVERSES VARIÉTÉS. — TENUE POUR CETTE PÊCHE. — OU IL FAUT ALLER ? — MOYEN DE RECONNAITRE L'ENDROIT. — POUR LA PRENDRE. — POUR LA MANGER.

Vous avez une après-midi à dépenser, et le temps est superbe. En outre la mer a déjà baissé suffisamment, et elle ne doit remonter qu'à la fin de la journée. C'est une excellente occasion pour vous rendre à la Canche, dans la direction des bouées. Si vous le voulez bien, cette fois, nous irons à la pêche aux équilles. Nous disons pêche ; ici, le terme est impropre, car il ne s'agit pas de jeter des filets dans la mer, ni de lancer des lignes. C'est tout simplement dans le sable mouillé, et que vient de lâcher la vague, que nous trouverons le minuscule poisson que nous allons chercher.

Mais qu'est-ce que l'équille ? En terme d'ichtyologie, c'est un genre de malacopterygiens apodes. Ce qui caractérise les diverses espèces de cette famille, c'est leur tête pointue et leur mâchoire supérieure extensible. Cette conformation singulière leur permet de fouiller le sable de la grève et la vase des estuaires, afin d'y rechercher les vers. A cette anomalie leur est dû le nom d'anguilles de sable. On trouve surtout sur nos côtes l'espèce dite : *Equille appât (ammodytes tobianus)*. Elle y est très commune, et les pêcheurs s'en servent comme amorce pour le gros poisson. On rencontre également l'*équille lançon (ammodytes lancea)*. Ces deux espèces sont de la grosseur, à peu près, d'un petit doigt et ne dépassent pas la longueur de quinze à vingt centimètres. Elles sont comestibles et même d'une très grande finesse. Les gourmets prétendent que c'est le nec plus ultra des petits poissons, et que le goujon de Seine si réputé des parisiens n'est rien en comparaison.

Ce léger cours d'histoire naturelle terminé, il s'agit de se disposer pour la campagne à entamer contre ces pacifiques habitants de notre sous-sol marin. La tenue à revêtir est fort simple. C'est celle du pataugeage, c'est-à-dire jambes nues au besoin, et toujours pieds nus. Il y aura en effet des petites bâches à traverser, et il est bon de ce côté de pouvoir les franchir à l'aise, sans difficulté, et surtout sans être dans l'obligation, pour ces dames, de transformer les messieurs en baudets ou en chaises à porteur.

Maintenant il faut vous armer de légères bêches pour creuser rapidement le sable, et ne pas oublier les paniers qui renfermeront les victimes.

Après trois quarts d'heure de marche environ, dans la direction indiquée au commencement de ce chapitre, vous arrivez à peu près à l'endroit voulu. Le fixer au juste n'est guère possible. Il n'y a point de repaire dans le désert. Tout ce que nous pouvons dire et répéter, c'est que le lieu propice se trouve près des premières bâches, non loin de la Canche, ainsi qu'aux alentours des bouées.

Du reste, il est bien rare que vous ne rencontriez pas dans ces parages des mariniers ou des matelotes à la recherche des vers pour la pêche. En leur glissant une légère pièce de monnaie dans la main, à la condition qu'ils vous indiqueront la bonne place, vous serez bien vite fixé. Et puis, il y aura pour vous un autre avantage, ce sera celui de la démonstration pour extraire de sa retraite le malin animal. Il y a, en effet, un tour de main à attraper qui n'est pas toujours aisé.

On reconnaît habituellement la demeure de l'équille à une certaine petite bavure qui se trouve sur le sable lisse. Il faut approcher sans bruit. On enfonce brusquement de côté la bêche pour ne pas la couper, et cela à environ vingt-cinq centimètres de profondeur. On la remonte vivement, en jetant en l'air la masse de sable déplacé, afin de diriger la bête qui s'y trouve sur une partie de sable lisse non fouillé, et de l'empêcher ainsi de s'enfoncer à nouveau, pour regagner avec la rapidité de l'éclair le souterrain séjour. Puis on l'assomme.

Quand vous êtes tombé à l'endroit favorable, c'est un vrai bonheur. Il n'est pas rare, en moins d'une heure, de ramasser trois ou quatre livres de cette excellente petite anguille. Vous direz à votre cuisinière de vous les rouler dans une légère pâte et de vous les faire frire tout simplement. Quant à vos convives, ils n'auront qu'à les manger en entier comme des goujons, et nous vous assurons qu'ils pourront se lécher les « babines ».

CHAPITRE VII

La Pêche au Mulet

CEUX QUI SE LIVRENT A CETTE PÊCHE. — LEUR HABILLEMENT ÉTRANGE. — COMMENT ILS OPÈRENT. — CURIEUSE MANŒUVRE. — POUR LEUR ACHETER. — COMMENT S'EFFECTUE LEUR RETOUR.

Quand le temps sera couvert, la mer grosse, le vent soufflant presque en tempête, vous apercevrez une vingtaine d'individus à l'habillement étrange, portant de longs bâtons et des filets enroulés.

Ce sont les gens de Camiers qui viennent se livrer à la pêche du mulet. Ils sont revêtus d'une blouse en toile cirée, nouée à la taille, et d'un caleçon de laine qui leur descend souvent jusqu'à la cheville. Sur la tête ils sont couverts d'une espèce de casque, également en toile cirée avec une longue visière dans le cou, pour permettre à l'eau de tomber en dehors du corps. En bandouillère ils portent des sacs ou des filets, dans lesquels se trouve le déjeûner, et où prendront place les poissons capturés.

Si vous les suivez, vous les verrez par moment s'arrêter et observer le flot écumant de la marée montante. Il faut en effet que la mer monte pour se livrer à cette pêche.

Ils ont perçu, car ils ont le regard d'aigle. Immédiatement, vous voyez la moitié de la troupe s'arrêter, tandis que l'autre continue pendant environ cent à cent cinquante mètres. A un signal donné, des deux côtés à la fois, les hommes s'avancent par groupe de deux par deux, en tenant chaoun leur bâton et le filet qui y est enroulé. Il y a de part et d'autre un homme d'avant-garde qui doit, après avoir décrit un circuit, se rejoindre à son collègue. Les autres ont suivi à distance en observant la courbe voulue ; et chaque groupe de deux, en s'avançant, a déroulé son filet. Les hommes d'avant-garde sont de cette façon reliés au reste de la troupe ; et quand ils se rejoignent, ils s'enlacent solidement, sautant avec les lames, pour ne pas être roulés par la vague.

Le parc mobile est formé. A un coup de sifflet donné, immédiatement il se rabat en arrière ; les hommes luttant à grand peine contre la force des flots. Enfin le moment difficile est passé. L'aile droite et l'aile gauche sont déjà sorties de l'eau. Il n'y a plus que le centre qui se rabat avec précaution, de peur de laisser échapper la précieuse capture.

Ils ont réussi. Vous voyez apparaître, rejetés sur le sable, deux ou trois gros mulets, aux écailles d'argent, le corps décrivant une courbe gracieuse. Chacun pèse quatre à cinq livres. Ils sont immédiatement saisis par les principaux de la bande qui, après les avoir assommés, les déposent dans les filets portés en bandouillère.

Et la troupe se remet en route, et elle observe, et elle recommence la même opération, jusqu'à ce qu'il n'y ait plus rien à faire.

Si vous vous approchez de ces hommes, et que vous essayez de leur causer, ils auront à peine le temps de vous écouter. Ce sont des primitifs. Ils ne sont pas venus au Touquet pour s'amuser. Il faut travailler et vite ; car pour accourir de Camiers, ils ont dû franchir la Canche à un endroit guéable à marée basse, et il s'agit de revenir assez à temps au gué pour ne pas se laisser prendre par la marée montante.

Il n'y a qu'un langage qu'ils comprendront, c'est celui du porte-monnaie. Si vous leur demandez à acheter un de leurs mulets, le chef consulte ses collègues, et vous fait le prix. Ordinairement vous vous en tirerez avec quatre à cinq francs pour un trés fort mulet. Ceci soit dit en passant, le mulet est un excellent poisson, qui peut figurer avec honneur dans un grand dîner, quand on a su le préparer convenablement.

On ne s'imagine pas la fatigue que ces hommes-là se donnent, pour se livrer à ce labeur. Ils font toute la côte jusqu'à Merlimont au moins, et s'en retournent de même. En somme c'est de l'argent bien gagné ; car, eu égard à leur nombre, la somme à partager n'est pas bien importante pour le travail à fournir. Aussi quand vous leur achèterez, ne les marchandez pas trop. Vous ferez une bonne œuvre.

Rien de plus curieux de les voir retraverser à nouveau la Canche pour s'en retourner à Camiers. Ils ont souvent de l'eau jusque sous les aisselles ; et ils sont obligés de porter en l'air leur mince bagage pour éviter de le perdre. C'est à se demander comment ils font pour ne pas être emportés par le courant.

CHAPITRE VIII

La Levée des Parcs au Passage de la Sardine

PASSAGE DE LA SARDINE. — LA POPULATION PAUVRE D'ÉTAPLES. — TENTATIVE DE PILLAGE. — LES PROPRIÉTAIRES DU PARC. — LE BUTIN. — RÉCOLTE TERMINÉE, GLANAGE AUTORISÉ. — LE RETOUR. — CE QUE FONT LES PARIS-PLAGEOIS. — BONHEUR DES ENFANTS.

Quelle est donc cette troupe débraillée qui s'avance sur la grève ? C'est, paraît-il, la population pauvre d'Etaples qui vient piller les parcs.

Car nous sommes en septembre.

« Il a fait une délicieuse journée. La mer est calme, et les goélands planent à l'endroit où sont les filets, pour se servir eux-mêmes avant tout le monde. » — « Le passage de la sardine a dû donner beaucoup... »

Telles sont les réflexions qui nous parviennent aux oreilles.

Et en attendant que la mer soit baissée davantage, la troupe s'est arrêtée subitement et campe sur place. Elle attend le moment propice où elle pourra contourner les filets et arracher le poisson d'argent qui, pendu à chaque maille, envoie en tout sens son dernier miroitement.

Rendez vous à cette scène inconnue, et observez.

Des femmes de tout âge, et surtout beaucoup de jeunes

filles et d'enfants dominent dans la composition de tout ce monde, car les hommes sont à la mer se livrant aux rudes travaux de la pêche.

Toutes sont jambes nues, très sommairement vêtues. Leurs vêtements aux tons passés de vert-bronze ou vieux rouge, usés, rapés, troués, et presque en lambeaux, laissent soupçonner des formes gracieuses qui percent en maints endroits. Elles ont au dos la hotte traditionnelle retenue par la corde transversale à la hauteur des clavicules.

Les unes sont assises par groupe ou couchées lascivement, tuant le temps à leur façon ou s'abandonnant à une passagère somnolence.

D'autres, ce sont les jeunes, dansent une ronde échevelée. Les jupons flottent au vent bien haut, et leur chevelure roussâtre et inculte s'envole par mèches ondulées. Toutes sont pleines de santé ; les joues sont rouges quoique la peau soit bronzée. Elles sont bien campées sur des jambes solides toutes ces filles presque barbares. Leur personne évoque en ce lieu des souvenirs poétiques, et au milieu de cette danse folâtre, on se demande si on n'a pas devant soi les nymphes de l'endroit.

Cependant les plus enragées, lasses d'attendre, se sont converties presque en véritables naïades. Elles s'avancent dans la bâche profonde qui précède le banc de sable sur lequel la plus grande partie du parc est établie.

L'onde encore écumante voile leur nudité et sauvegarde leur pudeur. Mais si celle-ci est à l'abri, leur honnêteté est à l'épreuve. La sardine séductrice perce presque dans chaque maille et demande à être détachée. Nos pillardes jettent autour d'elles des regards inquiets, et au moment où elles croient n'être pas vues, elles arrachent brusquement le poisson.

Car le vieux loup de mer, à qui appartiennent tous ces filets, est un homme terrible. Comme tous les retraités de la marine, qui ont seuls la permission de tendre des parcs sur la plage, il a conscience de son droit, et il paraît décidé à le faire respecter.

Aussi, dès que sa venue est annoncée, vous voyez toutes nos pillardes battre bien vite en retraite et se réunir en arrière. Celles qui dansaient sont devenues immobiles et observatrices. Celles qui étaient couchées ou assises se sont levées. Le moment est psychologique.

Le propriétaire du parc s'amène avec sa voiture. Il est entouré de sa femme et de ses fils. Ceux-ci sont armés de fouets pour éloigner la foule. Le véhicule est chargé de grandes mannes bien hautes, trop hautes même, car les pauvres filles, en les examinant mélancoliquement, se demandent avec inquiétude si, quand elles seront pleines, il en restera encore pour elles.

Cependant la mer a baissé. Les dernières vagues qui arrivent en déferlant à l'extrémité du parc, traversent bien encore les mailles des filets, et promènent durant quelques mètres les malheureux prisonniers qui se sont laissés attarder ; mais encore quelques-unes et ce sera tout, ils seront à sec. A sec, c'est l'agonie terrible qui commence ! Un terrible mouvement convulsif agite leur beau corps argentin et souple qui jette aux rayons du soleil, comme pour lui rendre un suprême hommage, un dernier miroitement. La bouche ouverte, grande, appelle la mer qui s'en va. Déjà de grosses mains s'abattent sur eux, et les prenant brusquement, les plonge dans la manne où ils expireront. Les victimes s'entassent sur les victimes, les mannes sur les mannes et la voiture s'emplit. Il ne faut déjà plus de sardines. On garde les dernières places vides pour les autres poissons habituels. Par ici c'est une superbe anguille qui essaie de se faufiler au-dessous du filet. Là ce sont des soles et des limandes, qui à plat sur le sol détrempé, clapotent pour retrouver l'onde qui a fui. Voici des cabillauds, des petites aloses et bien d'autres.

Tout cela s'engloutit avec le reste dans la voiture.

Enfin la permission officielle est donnée. Toutes nos pillardes se précipitent sur les restes et butinent sous l'œil bienveillant, cette fois, du vieux marin ; car son droit de propriété est rassasié. C'est la bousculade, c'est la lutte. On ramasse à l'envie les pauvrettes qui n'ont pu trouver place dans le convoi funèbre.

Comme on est à cent à partager, elles n'auront chacune qu'une trentaine de sardines. Mais cela suffira à leur bonheur.

De retour au logis, on les salera et on les gardera précieusement pour l'hiver. Avec cela il y aura de quoi passer une trentaine de jours.

Cependant les filets ont été nettoyés et remis en place. La voiture lourdement chargée s'éloigne, reprenant le chemin d'Etaples. Le soleil presque couchant darde ses derniers rayons. Et la troupe joyeuse s'éloigne chantant des refrains d'antan. Les échos de la forêt redisent leurs paroles d'espérance et d'amour.................................

Est-il besoin d'ajouter combien les gens de Paris-Plage s'intéressent à la levée de nos parcs. Tous, vous avez assisté à ces scènes. Retroussés bien haut aussi, Mesdames, Messieurs, avec le chic et la correction en plus, vous vous êtes mêlés à toute cette population. Vous avez pris plaisir à observer leur manège, et tous vous avez noté ces traits de mœurs absolument locales. Et pour les enfants — quel bonheur de patauger et de ramener dans leur minuscule filet, une petite sole, ou un minuscule carlet! Car de ceux-là il y en a tant qu'on en veut. L'homme terrible ne les ramasse pas. C'est d'abord du menu fretin, et puis les réglements lui interdisent de le prendre pour empêcher le dépeuplement. Aussi sa tolérance est bienveillante. Il ne lui en coûte rien. D'ailleurs, il est bien disposé à votre égard. Vous lui avez acheté de son poisson, qu'il vous a vendu à un prix plus élevé que celui qu'il aurait obtenu au marché d'Etaples. De votre côté vous avez fait une excellente affaire, car vous l'avez payé meilleur marché qu'à n'importe quelle revendeuse.

En somme nous avons passé tous une bonne et fructueuse après-midi que nous recommencerons très volontiers.

CHAPITRE IX

Les Visites de l'Ecole des Enfants de Troupe de Montreuil

ARRIVÉE BRUYANTE. — AUBADE RÉGLEMENTAIRE. — " ROMPEZ LES RANGS. " — LA BAIGNADE. — LE DÉJEUNER EN PLEIN AIR. — LES LARGESSES DES BAIGNEURS. — CONCERT DE REMERCIEMENT. LA FIN D'UN BEAU JOUR.

Sur la plage si tranquille d'habitude, a subitement retenti l'écho d'une fanfare guerrière. On croirait entendre une marche militaire. Chacun se demande ce qui se passe. Et tous nos Paris-Plageois d'accourir de l'extrémité du pays, pour chercher l'explication du phénomène.

Au loin, apparait un bataillon nombreux de pantalons rouges, s'avançant à l'alignement.

Est-ce une prise de possession du pays? D'où vient cette troupe?

Rassurez-vous. Ce sont de jeunes militaires, sans armes, qui s'en viennent faire une partie de plaisir à Paris-Plage.

Ce sont les enfants de l'Ecole militaire préparatoire d'Infanterie de Montreuil, qui ont mérité un jour de congé, et que leur Commandant amène lui-même, au milieu de vous, pour les récompenser et pour leur faire passer une bonne journée.

Aussi, après avoir offert l'aubade réglementaire aux gens du pays, le « rompez les rangs » est bientôt prononcé. Et aussitôt, comme une nuée de pigeons, vous voyez, en un clin d'œil, toute la grève débordante de culottes rouges. C'est une fourmilière. Et tout ce jeune monde de « s'esgaudir avec moult joie », de courir, de criailler, sous les regards bienveillants des officiers, des sous-officiers et des caporaux. Mais soudain un coup de clairon sonne le rappel. Sur deux rangs la troupe se forme, en face du Grand-Hôtel sur le Boulevard de la Mer. C'est l'heure du bain, et l'ordre est donné de se mettre en tenue. Nouvelle dégringolade dans la dune et changement de costume à vue. L'onde se change en grenouillère. Elle écume sous les ébats joyeux de nos jeunes troupiers, qui se livrent à mille fantaisies.

Cinq minutes, dix minutes trop courtes, hélas! se passent. Nouvelle sonnerie rappelant tout ce petit monde, un instant affranchi, à la réalité de leur existence.

On se rhabille en maugréant intérieurement; mais la discipline exige l'obéissance passive; on se tait.

On se rassemble par peloton. « A vos rangs ». « A droite alignement, fixe ». On se compte pour voir s'il y a des manquants. Puis, on rompt les rangs pour déjeûner.

Le repas se fait en plein air, dans les oyats; mais outre qu'il est assaisonné d'appétit, il est considérablement augmenté par les largesses des baigneurs qui aux uns offrent un plat de viande, aux autres une pâtisserie.

Après ce festin, pour remercier la population de son bon accueil, la jeune fanfare exécute, sous la terrasse du Grand-Hôtel, les meilleurs morceaux de son répertoire, afin d'employer l'expression consacrée.

Puis on se disloque, on vagabonde toute l'après-midi, on se livre à mille jeux et à mille distractions.

Vers quatre heures on se reforme en rangs, et à travers la forêt, on retourne à Etaples prendre le train, qui ramènera le petit régiment vers sa caserne de Montreuil.

Le Commandant est content, tout le personnel de l'Ecole aussi; la jeunesse encore plus; et tous se disent « à quand la prochaine? »

CHAPITRE X

Séance de Pataugeage

EN QUOI CONSISTE LE PATAUGEAGE. — LES PROMENEURS DU DIMANCHE. — COCASSERIES. — LES PATAUGEURS DU GRAND MONDE; LEUR TENUE ÉLÉGANTE. — LE PLAISIR DES ENFANTS, VOIRE MÊME DES GRANDES PERSONNES. — AUTRES OCCUPATIONS: LES GOÉLANDS, LES VERROTIÈRES, LES MARINS DU PARC, LE CANOT DU TORPILLEUR. — ACOMPTE SUR LE DÉJEUNER. — POUR LES ARTISTES ET LES PHOTOGRAPHES.

Il y a-t-il à la mer un plaisir plus grand que celui de patauger, et peut-on concevoir la mer sans le pataugeage? Mais pour ceux qui nous liront et qui n'ont pas l'habitude des plages, en quoi consiste donc cette distraction? C'est bien simple. On s'habille dans la tenue de personnes qui n'ont rien à perdre; on se met carrément jambes nues, et à la manière des canards, on barbote dans les flaques d'eau ou dans le flot qui monte. Ceci paraît bête ; c'est vrai. Pourquoi cependant tout le monde prend-il plaisir à ce genre de sport? Grandes personnes et enfants, hommes et femmes, riches et pauvres, tous ceux qui arrivent à la mer n'ont rien de plus pressé que de revêtir cette tenue rudimentaire, et sans tenir compte du qu'en dira-t-on, sans s'occuper des observateurs, de s'enivrer de ces bains de pieds, de ces bains de jambes plus ou moins publics.

Voyez les promeneurs du dimanche, ceux qui nous arrivent par le train de plaisir. Leur premier souci, en débarquant à la plage, est d'enlever leurs chaussures, leurs bas ou leurs chaussettes. Les enfants et les hommes relèvent leur pantalon jusqu'au milieu des cuisses, tant que celui-ci veut bien remonter le long de leur fémur. Les femmes ramassent leurs beaux jupons blancs en pelote, qu'elles logent par devant ou par derrière, quand elles ne l'enlèvent pas tout à fait. Tous se transforment bien vite en palmipèdes, courant dans l'eau, la faisant clapoter autour d'eux, et savourant la joie d'être léchés par la vague qui s'avance. Rien de plus amusant, pour l'artiste né observateur, que de croquer sur le vif les bons types qui se livrent à ces joyeux et drôlatiques ébats. Les paysannes sont superbes dans leur accoutrement improvisé, surtout quand par-dessus ce demi-nu vulgairement retroussé et peu séducteur, apparaît pour couronner le personnage, le chapeau à plume, toujours rococo et profondément ridicule.

Mais à côté de ces drôleries et de ces cocasseries, il y a les pataugeurs du grand monde. Ceux-là savent combiner leur tenue, de façon à être très-chic avec peu de chose. Des jeunes femmes trop bien faites, tout en observant la règle de la pudeur, savent faire ressortir le charme de leur gracieux modelé, sous un costume moitié bain de mer, moitié tenue de plage. Un béret gracieusement jeté, sur une chevelure savamment bouffante, donne à la physionomie un je ne sais quoi d'idéal, qui poétise le reste de la personne. D'adorables bébés font toujours partie de ces promenades aquatiques, car ce sont eux qui sont appelés surtout à en retirer le principal bienfait. Et c'est plaisir de voir tous ces petits garçons, toutes ces petites fillettes à la frimousse emprisonnée sous un délicieux chapeau cabriolet de piqué blanc, tous retroussés jusqu'au haut des jambes, et ressemblant à de véritables échassiers ! Comme ils sautent dans le flot qui monte, comme ils s'éclaboussent et comme ils s'amusent ! Et dire que les grandes personnes, quand elles sont seules, et qu'elles ne se pensent pas observées, font de même ! Car avec les enfants, elles veulent prouver qu'elles sont sérieuses, et elles s'abstiennent généralement. Elles se bornent, pour les mamans, au rôle de la poule, qui va jusque sur le bord de l'eau, afin de surveiller sa couvée de jeunes canards barbotant sans elle. Mais quand elles sont seules, elles ne s'en privent pas ; elles redeviennent enfants elles-mêmes, se rappelant leur prime jeunesse et le bonheur d'autrefois.

Mais là ne se bornent pas les occupations des pataugeurs. On s'amuse de tout, parce qu'on s'amuse d'un rien. C'est un passage d'oiseaux de mer, courlis ou goélands, qui rasent la surface de la mer et qui captivent l'attention. C'est la cadence des rameurs dans une barque, qui s'en va rejoindre le bord, là bas en pleine mer où le bateau est à l'ancre. C'est le travail des verrotières, qui avant que la mer ne monte par trop, se dépêchent de remplir leurs seaux du précieux appât. Ce sont les marins, qui après avoir recueilli le poisson resté prisonnier dans le parc, retendent leurs filets pour la prochaine marée. Un jour ce sera un yacht de plaisance, venant d'une plage voisine, qui s'amène joyeusement chez nous, avec une partie de visiteurs. Une autre fois, c'est le canot en toile goudronnée, détaché d'un torpilleur de haute mer, qui conduit au sémaphore un officier chargé d'inspecter le service. Ce sont aussi mille attractions différentes naissant chaque jour des circonstances, et qui procurent l'occupation d'une matinée ou d'une après-midi.

Si c'est avant votre déjeuner que vous vous livrez au pataugeage, rien ne vous empêchera de prendre un acompte sérieux sur place même, en gobant le délicieux mollusque qui, sous le nom de *donax,* se blottit dans le sable, dans les parties de la grève qui confinent à la haute mer. Quelquefois vous tomberez sur une partie de hénons, bien que ceux-là se rencontrent plus particulièrement à la Canche.

De tout ce que nous venons d'exposer, les artistes et les amateurs, armés d'appareils photographiques, savent tirer un précieux parti. Les épreuves qu'ils obtiennent sont souvent empreintes d'une certaine saveur artistique ; et quelques-unes, parfois très drôles, ne manquent pas d'un certain piquant. Henri Boutet, le célèbre auteur des « Pointes Sèches », trouverait là de nouveaux sujets d'inspiration très certainement.

Et le temps a fui, ce temps qu'on voudrait toujours vivre, et qu'il faut pourtant passer, pour dire qu'on ne s'ennuie pas. Tous se sont bien amusés ; mais comme la cloche a sonné au chalet pour l'heure du repas, il faut bien s'arracher à l'ivresse de la mer. On le fait presque à regret ; mais on se console en se promettant de recommencer souvent cette excellente partie.

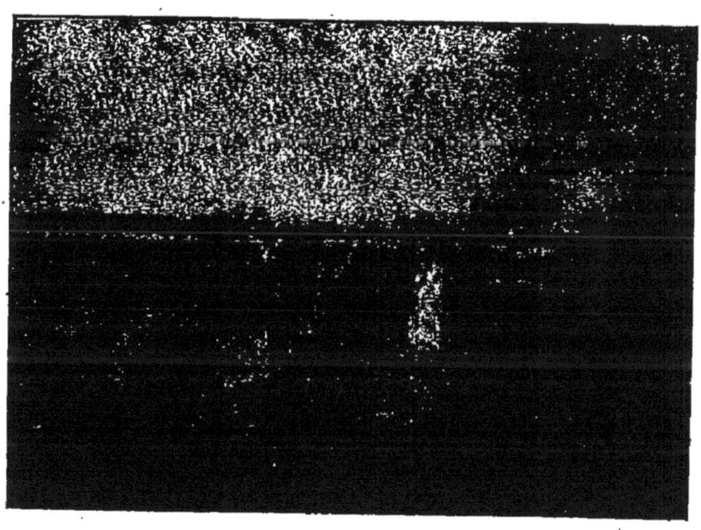

Séance de Pataugeage. — Promeneurs du Dimanche

NOS PASSE-TEMPS
dans la Baie de Canche

CHAPITRE XI
La Collecte des Hénons

LE HÉNON NOURRITURE DES GENS D'ÉTAPLES. — SA RÉPUTATION. — IL FIGURE DANS LES ARMOIRIES D'ÉTAPLES. — POUR LE RECUEILLIR : TENUE, ITINÉRAIRE, MOYENS DE LE RENCONTRER ET DE L'EXTRAIRE. — LA CONCURRENCE DES GOÉLANDS.

Avez-vous déjà vu dans nos rues de pauvres filles, se promenant avec un lourd panier de coquillages au bras, et une assiette à la main. « Qu'est-ce qui veut des hénons — à un sou l'assiette ? » Demandez-leur où elles ramassent ces mollusques, dont les innombrables coquilles sont mêlées au sable de notre grève ? Elles vous répondront : « dans la baie ». Car ce sont les meilleurs parmi les meilleurs, les hénons de la Canche. Ils jouissent d'une grande renommée, non seulement à Etaples, où la population maritime en fait la base de son alimentation, mais dans toute la région, à dix lieues à la ronde. C'est du reste par voitures, que la population des campagnes vient les chercher, et il s'en vend beaucoup sur le marché de Boulogne.

Mais tout d'abord, qu'est-ce que c'est que le hénon ? Ici, se place un petit cours d'histoire naturelle. Ce mollusque, que les gens d'Etaples appellent également des “coques” appartient à un genre de coquille bivalve, presque ronde, et à charnière. Les valves sont striées dans toute leur longueur, par des côtes très fines à l'origine, et qui vont en s'élargissant vers le bord, avec un épaississement plus accentué de la saillie. Elles sont ordinairement blanches; mais selon qu'on les rencontre dans une glaise carbonifère ou ferrugineuse, elles sont grises ou jaunes.

La ville d'Etaples, selon M. de Seille, porte pour armoiries de “gueules à trois coquilles d'or rondes, qu'on nomme dans le pays hennons”.

Ceci prouve une chose, c'est que le voisinage d'Etaples a toujours été renommé pour l'abondance de ce précieux coquillage, en l'honneur duquel les armoiries parlantes de l'antique cité ont été adoptées.

Si vous voulez passer agréablement une matinée, et prendre un acompte sur votre déjeuner, vous pouvez vous livrer à la collecte de ces bivalves. Ne craignez pas de prendre de grandissimes paniers, car la récolte sera plus qu'abondante. Si vous avez une petite voiture à chèvre, ou une charrette à âne, vous ne regretterez pas de les avoir prises avec vous, car la charge sera pesante, et vous n'économiserez jamais trop vos bras.

Comme chaussures, n'en prenez pas : jambes nues, aussi bien pour les dames que pour les messieurs ; car sans enfoncer en prenant le bon endroit, il y a néanmoins une certaine couche un peu visqueuse à traverser et pas mal de petites bâches à franchir.

Voici l'itinéraire. Suivez le chemin du lawn-tennis à l'entrée du pays. Vous arriverez, en continuant tout droit, dans la baie de Canche.

Il n'est pas besoin de dire qu'on doit se rendre à cette pêche au moment de la marée basse, afin de prévenir tout accident. On doit choisir, de préférence, une heure avant la plus basse mer, et une heure après. C'est plus que le temps voulu pour vous livrer à votre opération.

Une fois arrivé dans la baie, vous apercevrez de

l'autre côté une petite maisonnette à toit rouge, presque en face de vous, mais un peu sur la droite. Faites-en votre point de repaire. En avançant dans cette direction, vous arriverez au bout de cinq minutes sur le bord de la rivière. Sous vos pieds, vous sentirez bientôt un petit frémissement, et des milliers de petits jets d'eau vous carresseront les jambes. Ce sont vos bêtes qui, effrayées par vos pas, rentrent prudemment leur trompe jaune, et referment brusquement les valves de leur coquille, en s'enfonçant dans le sable vaseux. Vous les avez dérangées de leurs rêveries, au moment où elles humaient l'air pur, profitant de la marée basse.

Pour les extraire de leur cachette, ce n'est pas bien difficile. Il n'y a qu'à gratter le sol avec les mains. Elles habitent en colonnes nombreuses les unes à côté des autres. Quand vous en trouvez une, vous en trouvez mille ensemble. Mettez-les dans un panier à claire voie, et lorsque vous en aurez suffisamment, vous irez les laver dans une bâche.

En attendant de les livrer à votre cuisinière qui saura, soyez-en certain, vous préparer un plat de gourmet, rien ne vous empêche de prendre un acompte. Gobé cru, le hénon a beaucoup de ressemblance avec l'huître. C'est peut-être pour cela que les goélands, appelés aussi huitriers, en sont si friands. Vous les voyez en bandes nombreuses, aussitôt que la mer baisse, s'acharner sur les malheureux, dont ils ont bien vite cassé la coquille, avec leur bec d'acier. Avec un solide couteau, vous pourrez leur faire concurrence ; et quand vous y aurez goûté, vous ferez comme eux ; vous y reviendrez.

Voilà donc un passe-temps profitable, puisqu'il vous fournit l'alimentation. Ce n'est pas à dédaigner dans un pays où l'appétit est débordant et presque toujours impossible à rassasier.

CHAPITRE XII

Le Lawn-Tennis à Paris-Plage

L'EMPLACEMENT. — VOISINAGE DE LA CANCHE. — RENDEZ-VOUS DE LA SOCIÉTÉ ÉLÉGANTE. — COMMENT ON Y PASSE LE TEMPS.

C'est dans un endroit d'une grande beauté, près de la baie de Canche, que les jeunes ont installé leur tennis, et s'exercent à beaucoup de tous ces jeux nouveaux si en honneur dans notre moderne société.

Le terrain absolument plat et nivelé par le passage des marées exceptionnelles, est semé d'un gazon ras et jaunâtre, d'un aspect particulier. Il se compose d'une catégorie de petites plantes naines, demi-marines, et intéressantes à observer par la superposition parallèle de ses étages foliacés. Cette pelouse d'un nouveau genre, s'égare d'une façon irrégulière et pittoresque, entre de légères dunes, chargées de rhamnoïdes argentés dans les lumières, violacés dans les ombres ; le tout semé de fruits orange en bouquet.

Dans le fond apparaissent les collines de la Canche, noyées dans la brume bleue. Celles-ci rappellent assez les bords du Tibre, suivant une heureuse comparaison du grand peintre Japy qui, en 1892, passa une partie de la saison dans notre charmant pays.

Derrière vous, vous avez les gracieuses constructions de Paris-Plage, qui émergent dans ce tableau.

C'est certainement un emplacement exceptionnel, que bien des plages nous envieront.

Quelques personnes l'ont baptisé du nom de « Tennis-Court », sans doute parce qu'il sert plus particulièrement pour le lawn-tennis. D'autres lui ont conservé son ancienne dénomination « Champ de la guillotine ».

C'est le rendez-vous de la société élégante et de la jeunesse.

Tous les jours dès le matin, et aussitôt après le déjeuner de midi, vous voyez des bandes de jeunes gens et de jeunes filles, se rendant avec entrain vers ce lieu de prédilection. On a revêtu, pour la circonstance, le costume « lawn-tennis », bien connu maintenant, et qui certes ne manque pas de chic. Tous sont armés de grandes raquettes, et s'apprêtent à faire voler dans l'espace la boule folâtre, en même temps que les bons mots.

De nombreux amis les suivent. Ceux-là serviront de spectateurs. Ils ont apporté, les uns un livre, d'autres un album pour dessiner. Les dames se sont munies de leur travail. Chacun se propose de passer d'agréables instants en cette bruyante compagnie. Les anciens se retremperont au contact de ces ardeurs printanières. Les tout petits brûleront du désir d'imiter leurs aînés ; et en attendant, ils escaladent les buttes avoisinantes, se laissant dérouler, criant à tue-tête, faisant en un mot, selon une expression vulgaire mais juste, les cent dix-neuf coups et un vacarme infernal.

S'il vous arrive par hasard de passer par le tennis-court, vous défilerez devant cette sympathique galerie de spectateurs et de joueurs. C'est une véritable scène à observer. On voudrait la composer, qu'on n'arriverait pas à grouper ses sujets avec autant d'à-propos et de laisser-aller. C'est de l'instantanéité qu'il faut, pour arriver à fixer tous les mouvements gracieux de ces corps qui se ploient en mille sens, qui s'entrechoquent et qui se roulent parfois sur le sol. La partie bat son plein. Les partenaires sont en nage. Enfin l'un des camps vient de gagner. Les hourra éclatent de toutes parts. Les félicitations pleuvent pour les vainqueurs, et les humiliations pour les vaincus. Tous se laissent choir sur le gazon hospitalier et vont s'abandonner pour quelques instants à un repos réparateur.

Mais tout à l'heure on reprendra de plus belle. On cherchera sa revanche, et ainsi de suite toute une après-midi. Le soleil couchant seul arrêtera les lutteurs.

Alors on plie bagages et la troupe satisfaite retourne en hâte au logis.

CHAPITRE XIII

La Cueillette de la Passe-Pierre et de l'Absinthe

QU'EST-CE QUE LA PASSE-PIERRE ? — ENDROIT OU ON LA TROUVE. — COMMENT ON LA MANGE. — PRÉCAUTIONS A PRENDRE POUR ALLER LA RECUEILLIR. — L'ABSINTHE. — SES PROPRIÉTÉS. — CE QU'ON EN FAIT.

Un autre genre de distraction, qui vaut bien les précédents que nous avons indiqués, c'est celui de la cueillette de la passe-pierre et de l'absinthe.

L'une et l'autre se trouvent dans la baie, et sont d'une extrême utilité pour ceux qui savent en user.

La passe-pierre ou perce-pierre est une plante vivace appartenant à la famille des ombellifères. On la nomme aussi bacile maritime, criste ou crête marine, fenouil marin, herbe de Saint-Pierre.

Elle possède une vertu anti-scorbutique très efficace et peut être employée, à ce titre, comme un précieux dépuratif pour les jeunes enfants.

L'endroit où on la trouve n'est pas difficile à reconnaître.

En sortant du chemin du lawn-tennis, et en arrivant dans la baie, vous suivrez à droite, en longeant l'escarpement de la dune sur la grève. Au bout de quelques instants, vous verrez s'étendre devant vous de vastes nappes, d'un vert émeraude intense. Ce sont les passe-pierres. Les jeunes pousses doivent être recueillies de préférence, car elles sont plus tendres à manger, et on n'y rencontre pas cette espèce d'arête médiale, qui existe dans les tiges plus vieilles.

Dans la région, on prépare cette plante en salade, ou on l'incorpore dans les plats d'œufs, auxquels elle communique une saveur agréable et apéritive. Certaines personnes en font des conserves avec du vinaigre, à l'instar des concombres, et elles en usent avec les viandes froides. Mais comme nous n'avons pas l'intention de monter un cours de cuisine, nous renvoyons les intéressés aux gens de profession.

Cependant nous pouvons affirmer, pour en avoir goûté nous-même, que la passe-pierre bien préparée, est un excellent comestible, et qu'elle vaut la peine qu'on s'y arrête. Avis donc aux amateurs.

Un dernier conseil à ceux qui viendront la chercher. On fera bien de ne pas s'aventurer trop sur les bancs, car en certains endroits, le sable est très mouvant et vaseux. Il est d'autant plus dangereux, que la végétation luxuriante qui le recouvre, trompe; et quand vous croyez trouver une terre ferme, vous rencontrez un sol qui se dérobe sous vos pas, et qui pourrait vous engloutir.

Mais qu'on se rassure. Ce danger n'existe que dans fort peu d'endroits heureusement; et avec de la prudence, on peut l'éviter très facilement. Il n'y a que les téméraires qui s'y laisseront prendre.

C'est peut-être cela qui a donné naissance au début, à la fameuse théorie des sables mouvants, si dangereux et mortels à Paris-Plage. Seulement les intéressés à colporter ce bruit fâcheux, oubliaient de dire qu'ils se trouvaient complètement en dehors de notre station, et à deux kilomètres au moins en arrière.

Une autre plante non moins digne d'être recueillie dans ces parages, et que l'on peut rapporter dans la même excursion, est l'absinthe sauvage. Mais pour cela, il faut aller un peu plus loin et dépasser la digue. Vous apercevrez sur le talus des touffes à feuillage gris cendré. Froissez-en les feuilles entre les doigts; il s'en dégage une odeur essentiellement aromatique.

Les gens d'Etaples et des environs en ramassent, et font avec les jeunes tiges un vin tonique, auquel ils attribuent un pouvoir merveilleux. Il est certain que l'absinthe, prise isolément, possède des principes bienfaisants, qui ont été reconnus depuis longtemps. Ceux-ci n'ont rien de commun avec ceux renfermés dans la liqueur du même nom, et qui au fond, n'est qu'un breuvage aussi agréable que mortel.

Seulement, on doit à la vérité d'exposer, que dans la célèbre liqueur fin de siècle qu'on nous débite, l'absinthe n'y entre qu'en quantité infime, comparativement aux autres éléments, dont quelques-uns sont fort dangereux.

Dans le pays, la liqueur d'absinthe se fabrique en faisant macérer les jeunes feuilles dans du bon vin.

S'il vous plait d'en essayer, rien donc de plus facile. Vous rencontrerez souvent en cet endroit un vieux berger, qui vous fera sur ce chapitre toute une théorie, et qui vous racontera certains miracles qu'il a vu opérer par ce simple.

C'est toujours un grand plaisir de faire causer les indigènes. On y récolte une série d'anecdotes, qui vous font passer parfois de bien agréables instants. Ceci vous permet de vous faire sur les lieux et sur les habitants une opinion vraie. C'est la seule façon d'étudier les mœurs d'un pays.

Voilà, comme à propos d'une chose, vous arrivez à une autre. Que l'association des idées est une belle invention! N'est-elle pas par elle-même le premier élément de toutes nos distractions?

CHAPITRE XIV

La Chasse dans la Baie de Canche et au Large

LA CHASSE AU COURLIS DANS LA BAIE. — AUTRES ESPÈCES D'OISEAUX A Y TUER. — LA CHASSE AU LARGE. — LES CULS-BLANCS. — CHASSE AUX GOÉLANDS. — LES MARSOUINS. — LA CHASSE L'HIVER. — AUTREFOIS ET AUJOURD'HUI.

Une des autres ressources de ce pays, pour ceux qui ont besoin de tuer le temps, c'est la chasse aux oiseaux de mer.

Le voisinage de la baie est pour eux une situation exceptionnelle. Elle est fréquentée par une infinité d'espèces diverses, qui font varier le plaisir, en procurant différentes sortes de chasse.

Une des plus attrayantes est, dit-on, la chasse au courlis, *curlis facinellus*. Cet oiseau, au long bec recourbé, est perché sur de hautes pattes.

Pour se livrer fructueusement à cette chasse, il est bon d'avoir un hutteau au ras du sable ; si toutefois on peut appeler cela un hutteau. Car ordinairement votre cachette consiste en un simple trou, dans lequel vous vous blottissez comme vous pouvez. Sur votre dos vous avez jeté une toile grise, qui donne l'apparence de la continuation du sable. Les malheureuses bêtes ne se doutent donc pas du piège. Vous avez de plus un courlis empaillé que vous posez à distance, et un petit instrument qui vous permet d'imiter son cri.

Avec de tels éléments, vous êtes presque assuré du succès. Quand les bandes inconscientes remontent la baie, pour se rendre dans les terres, elles se laissent souvent prendre à votre embûche. Vous tirez dans le tas, et c'est bien rare que vous n'en démolissiez pas quelques-unes. Ajoutons que le courlis fournit un excellent plat, quand il est mangé en salmis — ceci pour la cuisinière.

C'est dans ces parages que vous rencontrez également : le chevalier commun, *tringa littorea;* la perdrix de mer, *perdrix glàrula;* le cincle, *cinclus giarolo*, le plus petit des oiseaux du littoral; la guignette, *tringa hypolencos;* la manbêche, *tringa calidris;* l'alouette de mer, *tringa cinclus;* tous oiseaux cherchant les vermisseaux et les insectes aquatiques dont ils font leur nourriture.

Mais si vous voulez vous livrer à un exercice vraiment passionnant, prenez une barque et allez un peu au large — ceci de grand matin, quand il n'y a pas encore de promeneurs sur la plage. — Tout d'un coup vous apercevez sur le sable une nuée de bécasseaux, culs-blancs, *tringa ochropus*, qui couvrent littéralement la grève. Vous arrivez sur eux tout doucement, poussé par la brise, et, d'une seule décharge, il est rare que vous n'en abattiez pas quatre ou cinq chaque fois. Voilà encore une bonne aubaine pour votre table, car le cul-blanc est peut-être le plus friand des gibiers de mer.

Voulez-vous un autre genre de chasse? Au loin sur la crête des vagues, se balançant mollement, vous voyez la mouette blanche, *eburnea gavia*, la tête dans les plumes et sommeillant. Le moment est favorable pour tirer la pauvrette. Pure satisfaction de chasseur! car vous n'en ferez probablement rien; la mouette est détestable à manger. Cependant rendons-lui hommage. Ses ailes servent, dit-on, une fois naturalisées, à décorer les chapeaux de nos élégantes. Gracieuse pendant sa vie, la charmante bête l'est encore après sa mort, dans sa belle et virginale dépouille.

Puis c'est le crabier, *ardea squaiotta;* l'hirondelle de mer à grande envergure, *sterna fuliginosa;* la pie de mer, etc...

Oublierons-nous toute la catégorie des goélands dont il y

a tant de variétés : le gros goéland à manteau noir, *larus augustatus*; le grisard, *larus nœvius;* le goéland à manteau gris, *larus cinereus*.

On peut tirer de ces superbes palmipèdes un parti très décoratif.

En Hollande on prend les plus gros, et on les fait empailler avec les ailes déployées, mais relevées et se touchant. On en forme ainsi de vastes écrans, qu'on place devant les cheminées et qui sont d'un grand effet.

Ces sortes d'oiseaux sont très difficiles à tirer. On y arrive à peine avec la canardière, et c'est à se demander s'il ne serait pas mieux d'employer tout simplement l'arme de guerre.

C'est que d'abord ils se tiennent toujours très à distance, et au moins à trois cents mètres ils s'envolent en vous narguant. Et puis quand vous les tirez au vol, au-dessus de votre tête, le plomb glisse bien souvent sur la couche matelassée de duvets qui les recouvre; en sorte qu'il est bien rare d'arriver à en descendre. Mais enfin cela n'est pas impossible, et puisqu'il y a des difficultés, il y a de quoi stimuler l'amour-propre et le plaisir des chasseurs.

Souvent une bande de marsouins suivra votre embarcation. Si vous avez un fusil de guerre avec vous, c'est le moment de vous en servir car la peau sera dure à traverser. Cela commence à devenir une chasse importante, quand on s'attaque à ce genre d'animal, et cette fois cela devient sérieux, quelquefois même périlleux.

Selon les saisons, il y a des passages qui sont une fortune pour les passionnés. L'hiver, quand la campagne est couverte de neige, pendant une certaine période, vous voyez tous les oiseaux d'eau accourir sur les bords de la mer. Ce sont des cygnes géants au plumage immaculé, des poules d'eau, des canards sauvages, des sarcelles, des oies sauvages, des pilets, des alouettes, etc., etc. C'est par milliers que vous avez occasion de tuer toutes ces malheureuses bêtes, mourantes de faim, et pour lesquelles la mort devient une délivrance.

Au début de la saison, et tout à fait à la fin, les oiseaux indigènes sont toujours en plus grand nombre, car le monde les effraie et ils recherchent de préférence la solitude. C'est ce qui fait que ceux qui sont venus ici, il y a dix ans, trouvent qu'il n'y a plus maintenant les mêmes ressources pour les chasseurs qu'autrefois. Assurément non. A cette époque on tuait quinze à vingt pièces en quelques heures, et aujourd'hui on se tient très heureux quand on revient avec quelques-unes.

Mais cela tient à deux causes. D'abord il peut très bien se faire qu'en réalité il y en ait moins, par suite de la destruction; et ensuite ces oiseaux se sont civilisés. Ils ont appris à connaître le danger à leurs dépens. Aujourd'hui ils savent distinguer ce qui est suspect, et l'instinct de la conservation leur fait rechercher, pendant la saison et pendant le jour, des endroits plus hospitaliers. Mais c'est précisément là le plaisir. A vaincre sans péril, on triomphe sans gloire. C'est au chasseur à faire entrer en ligne de compte, son intelligence, sa sagacité et son activité.

Pour mémoire, rappelons qu'il arrive souvent de trouver dans les passe-pierres une compagnie de perdreaux, des faisans, et des lapins. Pour nos chasseurs c'est alors le paradis *terrestre*. Bien entendu ils ne se privent pas de les tirer puisque la chasse sur la grève est toujours libre.

...... Et la saison se passe, et le temps s'envole. Monsieur est content, Madame se console de l'absence de son mari, en regardant sa table bien fournie par lui chaque jour. Vraiment Paris-Plage renferme toutes les séductions, puisqu'il y en a pour tous les goûts.

NOS PASSE-TEMPS
dans la Forêt

CHAPITRE XV

L'Herborisation dans la Forêt et dans la Dune

FLORE SPÉCIALE DE LA FORÊT DU TOUQUET : LA PETITE CENTAURÉE. — L'ONAGRE. — L'EPILOBIUM. — LA SCABIEUSE DES SABLES. — LA SAPONAIRE. — LES AUTRES PLANTES NON PARTICULIÈRES AU TOUQUET, MAIS D'UN CERTAIN INTÉRÊT.

S'il est un endroit où l'on puisse se livrer à la science des végétaux, c'est bien dans la forêt du Touquet, et dans nos dunes.

Les herborisateurs y seront largement récompensés, car ils y rencontreront une flore absolument nouvelle pour eux. Nouvelle, entendons-nous. Ils auront certainement étudié déjà, dans des herbiers, les plantes qu'ils découvriront ; mais ils auront le plaisir, cette fois, de les trouver sur place et dans toute leur vitalité.

Tout d'abord, nous examinerons les espèces particulières à l'endroit, et peu connues ailleurs. Nous passerons ensuite en revue les autres, toujours intéressantes partout, et qui croissent communément dans nos sous-bois et dans nos sables.

Parmi les plantes spéciales citons en premier lieu la petite centaurée, *erythœa centaurium*. C'est cette petite fleur d'un beau rose qui s'épanouit en gracieux bouquets, et qu'on découvre dans toutes les parties plates de la forêt. Les pétales en sont souvent fermées, car elles ne s'ouvrent que par un beau soleil, et l'horloge de Flore leur assigne d'ailleurs leur heure d'épanouissement. C'est un fébrifuge énergique, et qui trouve son application dans les mêmes cas que la quinine. Les gens du pays ne manquent pas, chaque été, d'en faire provision pour l'hiver.

Près du château, vous rencontrerez des champs entiers d'une très belle fleur, qu'on appelle l'œnothère, *œnothera biennis*, désignée également sous le nom commun d'onagre ou d'herbe aux ânes. Elle ressemble à un immense liseron jaune, d'un beau ton de chrôme clair. Les pétales en sont légères et transparentes, et les boutons ressemblent à de longs fuseaux. Elle a un grand cachet artistique, et nos élégantes savent, avec quelques tiges seulement, en confectionner des bouquets d'une extrême simplicité et d'un grand caractère, dont elles décorent les appartements de leur villa.

En prenant le chemin qui mène par la forêt à la grande plaine de Cucq, vous trouverez en abondance l'*epilobium spicatum,* ou herbe de St-Antoine. Cette superbe fleur, en épi d'un beau rose vif, est du plus bel ornement. On la jette du reste, par groupe, dans les parterres de nos jardins, où elle donne toujours une note fraîche et agréable.

Sous les sapins, aux endroits où le chevelu s'est amassé un peu, et a fourni en dessous un terreau noir et humide, vous rencontrerez une gracieuse fougère, l'*asplenium ceterach*. Elle vous fournira de ravissantes corbeilles de table, que vous pourrez fort bien conserver toute la saison, si vous en prenez soin.

Nous devons signaler également l'anémone sylvestre, *anemone sylvestris* ou herbe aux vents. On la foule aux pieds, sur tous les chemins un peu crayeux, qui sillonnent la forêt, surtout sur celui de la plaine de Cucq. La fleur est bien faite et très élégante. Vous pouvez en arracher plusieurs pieds avec les racines, et les repiquer dans une jardinière. Ils continueront de fleurir toute la durée de votre séjour.

Dans les parties élevées croît une fort belle scabieuse, d'un violet bleu vif, qui n'a rien de commun avec celle de nos campagnes, la *kuantia scabiosa arvensis.*

Près de l'ancien sémaphore, vous découvrirez dans un fouillis de broussailles, près de la grande route, la saponaire officinale, *saponaria officinale,* qui est employée, comme son nom l'indique, au dégraissage des étoffes précieuses de laine. Elle est double ou simple, et d'un blanc rosé. Son odeur est suave ; elle rappelle la fleur d'orange avec une pointe de vanille. On en fait de ravissants bouquets.

Un arbrisseau très artistique, qui tapisse toutes nos dunes et même nos sous-bois, c'est l'*hippophae rhamnoïdes.* Son feuillage, vert olive, est d'un grand effet ; et ses grappes de fruits orange, à la fin de la saison, jettent dans le paysage une note algérienne, d'un certain caractère. A côté de lui se trouvent souvent des buissons de *salix repens,* espèce de petit saule rampant à la feuille ovale, d'un gris verdâtre et cendré.

Dans la dune, près de la Canche, vous apercevrez un très gros chardon, dont le feuillage est gris vert bleuté et la fleur d'un bleu foncé. C'est le *cirsium cœruleum.* Ce chardon fait le bonheur des artistes qui fréquentent notre plage. Il a servi bien souvent de thème décoratif, surtout en ce temps où le moderne style bat sa pleine vogue, si justifiée d'ailleurs.

Avez-vous remarqué ces longues traînées, avec une petite touffe herbacée régulière tous les vingt à vingt-cinq centimètres ? C'est le *ammophila arenaria.* Ce chiendent est le plus traçant que l'on connaisse parmi les graminées. Il fixe la dune d'une façon absolue, par l'entrelacement de ses ritzomes en mille sens différents.

Quel magnifique tapis fleuri vous donne l'élégante pyrole des sables, *pyrola arenaria.* Elle ressemble à un petit muguet. La fleur est blanche, et les étamines rose saumoné. Ses feuilles ressemblent à celles du poirier, en latin *pyrus;* d'où son nom de pyrole.

Dans les parties un peu élevées de la forêt pousse, par-ci, par-là, l'*epypactis latifolia,* qui appartient à la grande famille des orchidées. On en trouve deux variétés : une à fleurs verdâtres, avec tâches lie de vin ; l'autre à fleurs blanchâtres.

Voilà pour les plantes particulières au Touquet. Examinons maintenant celles plus connues, mais toujours intéressantes et qu'on rencontre le plus fréquemment.

Au premier rang nous devons placer la petite menthe violette, *mentha aquatica,* qui croit abondamment dans les parties creuses et humides, en compagnie de l'eupatoire ou chanvrin, *eupatorium cannabinum,* cette grande fleur en ombelle d'un ton vieux rose éteint.

Par ici, c'est la pulmonaire *pulmonaria augustifolia,* avec sa fleur minuscule, qui ressemble dans la verdure à une goutte de sang.

Par là, c'est la *neottia ovata,* dont la fleur verte ressemble à un homme pendu, espèce d'orchidée qui s'élève dans les endroits marécageux.

Partout vous trouverez la ronce avec sa belle fleur blanche chiffonnée comme du papier de soie. En septembre, elle donne de gros fruits noirs, appelés improprement mûres, et qui se couvrent, avec les premières brumes, d'un velouté violacé qui indique la maturité.

Le fraisier, en certains endroits, forme un véritable gazon ; et ceux qui ont le bonheur de venir au début de la saison, peuvent tous les jours récolter facilement leur tasse de fraises.

Et que dire de l'asperge, qui croit naturellement au Touquet ? Nous avons eu déjà la bonne fortune de manger un plat de ce légume recueilli dans la forêt ; et certes, on aurait aussi bien cru qu'il provenait d'une bonne culture. Tout le monde connaît son élégant feuillage, et il n'est presque pas un chalet où l'on ne s'en serve pour décorer une cheminée ou une encognure.

Une plante bien particulière à cette contrée et que nous avons omise, c'est la betterave sauvage, *beta maritima.*

Le lichen pousse, en touffes épaisses, sur les aiguilles de pins, en compagnie de belles mousses jaunes d'or et de cèpes gigantesques, qui malheureusement ne sont pas comestibles.

Parmi les nombreux arbustes indigènes, qui croissent encore dans la forêt, nous devons citer le troëne d'Europe, dont les gros buissons, aux feuilles toujours vertes et aux fleurs en bouquets blancs odorants, se rencontrent un peu partout.

Une bien belle espèce de solanée, particulière aux sables, tapisse également beaucoup d'endroits. C'est la douce-amère, *solanum dulcamara,* avec ses fleurs violettes, qui se changent à l'automne en fruits rouges.

Pourquoi oublions-nous la petite pensée des sables, *viola sabulosa,* que l'on trouve sur les escarpements, et qui a toujours tant de charme.

Nous pourrions varier ainsi à l'infini nos citations ; mais si nous procédions de la sorte, nous risquerions de faire un volume sur la Flore de Paris-Plage. Elle est en effet innombrable, et sans exagération, on peut porter à plus de cinq cents le nombre de variétés botaniques qui s'y rencontrent.

Que la nature est bonne mère, quand on songe que là, où il y a cinquante ans, il n'y avait absolument rien que la désolation, elle offre aujourd'hui, à nos regards pleins d'admiration, tant de beautés et tant de munificences.

Aussi, soyez-en certain, le passe-temps que vous consacrerez à cette étude, sera un de ceux qui vous laisseront le meilleur souvenir ; car chaque fois que l'homme se rapproche de son Créateur, sa fin dernière, par la contemplation et l'étude de ses œuvres, il ne trouve que joie et satisfaction.

CHAPITRE XVI

Le repos sous les Pins

QUAND IL FAIT MAUVAIS SUR LA PLAGE. — COMMENT ON S'OCCUPE. — LES GRANDES PERSONNES. — LES ENFANTS. — FIN DE JOURNÉE.

Quand vous serez fatigué ; quand par une chaude journée, il vous semblera bon de rester à rien faire et de chercher l'ombre; quand il fera sur la plage un temps désagréable, un vent à décorner des bœufs, une température froide, allez donc vous abriter dans la forêt.

Il n'est pas besoin de vous enfoncer bien loin. Les premiers pins vous suffiront. Vous trouverez un chevelu rougeâtre, qui vous fournira un excellent tapis, sur lequel vos enfants se rouleront à l'aise, pendant que vous passerez vous même le temps à votre façon.

Rien de plus curieux à Paris-Plage que ce passe-temps. C'est une de nos grandes ressources. Vous voyez, certains jours, toute la population campée sous les arbres.

Tandis qu'ailleurs, dans les mauvaises journées, on reste enfermé dans sa chambre, qu'on se tient grelottant dans sa cabine, ou derrière un bateau ; chez nous vous trouverez de suite, sous les arbres bienfaisants, une température douce, émanation du soleil emmagasiné les jours précédents.

Aussi voyez comme tout ce monde en profite.

Ici, c'est une famille entière qui s'est installée. Madame fait un ouvrage à la main, tandis que le mari brosse un bout de toile représentant un poétique sous-bois. Bébé traîne une carriole, dans laquelle il a entassé des pommes de pin, surveillé par nounou qui le suit à distance d'un œil inquiet.

Voici par là toute une partie organisée. On est en nombreuse et joyeuse compagnie. La conversation paraît assez animée. On doit conter d'humoristiques histoires, car à certains moments l'hilarité est bruyante.

Partout ce ne sont que flâneurs, que promeneurs. Les uns reviennent avec une botte d'œnothères, aux grandes fleurs jaunes ; les autres portent de gigantesques branches d'asperges. Ce sont des enfants qui brouettent des mousses aux reflets métalliques. Ce sont des dames qui cherchent des fraises et paraissent en faire une ample moisson.

On entend une clochette. C'est une charrette à chèvre qui perce dans la verdure. Un superbe bébé est installé convenablement dans l'équipage, entraîné par la petite sœur qui excite le gracieux animal. On a entassé sur le véhicule toute une moisson de fleurs, qui représente plusieurs heures de travail, c'est à dire plusieurs heures d'occupation.

Voici venir un cavalier, accompagné d'une brillante amazone. Ils ont dû faire une agréable promenade, car leur physionomie respire la satisfaction d'une journée bien remplie et agréablement passée.

Et le temps s'écoule. Le soleil, depuis le matin voilé, a reparu pour quelques instants. Déjà il baisse à l'horizon. On en aperçoit les lueurs rouges, à travers les branches tordues des pins.

Tout le monde déménage. On emporte pliants, chevalets, boîtes de peinture, appareils à photographie, que sais-je ? tout l'attirail qui a permis de filer de si bons instants.

Chacun se fait cette même réflexion : Comment aurions nous passé aujourd'hui notre temps, si nous n'avions pas eu la ressource de la forêt ?

CHAPITRE XVII

A la recherche des Fleurs

BESOIN DE MOISSONNER LES FLEURS. — LES PLANTES DÉCORATIVES : L'ŒNOTHÈRE, L'HERBE DE ST.-ANTOINE. — LES DESSUS DE TABLE PERMANENTS AVEC GARNITURE DE PYROLES, D'ANÉMONES ET DE FOUGÈRES. — LES ASPERGES. — LES RHAMNOIDES. — LE CHARDON BLEU ET LE MODERNE-STYLE. — LES PLANTES AROMATIQUES.

Vous êtes-vous rendu compte de ce besoin qu'éprouve l'homme, quand il remarque de jolies fleurs dans la campagne ou dans les bois, de les moissonner aussitôt, de les grouper en gerbes ou en bouquets, et de les rapporter en sa demeure pour la décorer, afin de mieux en jouir et de s'en repaître constamment la vue. C'est qu'il y a dans notre être un besoin de possession qui s'affirme chaque jour, à tout instant ; et quand nous sommes en présence de la nature, parce qu'elle se donne à nous, il semble qu'elle nous appartienne. La dépouiller n'est pas un crime ; c'est un hommage rendu à sa beauté, à sa fécondité et à sa bonté. Ceci est tellement vrai, que nul ne peut concevoir une promenade champêtre qui ne permettrait pas cette récolte bienfaisante. Elle justifie presque la raison du déplacement, et il semblerait que ne rien rapporter serait avoir manqué le but. Il ne resterait aucune trace de l'excursion, et le désir de la recommencer périrait avec cette faillite du souvenir.

Il faut donc, si vous vous rendez au bois, dans la prairie ou dans les champs, rechercher de préférence les sites . . .

où la nature
A revêtu pour vous sa plus belle parure.

Dans la forêt du Touquet, ou sur les bords de la Canche, le choix n'est pas long à faire. En quelqu'endroit que vous vous dirigiez, l'invitation s'offre de suite à vos regards enchantés. Partout une flore idéale, et presque spéciale, se fait remarquer par sa beauté et son originalité.

Prenez, par exemple, les environs du château ; vous rencontrerez cette magnifique œnothère, dont la grande fleur jaune de soufre est si gracieuse. On la dirait, dans sa légèreté, presque faite de papier de soie. Le moindre vent la flétrit, et dans son agonie elle a encore un charme particulier. Son bouton en long fuseau orangé est superbe ; il ajoute au charme de l'ensemble. Que de ravissantes corbeilles, si artistiques, avons-nous vu confectionner avec cette fleur inconnue partout ailleurs ! Combien d'études charmantes, soit à l'huile, soit à l'aquarelle en ont été tirées? Aujourd'hui il n'est pas un jardin, pas un coin de terrain à Paris-Plage où elle n'ait été transportée. Elle pousse partout admirablement et se reproduit avec la plus étonnante fécondité.

Voulez-vous un autre genre ? Allez dans les sous-bois un peu dénudés, qui s'étendent à droite sur la route du château à Etaples, non loin du chemin du Golf links; là, vous trouverez l'épilobium spicatum ou herbe de St-Antoine, cette superbe plante qui fleurit en épi-grappe pyramidal, et dont chaque fleur, d'un beau rose vif, ressemble à une grosse mouche ou à un léger papillon. Il y a dans cette fleur quelque chose qui rappelle l'orchidée. Aussi les Paris-Plageois en font-ils ample moisson à l'époque de la floraison, c'est-à-dire en août. Ils en rapportent des bottes dont ils font des bouquets éclatants. Ceux-ci viennent égayer un dessus de piano ou un angle de cheminée, et ils intriguent fort les visiteurs qui ne peuvent croire que notre forêt renferme d'aussi beaux spécimens.

Vous voulez vous faire un dessus de table pour votre salon ou votre salle à manger — et ceci pour durer une partie de la saison, — vous prenez un plateau assez creux en faïence ou en métal, vous le remplissez de sable mouillé, et dedans vous y plantez, avec leurs racines, soit des pyroles, soit de petites anémones blanches. Entre chaque pied, pour maintenir la fraîcheur, vous disposez de la mousse, prise parmi ces belles touffes dorées que vous foulez partout sur les pentes des dunes boisées. Vos jolies fleurettes se porteront à merveille dans ce parterre élégant; et elles fleuriront à jet continu pendant trois semaines, en observant toutefois les arrosages. Ou bien vous pouvez faire votre garniture avec ces ravissantes fougères, excessivement découpées, qu'on appelle l'asplenium ceterach, et qu'on trouve sous les pins, soit aux abords de l'ancien sémaphore, soit sur les diverses dunes élevées, du côté de Trépied et de Cucq. Quant aux pyroles, vous les rencontrerez un peu partout, dans les endroits frais et humides ; de même les anémones, surtout dans les gazons sur les bords des chemins un peu crayeux, dans la direction de la maison du garde.

S'agit-il de décorer une encognure d'appartement, et avez-vous besoin de plantes élevées et légères ? Vous découvrirez facilement, soit d'un côté, soit de l'autre, d'immenses tiges d'asperges sauvages, que vous avez soin de couper et non d'arracher ; de façon à ne pas détruire irrévocablement cette belle plante qui tend à disparaître. Vous y joindrez des roseaux qui croissent en abondance dans les parties basses de la forêt, près de la Canche. Avec ces feuillages et quelques-unes de ces touffes de fleurs jaunes, en corymbes, qui appartiennent à la famille des composées, et que l'on trouve en abondance dans la dune, vous aurez bien vite composé un heureux assemblage.

Ou bien pour varier l'effet, vous pourrez une autre fois couper au sécateur, pour ne pas vous blesser, des branches entières de rhamnoïdes, ces magnifiques épines aux petites feuilles en lancette, ton gris-verdâtre, et qui sont surtout d'un si bel effet, au moment où leurs jolis fruits orange, en panicules, viennent jeter la note riche dans leur frondaison si froide.

Maintenant vous cherchez une décoration éminemment artistique, quelque chose se rapportant au moderne-style et que vous puissiez reproduire en pyrogravure teintée ou en cuir repoussé ; rendez-vous sur les bords de la Canche. Là vous rencontrerez ces chardons bleu violacé, avec leur feuillage gris-bleu qui s'harmonise si bien, et qui forme la plus belle composition qu'on puisse s'offrir.

Une touffe de petites centaurées, avec ses fleurettes roses qui ne s'ouvrent qu'au soleil, pourra être plantée à même dans un vase quelconque. Elles se conserveront longtemps, et vous aurez toujours plaisir à les considérer et à les admirer. Vous les recueillerez dans toutes les parties plates de la forêt, un peu dénudées, surtout dans les garennes.

Voulez-vous parfumer vos appartements. En juillet, août, vous avez les fleurs du troëne, dont l'odeur exquise embaume la forêt. Ou bien cueillez la menthe poivrée, avec ses jolies fleurs violettes, dans les bas-fonds, non loin de la Canche. Quand ces dernières ne sont que boutonnées, elles sont encore plus jolies, car le violet en est plus intense.

Il n'est pas jusqu'aux jeunes pousses de pin, avec leurs fruits encore verts, qui ne fournissent les éléments d'une superbe composition dans un récipient de cuivre repoussé. Mais il ne faut pas compter sur cette ressource qui porterait préjudice à la forêt, en arrêtant les jeunes arbres dans leur développement. Nous avons pu, en 1903, nous en procurer, après l'épouvantable tempête qui massacra le bois. Il ne faut pas en souhaiter le retour pour satisfaire nos désirs.

Voilà comme le besoin de décoration, le goût des fleurs et des plantes, l'étude artistique, peuvent procurer d'agréables et doubles passe-temps : passe-temps pour aller à la recherche des sujets convoités, passe-temps pour les disposer, les arranger et les interpréter, suivant les règles de l'art, et suivant le tempérament de chacun.

NOS PASSE-TEMPS
dans le Pays

CHAPITRE XVIII

Le Flanage au Marché

TABLEAU DU MARCHÉ. — LA VOLAILLE. — LES LÉGUMES. — LES FLEURS. — CELLES QUI FONT LEUR MARCHÉ. — TOILETTE DE CES DAMES. — OCCUPATION DES MESSIEURS. — LES ÉTRANGERS. VÉRITABLE FOIRE. — LES CAMELOTS. — ACQUISITIONS A TROP BON COMPTE. — LE PARADIS DES DAMES. — LES SOUVENIRS.

S'il est un agréable moyen de passer une matinée, c'est bien celui de se rendre au marché les lundi et jeudi de chaque semaine. Celui-ci se tient autour de la chapelle. C'est un coin délicieux du jeune Paris-Plage que les cartes postales ont déjà popularisé.

Par un beau soleil, il y a là un pittoresque tableau à reproduire. La petite église, avec son toit scintillant et se détachant presque en blanc sur le ciel bleu, forme le fond. Contre les murailles s'enlève une masse grouillante, dans laquelle les tons les plus chauds et les plus criards jettent la note chantante.

Vous apercevez sur deux rangs toutes les marchandes groupées, les unes sous d'immenses parasols bariolés, les autres devant des tables improvisées.

On y vend de tout. Voici dans des mannes des légumes de toutes sortes, donnant la gamme verte si agréable dans cette aveuglante couleur du sable. Dans ce coin, ce sont les volailles qui emplissent l'air de leurs cris. De superbes oies et de splendides canards, ficelés par les pattes, gisent prisonniers au fond de paniers usés, et protestent par leurs « coa » contre les entraves apportées à leur liberté. Dans de grandes cages d'osiers se trouvent de nombreux poulets, que le vendeur s'efforce d'extraire à tout moment, pour permettre aux amateurs de sonder leurs flancs et de mesurer leur degré d'engraissement.

Sur un volet gisent des lapins de garenne, braconnés probablement dans la dune, car ils sentent avant tout le produit des oyats.

Voilà quelques mesures parcimonieuses de fruits récoltés dans le pays. Ce sont des groseilles à maquereaux, des « cupes », espèce de prune jaune allongée, des mûres de la forêt, quelques poires précoces, de quoi, en un mot, indisposer toute une famille.

Les fleurs chez toutes ces marchandes dominent, car elles connaissent le faible des Paris-Plageois et savent le parti qu'ils peuvent en tirer. Elles exhibent des bouquets de grandes mauves blanches, roses ou pourpres, ou des bottes de dahlias et d'asters à la floraison légère et abondante.

On trouve quelquefois des raretés locales : ce sont des champignons ramassés dans la garenne et dont on a toujours le devoir de se méfier, des pourpiers à la feuille grasse, quelques paquets de tiges de rhubarbe.

Et pour acheter tous ces produits, les baigneurs se bousculent, se haussent les uns sur les autres, et se jettent littéralement dessus. C'est un brouhaha indescriptible.

On ne fait pas de toilette pour faire son marché. On s'y rend comme on est. La seule coquetterie réside dans la coiffure. Un béret clair ou un gracieux polo chiffonné, souvent rouge, jeté négligemment sur une chevelure artistiquement ébouriffée, souligne au passage le chic d'une gentille figure, que vient encore adoucir une voilette légère savamment dressée. Le respect humain est banni de chacun. Vous voyez des millionnaires portant des poulets ou des filets remplis de salades. Les plus grandes dames marchandent elles-mêmes et mettent avec entrain la main à la pâte. Et c'est là leur plaisir. Elles font, à Paris-Plage, ce qu'elles ne feraient pas dans leur propre ville. C'est à laquelle se montrera la plus parfaite ménagère.

Les messieurs, quand ils n'accompagnent pas leurs épouses ou leurs filles, méditent, tout en déambulant, sur les avantages du sans-gêne et sur le charme de la simplicité. On tire une bouffée de tabac, de temps à autre, pour mieux agrémenter le rêve. Certains, par moment, sortent vite de leur poche et discrètement un léger album; ils croquent au passage une idée de type ou une physionomie à part. Les amateurs photographes, eux, ne se comptent pas. Ils glanent dans ce milieu des clichés innombrables, qui feront la joie des longues soirées hivernales.

Il n'est pas jusqu'aux étrangers qui ne prennent plaisir à ce passe-temps. Les anglais paraissent plus enragés que tous les autres. Si vous voulez faire une bonne action, intéressez-vous à leurs achats; vous serez certains de les sauver, neuf fois sur dix, d'une exploitation savante; bien qu'elle émane de paysans qui vous semblent " bébêtes ". On leur demande, d'abord, toujours plus cher qu'aux autres, parce qu'on s'imagine que leurs poches sont à triple fond. On se persuade que dans leur pays le franc est inconnu, et qu'il y est remplacé par la livre sterling; ce qui veut dire que partout où nous avons vingt sous à dépenser, eux en ont vingt-cinq fois autant. Et puis on tire parti de leur manque de connaissance dans nos monnaies. Dans l'embarbouillement des schillings et des pences avec nos francs et nos centimes, il ne sentent pas toujours la différence; ce qui fait qu'il leur est très difficile de mesurer exactement l'importance de leurs achats.

Mais le marché ne se borne pas exclusivement à la vente des denrées alimentaires. Depuis deux ans principalement, il dégénère en une véritable foire, au grand mécontentement des marchands de l'endroit, payant loyer et patente, et qui n'ont pas toujours à juste titre le tort de se plaindre et protester.

Toute la rue de Londres est remplie de voitures immenses, qui se sont amenées dès le matin, souvent la veille au soir. Elles déversent sur les bas côtés des tombereaux de camelotes, qui couvrent parfois une dizaine de mètres de chaussée. Sur tout cela on dresse, avec des piquets et des toiles, des abris et des tentes qui produisent le plus pittoresque effet.

Dans ces boutiques improvisées, tous les soldes s'étalent effrontément aux yeux des promeneurs, les fascinant par des prix invraisemblables, et faisant remonter, malgré eux, leur porte-monnaie de leur poche. Neuf fois sur dix on est volé dans les hauts prix ; mais cela n'empêche pas qu'on est toujours tenté de recommencer l'opération. Il semble que l'argent ne compte pas quand on en demande peu, et on ne réfléchit pas que tous les peu additionnés forment des beaucoup. Cependant on se réjouit et on se félicite de ce qu'on a acquis dans ces conditions. Ce sont souvent des articles qu'on ne trouve nulle part ailleurs, pour cette bonne raison, que dans sa propre ville, on n'oserait pas rentrer dans un magasin de déballage et de soldes portant comme enseigne « à la Ruine » ou « à l'Ogre ».

Maintenant il faut dire, pour rester dans la vérité, que certains marchands ont l'intelligence de soumettre à la convoitise des baigneurs, des objets qui sont vraiment faits pour les tenter. Ainsi par exemple, quand il s'agit d'ouvrages de dames à exécuter, il est impossible à l'aimable sexe de rester indifférent devant une telle attraction.

Les trois quarts de ces dames et de ces délicieuses jeunes filles ont des doigts de fée, qu'il faut entretenir coûte que coûte, de peur qu'ils ne se rouillent. Pendant les longues après-midi que l'on passe, soit sous les pins dans la forêt, soit sous le parasol sur la plage, il est indispensable de travailler des mains en même temps que de la langue. On trouve généralement sur notre marché de quoi alimenter ce besoin d'occupation.

Le côté « souvenirs » est bien fait aussi pour amorcer

l'acheteur. Les faïences de Desvres qui sont la spécialité de la contrée et qui ne manquent pas d'un certain cachet artistique, les divers bibelots qui font la particularité des villes d'eau et des stations de bains de mer, sont là pour séduire et pour répondre souvent aux désirs des visiteurs.

Mais le temps a passé, il est déjà onze heures. Les rangs se sont éclaircis. Beaucoup de marchands ayant vendu tous leurs produits s'en sont retournés. Le garde-champêtre invite les derniers à évacuer la place. Les baigneurs ont rejoint leur chalet pour déjeuner. Les camelots, eux aussi, remballent leur marchandise. Et tantôt les grosses voitures, à travers la forêt, rouleront vers d'autres destinations.

Nous nous retirons avec nos impressions.

CHAPITRE XIX

La Ducasse de Paris-Plage

ÉTHYMOLOGIE DU MOT " DUCASSE ". — REPOS FORCÉ. — LES CHEVAUX DE BOIS. — DIVERS JEUX. — TOUS CEUX QUI ACCOURENT A PARIS-PLAGE. — LES MATELOTES ET LES MARINS. — LES COURSES A PIED. — LE MAT DE COCAGNE — AUTRES JEUX. — LE BAL PUBLIC. — LE FEU D'ARTIFICE. — CE QUE FONT LES BAIGNEURS. — LA RETRAITE AUX FLAMBEAUX.

Pourquoi tous ces drapeaux aux fenêtres et à la devanture des marchands ? Pourquoi tous ces lampions qui traversent la rue, et que le vent fait danser joyeusement ? Pourquoi ces mâts enguirlandés de verdure et de fleurs ?

— C'est la ducasse de Paris-Plage.

Dans ces pays ce mot ducasse, corruption du terme *dédicasse,* en français dédicace, est synonyme de fête. C'est le jour dédié au saint patron de l'endroit. Or quand il s'agit de ducasse, c'est fini ; tout capitule dans chaque individu devant les besoins de farniente qui se dégagent, à certains moments, au sein de chacun. Toute la machine s'arrête. Adieu les outils ! Les maçons descendent de leur échafaudage, et les cabarets s'emplissent. C'est bien un dimanche, il est vrai ; mais alors qu'on trouve habituellement une excuse pour travailler ce jour-là, quand c'est la ducasse on se repose ; si on peut appeler repos, les excès auxquels on se livre dans cette journée.

Enfin ce n'est pas la ducasse tous les jours.

Ceci est un moyen de célébrer la grande fête. Mais ce n'est pas celui de tout le monde, car chacun a sa manière.

Les sages se rendent en foule aux chevaux de bois, installés de la veille, et qui font un vacarme effroyable dans un coin quelconque de la plage.

Par là ce sont des tireurs de pipes, des amateurs de jeu de massacre. Ou bien on fait tourner des roues pour gagner une pièce de vaisselle grossièrement décorée. On tire aux berlingots. Enfin bref tout le monde s'amuse, en attendant l'heure solennelle de deux heures, où commenceront les grandes réjouissances publiques.

Cependant, les tramways arrivent bondés. Il y a de tout : des bourgeois, des paysans, des soldats, des matelots, etc. Les voitures et les carrioles s'amènent de partout : de Berck, d'Etaples, de Montreuil. Il n'y a plus une écurie dans le pays pour recevoir un cheval. Dans les restaurants, les garçons sont sur les dents depuis le matin. On est obligé de rationner les visiteurs, car il y a menace de famine.

Et le monde arrive toujours. La route d'Etaples à Paris-Plage est noire. Dans la forêt, on ne rencontre que couples joyeux se rendant à la ducasse. Les matelotes ont, pour cette grandissime circonstance, revêtu leur costume de fête : jupon de couleur avec tablier de soie noire, fichu en soie de couleur en pointe avec effilets ; aux pieds, d'élégants Richelieu avec de hauts talons ; sur la tête, le bonnet auréole blanc en dentelle et que le vent dresse ; aux oreilles, les longues boucles dorées. Les marins aussi ont leur tenue : pantalon collant noir à grand pont avec les poches en gousset, et le bas en pattes d'éléphant. Un gilet marin rentré dans le pantalon, et sur la tête, légèrement sur l'oreille, une casquette minuscule dont la visière colle au front, et avec cela toujours un petit « brûle-gueule » à la bouche.

Leur arrivée à Paris-Plage est saluée par les hourrah, car on attend après eux pour commencer la course des matelotes à travers les dunes. Cette course ne se fait pas sans incident. Il y a toujours des chutes plus ou moins drôlatiques. Après la distribution des récompenses, on passe à d'autres exercices. C'est le mât de cocagne avec ses tentations : un porte-monnaie, des paires de chaussures, une montre, des bas, un couteau, etc. Cinq ou six pauvres gamins s'escriment à monter le poteau savonné ; et quand ils sont arrivés au milieu, les malheureux retombent désespérément.

Enfin les culottes ont fini par essuyer tant soit peu la couche glissante, et un petit mousse victorieux décroche la timbale aux acclamations de la foule. Puis c'est la jatte remplie de farine, dans le fond de laquelle repose un deux sous, et qu'un malheureux doit trouver du bout des lèvres, les mains derrière le dos. Chaque fois qu'il relève la tête pour respirer, il apparaît comme un spectre, le visage complètement blanc, et l'hilarité de la foule éclate de toutes parts. Après, c'est le jeu de la poêle, sur laquelle les candidats viennent plaquer leur figure qu'ils noircissent; et cela pour décrocher une pièce de 10 sous !

Près de l'Hôtel des Dunes on a installé un bal en plein air. Une demi-douzaine de musiciens, perchés sur une estrade composée de planches jetées sur des tonneaux, débitent toutes les cinq minutes un bout de polka ou de valse. Chaque fois que la ritournelle recommence, matelots et matelotes s'empoignent et s'en payent, jusqu'au moment où la fatigue les fait tomber sur les bancs qui entourent le champ de danse.

Puis, c'est le feu d'artifice qui commence sur le sable. Les longues fusées montent dans la nue, et les soleils qui se déroulent jettent dans le ciel des feux qui concurrencent ceux des phares. A chaque coup qui se succède, ce sont des clameurs. Tantôt c'est une pièce qui rate; tantôt un tourniquet qui s'arrête. On est plus content que s'ils avaient réussi, car c'est le signal d'un vaste chahut. Enfin voilà le bouquet, et c'est tout. Le dernier quinquet tremblotant, qui éclairait les artilleurs, là-bas, près de la bâche, s'est éteint. Les autres, qui ne sont pas encore suffisamment fatigués, envahissent la salle des fêtes du Grand-Hôtel et le salon de l'Hôtel des Bains, où un bal sérieux est organisé.

Au milieu de toutes ces réjouissances, nos baigneurs se promènent avec intérêt. La vie véritablement champêtre n'est guère connue à Paris, ni dans les grandes villes. Aussi est-ce une bonne fortune pour eux, de pouvoir l'étudier sur place. Beaucoup ne dédaignent pas de s'y associer. Ce jour-là, la bonne humeur et la jeunesse reprennent le dessus. On redevient espiègle, au grand bonheur des amis et des enfants. On grimpe sur les chevaux de bois. On s'empare de l'orgue qu'on tourne à le démolir. On casse des pipes et on massacre des innocents.

Mais tout cela n'est rien à côté de la soirée.

Jeunes gens, jeunes filles, armés de longues perches auxquelles pendent des lampions, forment des monomes interminables, qui serpentent dans la nuit, éclairés de temps à autre par les lueurs vertes ou roses des feux de bengale. On s'arrête devant les principaux chalets, où on donne une joyeuse aubade aux propriétaires. Un crincrin, un fifre et une douzaine de mirlitons font les frais de l'orchestre.

Jusqu'à minuit, une heure, on s'escrime et on se tue en mille danses diverses, tandis que là-bas en plein air, nos marins, nos matelotes et nos ouvriers plus trempés, achèvent la fête le restant de la nuit. Ils se retrouvent debout le lundi matin, et ce jour-là les propriétaires qui font construire, deviennent enragés par le mauvais sang qu'on leur fait faire. Effet réflexe d'une grande fête !

CHAPITRE XX

La Peinture à Paris-Plage

POUR LES PEINTRES A FIGURE. — ECOLE D'ÉTAPLES. — M. CHIGOT. — LES CIELS D'ÉTAPLES. — PAYSAGE AFRICAIN. — M. JAPY. — MM. POINTIN, HERBERT, ROUSSEL ET LEFEBVRE. — M. CARRIER-BELLEUSE.

Il nous est impossible, au nombre des distractions de notre plage, de ne pas inscrire en première ligne la peinture, pour ceux qui ont le bonheur de se livrer à cet adorable passe-temps.

Il n'y a pas de station, à ce point de vue, aussi privilégiée que la nôtre, car elle permet, à toutes les branches dans cet art, de s'y exercer.

Les peintres à figures trouveront, dans la coloration même des terrains et des fonds, une mise en scène de premier ordre. Tel était l'avis d'un peintre célèbre que nous avons eu le bonheur de posséder une année parmi nous. Nous voulons parler de M. Japy, le grand artiste hors concours de tous nos Salons, un des adorateurs de ce pays dont il tira un si remarquable parti pour le paysage. Ajoutez à cela la facilité extraordinaire de vous procurer des modèles à très bon compte et qui posent d'une façon hors ligne. Toutes ces pêcheuses de crevettes d'Etaples, tous ces vieux matelots, tous ces enfants, tout ce monde pose fort bien. Aussi voyez le parti qu'en retire l'école d'Etaples, toujours si prospère.

Il y a dans cette ville une population artistique de vingt-cinq à trente peintres, parmi lesquels pas mal de femmes. Presque tous sont étrangers, anglais, américains, suédois. Le grand maître était autrefois M. Chigot, une de nos illustrations pour les scènes marines. Ses succès ne se comptent plus, et il y a longtemps du reste qu'il est hors concours de nos Salons.

C'est encore ce paysage à part, si favorable à la figure, qui nous a valu en 1893 de posséder M. Zel, qui traite d'une façon si heureuse les petites scènes sur la plage. Les panneaux que nous avons vus de lui, dont quelques-uns représentaient des enfants, étaient d'une note vraiment heureuse et d'un pinceau éminemment artistique.

Pour le paysage, notre station offre des ressources extraordinaires, en ce sens qu'elle permet de traiter, en France, des sites dont la note est tantôt algérienne, tantôt romaine, tantôt orientale.

Si vous faites la dune avec les rhamnoïdes et les groupes de saules rampants, c'est de l'Algérie toute pure que vous traduisez; surtout si vous avez choisi une chaude journée, avec un beau ciel bleu. Ces ciels d'un bleu intense, vous les trouvez souvent à Etaples comme à Paris-Plage, car la baie forme pour ainsi dire un entonnoir d'aspiration pour tous les brouillards et les nuages. Aussi vous entendrez toujours dire qu'il y a à Etaples des ciels remarquables. Cela est vrai chez nous également, et c'est peut-être là l'explication qu'il y pleut si rarement. Tandis qu'il tombera de l'eau à torrents sur Boulogne, sur Montreuil, sur Saint-Valéry, nous sommes, nous, épargnés complètement.

Quand donc vous avez le bonheur d'avoir un ciel bleu pur, foncé, avec un soleil chaud, vous ferez du paysage dont vous serez étonné vous-même. Les violets dans les ombres, les ocres rouges ou jaunes d'or dans les lumières pour les sables, les bleus d'outremer ou de cobalt dans les ombres, les cadmium dans les lumières pour les feuillages et les verdures, voilà ce que vous serez obligé d'employer. Ce sera du pur paysage africain.

Quand vous peindrez les collines de la Canche, vous aurez tantôt la note romaine, tantôt la note orientale selon les ciels. Aussi quelles ravissantes études et quels superbes tableaux fit M. Japy dans nos parages! Et quel heureux parti sut-il tirer de ces pins maritimes, tourmentés par le vent de mer, et qui affectent dans les premières zones ces formes échevelées et si bizarres.

Sur les traces de ce grand artiste, nous avons vu marcher avec plaisir un de ses élèves, M. Pointin, qui était autrefois, quand il avait encore la santé, un joyeux habitué de notre plage. Pourquoi faut-il que l'implacable mort nous l'ait enlevé en 1903?

Est-il besoin ici de rendre hommage à cette amabilité qui ne se démentait jamais, et à sa si franche amitié pour ceux qui avaient le bonheur de vivre dans son intimité. Avec quelle obligeance, il vous donnait des conseils quand on travaillait avec lui. Avec quelle justesse de vue et avec quelle charité il savait critiquer vos écarts.

M. Pointin était un arrivé dans l'art du paysage, et il possédait à fond celui de notre station balnéaire. Il en fut peu qui le traitassent mieux que lui, et avec autant de vérité. Dans sa retraite forcée à Amiens, il se servait toujours de ses anciennes études, et il savait encore en tirer de merveilleuses interprétations.

M. Herbert, élève de Coignet, est un autre peintre de mérite, ayant remporté de nombreux succès dans nos expositions. Il traite agréablement aussi le paysage Paris-Plageois à ses heures perdues. Car il fait du portrait sa spécialité, et certes il le fait à merveille, avec une ressemblance parfaite et avec beaucoup de sentiment.

N'oublions pas que M. Herbert est aussi un de nos compatriotes, puisqu'il possède chalet sur notre plage.

Parmi les artistes de distinction qui ont encore fait quelque séjour à Paris-Plage, et qui ont su en rapporter de belles études, citons M. de Conynck, hors concours de nos salons, grand prix de Rome, portraitiste distingué; M. Georges Roussel, Médaille d'or du Salon, Hors Concours, Médaille d'or de la Ville de Paris, peintre d'histoire et de genre. Nous avons vu de lui des groupes de pêcheuses et des têtes de petits mousses d'un très heureux coloris.

M. Georges Lefebvre qui a souvent exposé aux Champs-Elysées, a su également tirer de notre pays de brillantes compositions. Un de ses meilleurs tableaux fut la *Baie de la Canche* avec le profil de la Forêt sur la gauche.

En 1903, Paris-Plage a eu l'honneur de posséder le grand peintre Carrier-Belleuse, à la fois sculpteur et pastelliste distingué. Il descendit au château du Touquet, et inaugura le superbe atelier que M. Whitley fit installer dans les dépendances, pour les artistes qui visiteraient le Touquet. Nous avons vu de lui des études charmantes et divers portraits d'une facture agréable, d'un coloris brillant et d'une ressemblance parfaite.

Rappelons que M. Carrier-Belleuse, chevalier de la Légion d'Honneur, possède nombre de ses tableaux dans les grands musées de France et de l'Étranger. C'est une des célébrités de l'Art français.

En dehors de ces noms connus, c'est par centaines que nous avons vu des peintres, des aquarellistes, des pastellistes s'inspirer des principaux sites.

Tout ce que nous avons décrit dans nos articles précédents, comme tout ce qui nous reste à dépeindre dans ceux qui suivront, peut fournir matière à une toile quelconque. C'est par milliers que les études s'offrent à nous, et il n'est pas besoin de les indiquer. Il n'y a qu'à ouvrir les yeux pour les deviner.

Ceux qui aiment la marine trouveront dans la baie, ou à la pointe du Touquet, ou même sur la grève à la marée basse, et quand il y a des échouements, des thèmes inépuisables.

En résumé on peut traiter chez nous n'importe quel sujet. C'est pourquoi il était bon de signaler aux amateurs une mine de telle importance.

DEUXIÈME PARTIE

Nos Promenades

Nos Promenades

POUR LES INFATIGABLES. — CHOIX IMMENSE. — SUR LE LITTORAL. — DANS LA FORÊT. — ÉTAPLES. — THÈME INÉPUISABLE.

Il y a heureusement des personnes qui ont des jambes et qui n'aiment guère à demeurer stationnaires. Celles-là aiment le déplacement ; elles en ont vite assez de rester à cancaner sur la plage. Les toilettes de Madame X... ou de Madame Y... les intéressent fort peu. Elles aiment la variété dans leurs distractions ; et seules les plages qui en ont les attirent.

A celles-là nous avons offert déjà toute une catégorie de passe-temps. Mais si ceux-ci ne suffisent pas à occuper leurs loisirs ou à épuiser leur infatigabilité, nous leur soumettons un certain nombre de promenades qui satisferont peut-être leurs aspirations.

Le choix est immense. D'abord en dehors de la station balnéaire proprement dite et de la plage elle-même, n'avons-nous pas tout le littoral à droite et à gauche? Derrière la Canche c'est presque une terre nouvelle qui apparaît, et dont on est curieux de découvrir les différents sites. Il y a dans cette direction un besoin d'exploration irrésistible et contre lequel bien peu savent résister.

Mais ce qui vous invite surtout, c'est l'immense forêt du Touquet avec ses inconnus pleins de mystère. Vous sentez bien que dans ces sous-bois aux aspects nouveaux et étranges, vous allez recueillir des impressions que vous n'avez jamais ressenties. Tout d'abord, ce sont les phares, les environs du Château avec leurs séduisantes attractions ; mais plus loin ce sont les 800 hectares de forêt avec leurs sites sauvages et leur poésie bien à part. Et vous vous enfoncez toujours, escaladant des hauteurs où le pin seul domine, traversant des oasis charmantes et pleines de fraîcheur, vous perdant cent fois comme à plaisir, ayant soif d'inconnu!

Et puis une autre fois, c'est Etaples, cette ravissante bourgade, thème inépuisable de pérégrinations et de flanages incomparables. C'est une grande marée qui vous y attire, c'est la procession, c'est le marché, c'est la visite historique du pays. Et tout cela peut se faire sans fatigue, puisque vous avez toujours le tramway à votre disposition pour faire la route entière, ou pour vous aider tout au moins à en faire une partie.

Nous vous invitons donc à vous rendre dans tous les endroits que nous vous signalerons. L'expérience de vingt ans n'est pas chose inutile. Nous vous conduirons de suite là où il y a réellement quelque chose d'intéressant.

NOS PROMENADES
dans le Pays

CHAPITRE I

Visite de Paris-Plage – Les principaux chalets

L'entrée du Pays. – Le boulevard de la Mer

NÉCESSITÉ DE CETTE DESCRIPTION ET DÉLICATESSE DU SUJET. — ENTRÉE DU PAYS. — LE TYPE CORDONNIER. — HOTEL DES DUNES. — SUR LE BOULEVARD DE LA MER. — LE TYPE GUILLEMIN AVEC " LA CIGALE ET LA FOURMI ". — LE TYPE HOLT AVEC " LES ORCHIDÉES ". — LES ANCIENS DE LA PLAGE. — LE GRAND HOTEL. — LE TYPE RIDOUX AVEC " L'OURAGAN ". — LE TYPE BILLORÉ AVEC " CONCORDIA ". — LE " SAINT-AUGUSTIN ". — LE TYPE BIENAIMÉ AVEC " RAYON-VERT ". — LE " SAINT-RAPHAEL ".

Nous avons déjà décrit bien des choses sur ce qui entoure Paris-Plage, et c'est à peine si nous avons parlé du pays en lui-même. Il nous faut pourtant aborder ce délicat sujet. Le lecteur se demandera pourquoi ce mot « délicat ». La raison, la voici. Parler du pays, c'est parler des constructions, des chalets, des villas. Or il est bien difficile de plaire à tout le monde et d'accorder à chacun un tribut égal de louanges.

Nous déclarons donc que nous n'entendons désobliger personne. Les impressions que nous traduisons sont celles qui ont été éprouvées par la plupart des baigneurs.

Il nous a été donné bien souvent d'entendre des appréciations. Nous les avons recueillies avec soin. Ceci nous permet donc de nous appuyer un peu sur l'opinion publique. Si on nous reproche de nous être appesanti sur quelques constructions d'un intérêt minime, nous trouverons notre excuse dans le temps où celles-ci ont été édifiées. A l'époque, elles avaient un grand mérite, comparées à celles qui les entouraient. Il est évident que depuis on a fait beaucoup mieux. Mais qu'on se souvienne que nous sommes du passé et que nous avons déjà un pied dans l'histoire. Ce sera notre excuse. Et puis il faut ajouter, pour être vrai, que la note était donnée, et que beaucoup de ceux qui sont venus après, n'ont eu qu'à s'inspirer de leurs devanciers. Aux premiers donc revient un peu l'honneur.

Quand on arrive à Paris-Plage, les premières villas qui frappent l'attention sont celles de MM. Boulan et D'Halluin « l'Ermitage et la Rafale ». Toutes deux, construites dans un style qui tient à la fois du normand et du hollandais, sont dues au plan du savant architecte Lillois, M. Cordonnier. Son éloge n'est plus à faire. Médaillé de nos divers salons, et ayant obtenu les distinctions les plus hautes, il devait le premier apporter sur notre plage cette note sentimentale qu'on appelle « l'Art ». Et puis Paris-Plage était devenue sa plage de prédilection. Il comprenait ce délicieux pays avec une poésie à lui; et de fait, il a bien traduit son sentiment dans la rusticité et l'originalité qu'il a apportées à toutes ses constructions.

A signaler également, en arrivant, une nouvelle construction très réussie de M. Bienaimé, architecte à Amiens, et qui n'est pas finie à l'heure où nous écrivons ces lignes. Nous allons avoir souvent à présenter ses œuvres qui sont en tous points remarquables. Nous devons à la vérité de proclamer que M. Bienaimé est apparu en sauveur parmi nous, à un moment où un classique désespérant tendait à envahir notre plage. Il a su continuer, dans un autre genre, la note rustique que M. Cordonnier avait apportée le premier. Il l'a développée et il a vraiment imprimé à Paris-Plage une architecture spéciale, qui lui donne une physionomie absolument séduisante.

Au tournant de la rue de Paris se trouve l'hôtel des Dunes, qui appartient au sympathique M. Hubert, notre adjoint, ex-chef de gare d'Etaples. Cet immeuble est bien construit. Les soubassements faits jusqu'à une certaine hauteur en pierres grises de Boulogne taillées irrégulièrement, dans les panneaux des murailles les rectangles en rognons de silex alternant avec des briques de plusieurs tons, tout cela donne à l'ensemble un certain caractère.

Nous arrivons sur le BOULEVARD DE LA MER. A son extrémité, tout à fait dans la dune, se trouve la splendide villa « Quentovic », avec son toit original chargé de gros limaçons en terre cuite rouge. On a reconnu déjà l'auteur, M. Cordonnier. Il a de nouveau, dans cette construction, déployé tout son savoir.

Puis ce sont « Les Pêcheries ». Cette villa présente un certain front ; elle possède un pavillon central, un petit corps de bâtiment et une aile. L'avenir a été ménagé pour l'élévation d'une aile parallèle.

Viennent ensuite « Musette », puis « La Cigale et la Fourmi ». Ces deux villas, genre flamand, avec leurs pignons sur rue, en style espagnol, ne manquent pas d'un certain caractère. Ils furent édifiés par l'architecte Guillemin pour deux hommes de lettres, MM. Fouquier et de Calonne, poètes à leurs heures, et qui pour les baptiser s'inspirèrent de notre excellent La Fontaine.

Il convient de rappeler ici que M. Guillemin fut, durant plusieurs années, le seul architecte pour ainsi dire officiel de la Plage. Son œuvre fut considérable, puisqu'il édifia plus de cinquante constructions. Il aborda, le premier, le genre en dur, qui remplaça tout à fait le type en bois ; mais il n'employa malheureusement que la brique et le silex. Ce fut M. Cordonnier qui inaugura cette pierre si rustique de Marquise que nous retrouvons aujourd'hui dans toutes nos villas.

Nous arrivons aux « Fauvettes » appartenant actuellement à M. Decherf et précédemment à M. Deneux de Cagny (Somme).

Ce genre, qui rappelle certains petits édifices de la dernière Exposition Universelle, possède une note claire d'ensemble et qui a beaucoup de gaieté. Les différentes couleurs des enduits, les nombreuses faïences décoratives relèvent avantageusement le tout, et lui communiquent une certaine harmonie. Pourquoi une construction de cette importance et de ce mérite, ne se profile-t-elle pas toujours sur un beau ciel bleu, ou sur fond de verdure, dans un délicieux parc ? On l'aurait peut-être mieux comprise ainsi, que resserrée dans un cadre aussi étroit.

Ceci n'est qu'une critique bienveillante. Car c'est en raison de la beauté de cette villa, qui assurément est une des mieux de la plage, qu'on se permet d'exprimer certains regrets. Les balcons, la terrasse, la tour à jour et le window lui donnent tout à fait grand air. M. Lesueur, d'Amiens, qui en fut l'architecte, mérite à cet égard toutes les félicitations.

Voici le chalet « Beau-Séjour » et à côté « Jean-Bart », tout en pierres grises avec ses grandes lignes de carreaux bleus, ses toits rustiques, ses balustrades en ocre rouge ; ensuite le gentil « Colibri », en retrait dans un vaste terrain.

Vous arrivez à la villa « La Canche » une des mieux réussies, de l'architecte Cordonnier, d'une note bien à part, avec son toit mansardé en ardoises. Elle appartient à M. Tellier, ancien magistrat, jurisconsulte distingué, une des personnalités les plus sympathiques de notre plage, à laquelle il a rendu les plus signalés services.

Là ce sont des anciens de la Plage : d'abord « Rose de Mai » autrefois « Claudine », qui appartenait à M. Legendre, le véritable fondateur de notre station balnéaire ; puis « Mon Repos ». Tous deux ont été agrandis et très améliorés. Egalement un vieux, le « Sans Soucy », devenu aujourd'hui un des plus rustiques et de tons bien agréables, avec cette couleur chocolat des panneaux et ce vert olive sombre des balcons.

Ici c'est la « Villa Saint-Georges », le premier hôtel de la

Plage en 1885 ; la « Villa Suzanne » à notre excellent ami M. Garet, qu'on peut avec toute justice appeler un des fondateurs également de Paris-Plage ; à côté la « Villa Marine ».

Au coin de la rue Saint-Jean se trouve « Stella Maris » à M. Henry de Belloy. C'est un beau type de chalet en bois, bien agencé et très compris. A l'angle, une statue de la sainte Vierge justifie son titre.

Une splendide villa en bordure de mer, c'est celle des « Orchidées » avec ses terrasses superposées et ses balustres à l'italienne. M. Holt, architecte, qui en est l'auteur, a jeté sur la Plage une note nouvelle et très heureuse, qui l'honore grandement.

Au coin de la rue Saint-Louis se dresse « l'Alouette », en briques et cailloux, de M. Jules Mesnard, architecte ; également bien gentille construction.

Nous arrivons au Grand Hôtel. La partie ancienne appartient au genre chalet et se trouve construite tout en bois. M. Billoré, d'Amiens, en dressa les plans. La partie nouvelle en briques et en imitation pierres, avec ses vastes balcons très surplombants, promet pour l'avenir un hôtel de premier ordre et d'un grand effet architectural. A l'intérieur on trouve deux belles salles qui peuvent n'en former qu'une dans les grandes circonstances. Une superbe terrasse, à l'extérieur, permet aux baigneurs de savourer l'air de la mer, sans fatigue, en se livrant à une douce somnolence.

La villa « Henry », appartenant à M. Greish, d'Amiens, et construite en 1888, a servi de type pour d'autres villas, tant sa silhouette a été goûtée des amateurs. Le retour formant pavillon a du caractère et l'ensemble du restant ne manque pas d'une certaine élégance.

Après, ce sont « Les Tamaris », « L'Aiglon » et « Cyrano », ceux-ci très originaux avec leurs murailles en ciment ton crème, les balcons de même couleur, les cintres des fenêtres en briques émaillées blanches et bleues marine, et les toits en tuiles écaillées rouge ; « Marguerite » de Guillemin, en briques et balcon chocolat ; l'élégante « Villa Sainte-Barbe » au dévoué M. Edouard Lamy, ingénieur distingué à Amiens.

« L'Ouragan », de M. Paul Ridoux d'Arras, vient faire diversion dans la série, par son aspect tout à fait nouveau. Le rez-de-chaussée est tout en pierres grises, le premier en briques rouges. De très belles faïences décoratives ornent les panneaux, et les balcons peints en gros vert émeraude donnent le caractère à l'ensemble. Nous souhaitons beaucoup de constructions de cet architecte de valeur. Il a un style bien á lui, fait pour plaire, et qui en impose à tous.

Au coin de la rue St-Amand, ce sont « Les Galets » en briques et galets, comme le nom l'indique, propriété de M. Lallouette, un de nos anciens et dévoués présidents du Syndicat de Paris-Plage.

Voilà la « Villa Concordia », appartenant à M. Prévost-Blondel, d'Amiens, et qui a été la première habitation d'une certaine importance sur la plage. M. Billoré, qui en fut l'architecte, y a mis tout son savoir et tout son goût, de même que dans la voisine, la « Villa Marthe et Marie » appartenant à M. Herbert, artiste-peintre émérite.

Ces deux constructions ont réalisé le vrai type accompli des chalets tout en bois. L'intérieur répond à l'extérieur et la décoration mérite d'être signalée. Dans la première on y remarque des peintures murales fort originales. Ce sont des études de cigognes et de pies sur cretonne rouge. Dans la seconde ce sont des interprétations à l'huile, genre plein air, sur des sujets locaux fort bien traités par M. Herbert lui-même. Son talent artistique s'est révélé, du reste, longtemps assez dans un grand nombre de nos expositions pour qu'il en soit ainsi.

Notons « Soleil Couchant » et « L'Imprévu ». C'est le genre chalet, mais en briques. Puis « L'Alsace » tout en ciment gris, avec les dessus de fenêtre en briques vernies blanches et vert d'eau, et son toit normand tout en tuiles. C'est une très agréable demeure, ayant un caractère absolument champêtre.

Nous arrivons à l'imposante construction de M. Legay d'Arras, due au talent de M. L. Casiorowski, de Lille. Celle-ci, tout en marbre gris, rappelle assez les anciens hôtels de ville flamands. Elle comprend trois villas réunies en un seul tout. La plus importante, « Saint-Augustin », est précédée d'une terrasse spacieuse avec une fort belle statue, grandeur naturelle, de l'illustre évêque. Les deux autres « Phœbus et Borée » avec leurs avancées et leurs reculées sont également très réussies. Nous pouvons, sans froisser personne, affirmer que le groupe de M. Legay constitue, jusqu'à présent, ce qu'il y a de plus grandiose et de plus magnifique à Paris-Plage. A côté, ce sont les modestes chalets « La Vigie » et « l'Avant-Garde », les deux premiers de la plage, autrefois en bois, et aujourd'hui recouverts d'un enduit de ciment.

En continuant, vous atteignez la « Villa Saint-Michel », importante habitation en briques rouges, avec window et ornementation de carreaux bleus et blancs.

Immédiatement à côté, M. Bienaimé, architecte, vient de produire sa meilleure conception avec « Rayon Vert ». Cette villa, style anglo-normand, est en pierres grises. La partie supérieure est mansardée en tuiles, moitié rouge mat, moitié chocolat vernissé. Nous en souhaitons beaucoup dans ce nouvel ordre d'idées.

Elle appartient à M. Vibert, conseiller à la cour de Douai, le distingué Président actuel du Syndicat des Propriétaires.

« Sainte-Anne » en ciment peint, a bien aussi son caractère. La salle à manger possède une vaste ouverture, avec grande arcade de briques émaillées bleues, blanches et marron d'un bel effet.

« Griseldis », en retrait, est très amusant avec son escalier à l'italienne et ses balustres imitation pierre blanche.

Au coin de la rue des Oyats, voici la charmante villa « Marie-Antoinette ». Elle date de 1895 et appartient au docteur Carlier, médecin-major de 1re classe, directeur de l'hôpital de Tlemcen (Algérie). Elle est en pierres de Marquise avec cordons de briques diversement colorées. Ce qui donne à cette construction son originalité, ce sont, outre une large terrasse-balcon, le haut pignon flamand qui domine la façade, ainsi que le toit à la Mansard.

De l'autre côté de la rue, en face, « Le Saint-Raphaël », à M. Paul Paix, de Douai, dresse sa masse grandiose. Ce sera de longtemps, avec « Saint-Augustin », une des plus belles constructions de la plage.

Cette villa a été la première édifiée en élévation sur le Boulevard de la Mer. La rue de Paris étant plus haute que le Boulevard de la Mer, les architectes avaient toujours nivelé le terrain entre les deux voies, ce qui lui donnait une forte pente. En maintenant la surface absolument horizontale d'un bout à l'autre, on a obtenu sur le boulevard une superbe terrasse naturelle, sur laquelle se dresse ce magnifique bâtiment. C'est un mélange heureux du genre normand et du type chalet, dans lequel le pratique et le confortable ont surtout été envisagés. Les dépendances sont considérables, les écuries et les remises passent, à juste titre, pour les plus importantes de la plage.

La « Marguerite-Marie », à M. Vinchon, de Montreuil, est une villa du même genre, et qui est également très réussie.

Enfin, près du Sémaphore, notre regretté Président, M. Herbecq, avait fait édifier « Les Abeilles », très jolie villa en briques rouges avec une superbe terrasse. Elle forme avec « La Houle », en pierres grises et toit avançant, genre Cordonnier, un heureux ensemble, bien artistique.

Nous arrêtons là notre visite aujourd'hui. Dans deux autres chapitres nous aborderons les rues intérieures, dans lesquelles se trouvent des habitations qui ne le cèdent en rien à celles de première ligne.

Juillet 1903.

CHAPITRE II

Visite de Paris-Plage (Suite)

Les rues parallèles au Boulevard de la Mer

LA RUE DE PARIS. — LES CHALETS DE M. CLAVERIE. — LA PHARMACIE. — LA PREMIÈRE MAISON DE COMMERCE DU PAYS. — LE GRAND HOTEL DES BAINS. — L'ANCIENNE MAISON DU GARDE. — « LA RAFALE ». — LA CHAPELLE SAINT-ANDRÉ. — L'ECOLE COMMUNALE. — LES DIVERS AUTRES CHALETS.

Nous en sommes restés, de notre visite du pays, au Sémaphore, à l'extrémité Ouest du BOULEVARD DE LA MER. Nous regagnons, par derrière, la RUE DE PARIS ; et cette fois nous allons faire successivement toutes les rues parallèles au Boulevard, pour reprendre ensuite toutes celles qui les coupent verticalement à angle droit.

Nous sommes donc dans la RUE DE PARIS et nous partons du Sémaphore. Voici, à notre droite, le coquet « Chaperon Rouge », de M. Bienaimé, en pierres de Marquise, avec rangées de briques alternées, puis « Le Corail », de M. Paul Ridoux, dans le même style que « L'Ouragan » sur le BOULEVARD DE LA MER. Cette très belle construction est en briques roses et en pierres blanches (imitation) avec windows. Toutes les parties de bois — les balcons, la rampe gigantesque qui surmonte le toit d'ardoises — sont peintes en gros vert, faisant valoir le tout.

Au coin de la Rue de Paris, on trouve la « Villa Saint-Hubert », autrefois à l'abbé Guérin, un des fondateurs de la plage. Ensuite voici la Gare, « Beau-Rivage » et « Belle-Vue », en briques et cailloux, appartenant au genre de M. Claverie, qui fit tant pour Paris-Plage, par les nombreuses constructions qu'il y édifia, et dont nous sommes heureux en passant de saluer la mémoire.

A l'angle droit de la Rue Saint-Amand, vous rencontrez « Les Roses », bâti autrefois par M. Ch. Dequéker, qui fut le premier constructeur à Paris-Plage. Il appartient au sympathique M. Ogé, de Paris, un des fondateurs également de la plage avec M. Lyon, son très aimable beau-père. A gauche voici « Mon Caprice », un des beaux types de M. Bienaimé, tout en pierres grises avec des lignes de briques rouges, très pittoresque avec sa galerie couverte, ses auvents, ses boiseries peintes en vert Véronèze clair.

Nous passons devant « Les Oyats », à droite, et « Saint-Pierre », à gauche, deux anciens de la plage, et tout en bois comme dans le début ; ensuite devant « La Ville de Paris », le premier bazar qui s'installa dans le pays. Plus loin, à droite, ce sont « Les Perles », « Les Courlis », en briques et cailloux du genre Claverie, « Les Phares » à notre pauvre ami, le peintre Edouard Pointin, d'Amiens, aujourd'hui décédé, et qui fit tant connaître Paris-Plage par ses remarquables études.

Maintenant vous apercevez, sur la gauche, à l'angle de la Rue du Grand Hotel, un beau bâtiment servant de pharmacie. Il est tout en briques, avec balcons à l'italienne, imitation pierre blanche. Vous défilez devant un important groupe de dix chalets, dont les uns portent pignon très pointu et les autres un auvent fort gracieux à leur partie supérieure. Ils sont baptisés tous de noms de fleurs : « Le Gui », « Les Cyclamens », « Les Pervenches », « Les Joncs » « Les Roseaux », etc. Ils servent de boutiques au rez-de-chaussée et de logements à l'étage. Nous sommes au centre du quartier du commerce. C'est là que se centralisent les affaires. Aussi l'animation est grande, et certains jours le tramway a peine à circuler. Nous devons signaler au coin de la rue, à gauche, le chalet de MM. Ramet, dénommé « Halte-là ». Ce fut la première maison de commerce établie à la plage. Elle fut ouverte le 14 juillet 1886.

Une jolie petite construction, bien modeste, c'est la « Villa Bleuette », à gauche, tout en gris bleu, de Louis Cordonnier. Voici l'important établissement Asselin, autrement dit le « Grand Hôtel des Bains », très vaste et très joli bâtiment, en briques et en pierres grises alternées, avec faïences décoratives ; puis la « Villa Germaine » avec sa note à part.

A droite, au coin de la Rue Saint-Alphonse, vous passez devant « Monte Carlo », du regretté M. Hubert, ingénieur, très confortable habitation en briques avec balcons verts.

A gauche, « Les Bergeronnettes », « Emile-Marie », constructions très en retrait, avec boutiques en saillie, terrasses au-dessus et vaste escalier d'accès au milieu.

Successivement vous défilez, à droite, devant « Le Jasmin », « Rose-Iris », « Le Trèfle », beau groupe de trois, en pierres grises avec lignes de briques ; devant « Vercingétorix » d'un type à part, avec ses panneaux en ciment blanchi et ses boiseries chocolat ; devant « Mon désir », très jolie villa, genre normand, à notre zélé secrétaire du Syndicat des Propriétaires, M. de Reverony.

« Alexandre », au coin de la rue de La Lune, avec sa tourelle, de M. Holt, apporte la diversité dans tout cet ensemble. De même « Les Genêts », qui fut la première construction de notre ami Cordonnier, habitée par lui d'ailleurs, et qui servit d'études préliminaires pour les splendides « Quentovic » et « La Rafale «, dont nous avons parlé dans notre visite précédente. Nous allons repasser devant cette dernière, après avoir longé « Leo » que caractérisa l'illustre peintre Chigot. De l'ancienne maison du garde Roberval, sur une dune sans intérêt qu'il cercla d'une muraille et planta d'un délicieux jardinet, il fit, avec l'addition de quelques bâtiments simples et rustiques, un ensemble charmant où on retrouve toujours l'artiste. La statue coloriée du chevalier L · E · O est empreinte d'un grand caractère.

Nous repassons donc devant les murailles de grés et de carreaux blancs de la magnifique « Rafale ». L'escalier monumental conduisant au portique, qui par deux colonnes de marbre de Belgique soutient une partie de l'édifice en avancée, invite les amis à visiter le si aimable propriétaire M. D'Halluin, un fanatique de Paris-Plage. Au loin, on ne peut s'empêcher de jeter un coup d'œil, de nouveau, sur « Quentovic » avec ses murailles bleues et son toit rouge mansardé, surmonté de gros limaçons. Nous tournons à droite en passant sous le délicieux « ermitage » et nous voici dans la Rue de Londres.

A droite, la « Villa Suzette », de M. Bienaimé, avec son toit normand et ses balcons vert clair ; à gauche, « L'Etoile du Matin », de M. Hubert.

Mais où ce regretté architecte s'est surtout révélé, c'est dans la construction du « Pilote », véritable petit château que l'on aimerait à voir au milieu d'un beau parc. Il a grand air avec ses vastes terrasses et ses balcons de pierres blanches à l'italienne.

Voici la maison « Clerc », importante construction en briques, avec lignes de faïences très décoratives.

Vous passez devant l'église, appelée également « Chapelle Saint-André ». Celle-ci n'a absolument rien de remarquable à l'extérieur. A l'intérieur, la voûte est en pitchpin verni ; les murs attendent encore un revêtissement quelconque. Dans le fond, au-dessus du maître-autel, une statue du Sacré-Cœur avec cette mention : « Reconnaissance, 10 août 1888. » Cet *ex-voto* fut donné à la suite d'un accident qui aurait pu avoir les plus cruelles conséquences. Une famille entière, celle de M. P.-B. avait été surprise, au moment du bain, par la marée montante, après avoir laissé imprudemment une bâche derrière elle. Elle ne put la franchir, et trois personnes furent presque noyées. Ce fut un véritable miracle si elles en réchappèrent, car à cette époque il y avait peu de monde à la plage, et pas de surveillants. C'était en outre l'heure du déjeuner, par conséquent au moment de la journée où la plage est déserte.

La Chapelle de la Vierge, donnée par la famille Lallouette est fort jolie. La statue de la sainte Vierge est surtout remarquable. Une plaque commémorative consacre la mémoire de M. Frédéric Lallouette, décédé le 15 août 1896. De l'autre côté, se trouve une autre chapelle avec un tableau du peintre Herbert, d'Amiens. Il représente la conversion de saint Paul. Le sujet a été traité d'une façon nouvelle et qui ne manque pas d'originalité.

Parmi les autres statues, on distingue encore celles de saint Christophe et de saint Antoine de Padoue.

Dans le bas de l'église se trouve une épitaphe se rapportant à M. Charles de Baillencourt, dit Courcol, filateur à Douai, chevalier de Saint-Grégoire-le-Grand, ancien conseiller général du Nord, décédé subitement au Touquet, le 14 août 1893, dans sa soixante-huitième année.

En sortant de l'église, on passe devant la gentille école communale, composée d'un simple rez-de-chaussée, avec un logement pour l'institutrice. La façade est surmontée d'un petit fronton en ovale qui abrite une cloche. Le tout est assis sur un terrain en élévation, assez large pour servir de cour de récréation aux enfants. Ce bâtiment sert de mairie pour l'adjoint spécial de Paris-Plage. Sur une tablette en faïence, incrustée dans la muraille, on lit « 1897. Ecole érigée sur un terrain offert à la commune de Cucq par la famille Daloz ».

Au coin de la Rue de la Paix, se trouve le coquet chalet en bois « L'Abri », au sympathique et très dévoué M. Bour-Walter. Un beau jardin, au fond duquel se trouve un petit bâtiment très artistique, embellit ce coin de la plage.

Le groupe gentillet des villas « Sainte-Madeleine », « Saint-André » et « Sainte-Elisabeth » en briques et pierres ; avec leurs toits à part, ainsi que le « Liseron », terminent la rue.

Nous passons dans la rue parallèle, la Rue de Metz. Voici « Sainte-Germaine », tout en pierres ; puis à gauche, près de l'église, une jolie villa de M. Bienaimé. A droite vous passez devant le coquet « Germaine et Louis ».

Au coin de la RUE SAINT-LOUIS, dans une note nouvelle, en pierres avec lignes de briques, le « Casilla Rosario », de M. Dillemann, ingénieur à Paris. Sur le même rang, plus bas, la ravissante « Villa Normandie », en vieux normand, avec poutrelles en bois, et accompagnée de verdure, ce qui est toujours un charme sur le bord de la mer.

Au tournant de la RUE SAINT-JEAN, « Les Peupliers », chalet en bois, avec son premier soutenu en avancée prenant l'angle. Comme son nom l'indique, une plantation de peupliers déjà grands, accompagne cette originale construction. Notons, en passant, que tout ce groupe a été édifié par M. Henry du Parc, le premier qui ait compris, qu'à la mer, la végétation doive encadrer les habitations, et leur donner cette physionomie rustique toujours si agréable.

Nous atteignons, à droite, les « Chalets Roumains », ensemble de huit chalets, avec deux pavillons d'angle en élévation sur le reste. Ils sont construits en pierres grises. Les dessus de fenêtres, en briques rouges, relèvent seuls le tout; tandis que les balcons en vert clair apportent le ton gai. Ils sont couverts en ardoises. Seuls les toits des pavillons d'angle sont en tuiles. L'ensemble ne manque pas d'intérêt.

Viennent après, sur la gauche, « Tambourin » et « Castagnette », en briques rouges et grises, avec balcons en bleu gris, puis sur la droite « La Sapinière », une des mieux réussies parmi les villas de M. Bienaimé. La note normande domine dans cette construction, tout en pierres grises, avec ses lignes de briques vernissées en blanc et en bleu turquoise, et ses balcons ocre jaune. La tour pyramidale tronquée, l'irrégularité des différentes parties du bâtiment, les toits mansardés et les auvents en tuiles rouges donnent un charme tout particulier à cette villa.

Vous passez devant les ruines de « Pigevent », et prenant la grande route vous gagnez la rue parallèle à celle que vous venez de quitter. Vous vous trouvez dans la RUE DE MOSCOU. Au coin de la RUE D'ETAPLES, vous percevez les profils et le derrière des villas « Les Sapins » et « Rose-Mousse », encore un charmant groupe de M. Bienaimé, dans le genre de « La Sapinière ». Au tournant de la Rue Saint-Jean, une villa de même style. Sur la gauche « Clotilde » et « Roger », deux ravissantes maisonnettes en pierres et briques avec leurs grands cintres au-dessus des fenêtres, en briques faïencées grises et bleues, et leurs balcons en tuiles rouges superposées.

Nous avons visité les rues parallèles à la mer et à la forêt. Il nous reste maintenant à aborder les rues transversales, c'est-à-dire les rues perpendiculaires à celles que nous venons de décrire.

Août 1903.

CHAPITRE III

Visite de Paris-Plage (Suite)

Les Rues transversales perpendiculaires à la Mer et à la Forêt

LA RUE CENTRALE. — DANS LES DIVERSES RUES. — « LA RUCHE ». — « LE PILOTE ». — LA « VILLA MARIE-ÉVRARD ». — « LA SAPINIÈRE ». — OBSERVATION FINALE.

Nous commençons par le fond de la plage, dans la direction du sémaphore, c'est-à-dire par la RUE CENTRALE. Cette rue qui figure également sur certains plans, sous le nom d'AVENUE WHITLEY, partagera la station balnéaire future en deux parties égales.

En tournant le dos à la forêt et en vous dirigeant sur la mer, vous distinguez tout d'abord, la « Villa Saint-Antoine de Lisbonne », grand bâtiment en briques, renfermant deux chalets, tandis qu'à votre gauche se trouvent « L'Islandais » et « La Paimpolaise », en pierres et briques, avec grande terrasse et ballustres blancs à l'italienne, couverture de tuiles et tous les bois peints en vert. Puis c'est « Duguesclin », en briques rouges et grises, avec balcons gris clair, très gentillet dans son ensemble. Sur le même plan également, « Les Marmousets », avec sa salle avançante et sa terrasse au-dessus, ne manque pas d'originalité.

Nous passons à la RUE DE LA PAIX et remontons vers la forêt. Nous notons, à gauche, le groupe « L'Epave » et

« Marie Solange », très jolies petites constructions ; à droite, les chalets Verdier, tout en bois, qui ont bien aussi leur charme, « Les Passereaux » et « Serpolet ».

Nous tournons pour gagner la rue parallèle, dite RUE SAINT-AMAND. Voici « Belle de Jour » et « Belle de Nuit », dans le genre de « Clotilde » et « Roger » déjà décrits RUE DE MOSCOU.

Nous dirigeant toujours vers la mer, nous trouvons à notre gauche la villa « Plaisance », en pierres grises, avec lignes de briques rouges et faïences bleues aux clefs de voûte des fenêtres ; puis le chalet « Notre-Dame » et « Sacré-Cœur », servant de presbytère. A notre droite, l'importante et rustique construction, « La Ruche », qui, comme son nom l'indique, renferme de nombreux logements.

La rue parallèle qui suit est la RUE LENS ; dans celle-ci rien à signaler. Nous gagnons la RUE SAINT-LOUIS. Celle-là est déjà fort intéressante. Nous nous dirigeons de la forêt à la mer. Dans la dernière zone, à gauche, vous remarquerez un groupe de cinq villas en deux, « Paulinette » et « Petit Faust », fort gentilles avec leurs avancées couvertes d'un léger toit en auvent surmonté d'un balcon. Puis c'est la villa « Pierrette », dans le même esprit. Voici du nouveau : une grande construction en pierres, style chalet, avec pignon très aigu, les montants d'angle et diverses lignes horizontales seuls en briques. Cette construction est de MM. Laubin et Tampan, ingénieurs à Roubaix. Suit un bel ensemble de quatre villas : « Sapho », « Carmen », « Lakmé » et « Tubéreuse », avec terrasses et petits toits au-dessus.

A droite, se trouve la vaste maison de famille « Villa Marie-Evrard », avec ses faïences décoratives. Sur la même ligne la « Villa Sainte-Marie », dans le genre Guillemin, « Gaëtan » ; puis après la RUE DE PARIS le ravissant petit « Tartarin », tout en ciment, avec son toit mansardé en ardoises, descendant très bas, son minuscule window et ses bois peints en vert, sa superbe faïence décorative paysagée, portant sa devise. Enfin, à gauche, le riche bâtiment nouveau du Grand Hôtel dont il a déjà été parlé.

Nous nous transportons dans la sixième rue transversale, la RUE SAINT-JEAN. « Vert-Vert », avec son enseigne pendante, représentant le célèbre perroquet de Gresset en fer forgé, attire tout de suite l'attention. La construction, avec sa vaste fenêtre en demi-cintre, est très originale. Plus loin, près de la RUE DE LONDRES, nous retrouvons le superbe « Pilote », de M. Hubert, dont nous avons déjà parlé, mais qui se présente sous un nouvel aspect avec son escalier monumental en retrait.

A gauche, au coin de la RUE DE METZ, c'est le vaste bâtiment « Sainte-Claire », avec ses deux pavillons, puis le charmant groupe « Petit Duc », « Marjolaine », sur la droite, suivi bientôt de « Giroflé-Girofla », les jolies villas de M. Bienaimé. Du même, dans la dernière zone, « Le Petit Poucet », délicieuse petite construction.

Nous gagnons la RUE DE BRUXELLES. Du bois à la mer signalons « Les Moucherons », à gauche, et « Les Troënes » à droite ; puis, sur la gauche, un nouveau de M. Bienaimé, en pierres et briques, qui promet d'être superbe, un groupe assez important : « Les Glaïeuls », « L'Aubépine » et « Les Pensées », en pierres et briques vernies ; ensuite, au coin de la rue, le magnifique « Goéland», un des mieux réussi de la plage, encore de M. Bienaimé. Il est tout en pierres rehaussé de briques, avec une garniture, dans le haut, de grands carreaux blancs et bleus. Le toit est mansardé et fait de tuiles écaillées. Les balcons et les bois sont peints en marron foncé.

Enfin, en arrivant sur la mer, vous passez devant l'original entrepôt de M. Ramet, avec sa grande porte cintrée et ses deux windows de chaque côté.

La RUE SAINT-ALPHONSE qui se présente après, se dessine déjà très bien ; elle offre des profils qui ne manquent pas de charme. A droite, « Les Incroyables », de M. Holt, jette une note nouvelle avec ses pierres blanches, ses balcons italiens et sa terrasse dans le haut. Remarquez le nom sur une superbe faïence représentant un cornet d'abondance et de jolies fleurs.

A l'opposé se trouve « Vert Luisant », avec ses deux balcons superposés, l'un abritant l'autre.

Sur la droite se dresse l'imposante « Villa Saint-Christophe », qui fut longtemps une des jolies constructions de la plage. Une belle statue du saint dont elle porte le nom en décore la façade. Puis c'est le gentil « Marie-Thérèse ».

L'ancien atelier du peintre Chigot, à gauche, avec sa porte gothique, ne manque pas d'intérêt. L'intérieur surtout est à visiter, car il est empreint d'un réel cachet artistique.

Sur la droite, voici maintenant « Les Fougères » qui ne comprend qu'un premier avec pavillon central et large terrasse, la « Villa Florentine » et la « Villa Coquette », en briques rosées et grises avec balcons jaunes. A côté, formant contraste, « Les Flots », en pierres grises avec bandes blanches et rouges, et jolis balcons gros vert et vert clair; puis le chalet « Eole ». En face, le petit mais gentil « Jeanne d'Arc ».

De nouveau sur la droite, « La Concorde », genre villa, avec son superbe jardin toujours fleuri, entouré d'un mur bas et de grilles, avec piliers surmontés de vases élégants renfermant des aloës.

Vous passez devant « La Marmaille », avec son vaste balcon à l'italienne et ses frises très décoratives en pierres blanches.

Enfin, pour terminer, « Ma Chaumière », coquet chalet en pierres, rehaussé de briques rouges et balcons gros vert.

Nous voilà presque à la forêt ; nous nous dirigeons vers la Rue d'Étaples. Nous revoyons « Les Sapins » et « Rose Mousse », déjà cités. A droite, le joli petit groupe qui ne comprend qu'un rez-de-chaussée sur sous-sol, « Coquelicots », « Fleurette » et « Chèvre-feuille ». A gauche, un autre ensemble en pierres avec balcons bleus, « Mon Etoile », « Odette » et « Alexandre » ; puis « Les Bruyères », de M. Hubert, genre chalet, mais en briques. Nous arrivons à « Vercingétorix » et aux « Fauvettes », dont il a été déjà parlé, mais dont les profils présentent d'autres aspects très séduisants.

Dernière rue, RUE DE LA LUNE, celle-là bien bâtie également et déjà très pittoresque. C'est d'abord, à gauche, le charmant « Mon Voisin », avec son toit mansardé en ardoises, son délicieux petit window, son minuscule clocheton, ses murailles blanchâtres bordées de brun rouge. La note en est unique. Puis, sur le même rang, « Bon Plaisir » et « Bon Accueil », également fort gracieux avec leur minuscule terrasse et leurs balcons foncés. Ce groupe est très étudié et retient l'attention.

Nous traversons la RUE DE PARIS. Voici « Jeanneton », « Jeanne » et « Jeannette », trois chalets dans un, le tout en bois, mais chacun peint d'une couleur différente.

A gauche, nous longeons le vaste et riant jardin de l'Ermitage, et nous arrivons à « Suzette » déjà décrit, « Etoile du matin », de Dieuzet et dans le fond « La Sapinière » sous un autre aspect que celui que nous avons exposé dans notre précédente visite. « La Sapinière » sera de longtemps une des jolies choses de M. Bienaimé.

Nous avons fini la visite des chalets et des villas de Paris-Plage. Mais cette description, à l'heure où on la lira, sera déjà très incomplète. Nous sommes en effet à la fin de la saison 1903, et d'ici l'année prochaine, Paris-Plage aura marché à pas de géant. Des quantités de constructions nouvelles, parmi lesquelles de fort jolies, nous en sommes certain, auront surgi de toutes parts. Le visiteur sera donc indulgent et voudra bien nous pardonner des omissions involontaires. Il saura compléter notre œuvre et distinguer l'art partout où il s'offrira à ses regards.

Septembre 1903.

CHAPITRE IV

Le nouveau Sémaphore

L'ANCIEN SÉMAPHORE. — CE QUI A MOTIVÉ SON DÉPLACEMENT. — DESCRIPTION DU NOUVEAU. — LE POSTE D'OBSERVATION. — LES SIGNAUX. — EXAMEN DE L'HORIZON ET DES COTES. — CARTES MARINES. — NOMENCLATURE DES PAVILLONS.

En continuant la RUE DE Paris dans la direction de Berck, vous arrivez au Sémaphore construit en 1893.

Celui-ci a été édifié dans un endroit assez élevé, et sur un point proéminent de la dune. Il n'aura certainement pas à subir les vicissitudes de l'ancien sémaphore qui, élevé cependant sur le bord de la mer, dans le courant du siècle, fut envahi si rapidement par les sables. Quand la construction de celui actuel fut décidée, il se trouvait à près de trois cents mètres dans les terres, et c'est à grand peine si les signaux optiques pouvaient être échangés avec les bâtiments en mer. Du reste, certaines dunes, plus hautes que la butte sur laquelle il se trouvait, empêchaient complètement la vue dans diverses directions.

Le nouveau sémaphore forme un T, couché par terre, dont le bas est orienté vers la mer. C'est dans cette partie qu'a été aménagé le service, qui comprend un bureau pour la télégraphie et un poste d'observation.

Le bureau télégraphique se trouve au rez-de-chaussée. Il est ouvert au public toute l'année.

Le poste d'observation est plus élevé, et on doit, pour y accéder, gravir un escalier. La vue est superbe de cet endroit. Vous avez devant vous le demi-cercle complet de l'horizon et la communication facile avec les autres postes, notamment avec celui de la pointe d'Equihen.

Un arbre avec bras mobiles au dehors, fixé sur une plaque tournante, sort par la toiture. Au moyen de tout un système mécanique, on le manœuvre de façon à produire différents genres de signaux, qui correspondent avec des termes, dont la nomenclature a été adoptée par un règlement international.

Tous les navires de l'Etat qui passent au large, jusqu'aux simples torpilleurs, parlementent avec le sémaphore, de façon à habituer, dès le temps de paix, les guetteurs au service de guerre.

Aussi a-t-on militarisé le service des sémaphores, son importance, à un certain moment, pouvant être capitale.

Le directeur actuel est toujours d'une obligeance qui n'a d'égal que son désir d'être agréable aux baigneurs. C'est avec un grand plaisir qu'il répondra à toutes les demandes que vous voudrez bien lui poser ; et les renseignements qu'il vous fournira seront toujours remplis d'intérêt.

Une lunette marine, de grande portée, vous permettra de fouiller l'horizon et d'interroger le moindre voilier. Sans quitter Paris-Plage, vous pouvez, par un temps clair, faire une promenade sur la plage de Berck dont le moindre détail ne saura vous échapper. Si vous observez les collines de la Canche, surtout au delà du Saint-Frieux, vous découvrirez une quantité de petits villages, pittoresquement situés, et qui allumeront en vous des désirs effrénés d'excursion.

Toute une catégorie de cartes, fixées aux murs, vous intéresseront. Les unes vous donneront les moindres détails du littoral, les noms de tous les lieux dits, l'altitude au-dessus du niveau de la mer, les bancs de sable, les profondeurs marines, etc. Les autres vous donneront l'explication de tous les signaux, la composition de l'alphabet, l'interprétation des différents termes.

Plus loin, c'est la reproduction de tous les pavillons des différentes puissances : ceux de guerre, ceux du commerce, ceux des cours de l'Europe, ceux des nations, ceux des plus puissantes compagnies.

Dans tout cela, il y a un ensemble de connaissances utiles à recueillir. Quand on a le temps on ne doit jamais se dérober à tout ce qui peut augmenter en nous la somme de notre bagage scientifique. Ceux qui ont partout l'amour de l'étude trouveront donc dans cette promenade de quoi satisfaire leur désir de s'instruire.

NOS PROMENADES
sur le Littoral

CHAPITRE V

A la plage de Camiers — Traversée de la Canche

COMMENT ON TRAVERSE LA CANCHE. — GRÈVE DE CAMIERS. — GISEMENT DE TOURBE LIGNEUSE. — DÉBRIS DE L'ANCIEN PHARE. — ASPECT SAUVAGE DU SITE. — LA POINTE DE LORNEL.

A marée basse, deux heures avant la plus basse mer, on peut se rendre à l'extrémité droite de la plage, vers la Canche. On y trouve toujours des barques ; et, moyennant une faible rétribution, on se fait passer sur la grève de Camiers, après s'être entendu au préalable avec le batelier pour l'heure du retour.

Cette grève a un aspect tout particulier. Elle laisse émerger des bancs profonds d'une espèce de tourbe ligneuse, dont les gens de Camiers et de Dannes font l'extraction à marée basse. Ce combustible est porté dans la dune et exposé au soleil, d'où de grandes voitures viennent le chercher quand il est complètement séché. C'est toute une industrie qui s'exerce en cet endroit, et elle a son intérêt.

D'où vient cette espèce de tourbe ? Vraisemblablement il y a eu, dans des temps préhistoriques, une forêt qui fut ensevelie par la mer ; car on reconnaît très bien, dans l'analyse des blocs, des branches entières ; et on y découvre même des troncs d'arbres d'une certaine importance, lesquels sont entièrement convertis en charbon.

On aperçoit de Paris-Plage, à marée basse, de grandes lignes longitudinales noires, au bas de la dune sapée à pic par le flot. Bien des personnes se demandent ce qu'elles voient. C'est le gisement de ce lignite. Très souvent la mer nous en apporte des fragments assez considérables. Il nous est arrivé, au début de la plage, dans des journées où on manquait de charbon, d'en employer dans nos fourneaux. Tous ceux qui ont fait comme nous, ont dû constater qu'il brûlait fort bien.

La plage de Camiers est fort glissante, par suite d'une espèce de glaise grise qui la recouvre en partie.

Là où l'extraction de la tourbe ligneuse a eu lieu, il reste des bas fonds coupés à angles droits qui ont l'aspect de roches calcaires. Les gens de l'endroit les utilise pour la pêche de l'anguille.

On aperçoit également, près de là, quelques débris de l'ancien phare qui marquait l'ouverture de la baie. Ce sont des pierres en marbre gris, parmi lesquelles plusieurs marches de l'escalier.

Ce phare a été démoli dans le courant du siècle, quand furent élevés les deux phares actuels sur la rive gauche.

La promenade sur cette plage laisse une impression étrange. On se sent comme perdu dans un pays sauvage. Si on ne rencontrait, par ci, par là, un indigène, l'illusion serait même complète. Sans doute les ruines que nous venons de signaler, contribuent à inspirer ce sentiment ; mais c'est aussi le contraste qui en est la cause. On vient de quitter Paris-Plage plein de gaieté, et la Canche traversée, il semble qu'on est absolument dans une autre contrée.

Cependant le groupement de notre station apparaît dans le lointain, et vu, de ce côté, il semble important et fait belle figure.

Si vous avancez un peu, en suivant la dune, vous arriverez bientôt à la pointe de Lornel. Celle-ci dépassée, vous apercevez la digue et l'hôtel St-Gabriel, puis la station balnéaire de Ste-Cécile, et enfin une plage qui s'en va à perte de vue, en décrivant une courbe fort gracieuse, pour aboutir à une autre pointe, celle d'Equihen. Celle-là est escarpée, car vous avez retouvé la falaise ; et elle est dominée par un sémaphore qu'on aperçoit très bien de Paris-Plage avec une lunette.

Il vous faut une petite après-midi pour faire cette promenade, qui ne manquera pas de vous intéresser.

CHAPITRE VI

Aux Douaniers

LE CIMETIÈRE DES NAUFRAGÉS. — DOUANES DE TRÉPIED. — POSTE DE SAUVETAGE. — LE CANON PORTE-AMARRE. — LA DÉROULADE. — COMMENT ON PASSE LE TEMPS.

En suivant la plage vers Berck, et après avoir dépassé le nouveau sémaphore, on rencontre dans la dune une échancrure, où la mer a pénétré encore souvent il y a quelques années, dans les grandes marées poussées par les fortes tempêtes.

C'est un lieu sinistre qui évoque de terribles souvenirs. Il a été en effet, au siècle dernier, et même encore au commencement du siècle, le théâtre de nombreux naufrages, qui ont signalé cette plage avant la construction des phares actuels.

C'est dans cet endroit lugubre que se déroulait le dernier acte de ces drames épouvantables de la mer. Les victimes, qu'une même catastrophe avait englouties, et qui avaient été unies dans la mort, devaient rester unies dans la tombe et dormir ensemble leur dernier sommeil. On les ensevelissait en ligne dans l'immense dune, qui en montant sans cesse devait les couvrir à jamais.

Mais les tempêtes ont des anomalies. Ce qu'une élève aujourd'hui, une autre le renversera demain. Là, où se dresse une dune colossale, on verra, plusieurs années après, un gouffre profond creusé sans cesse par les rafales. Leur fureur sapa ainsi les tumulus et mit à découvert les ossements blanchis de ces infortunés, peut-être pour mieux rappeler leur mémoire.

Il y a quelques années, au début de cette plage, on voyait parfaitement sortir des flancs de la plus haute dune, en face la mer, des squelettes en rangs serrés. On ne pouvait se garder d'une certaine émotion, à la vue de ce spectacle; surtout quand on se rappelait les douloureuses circonstances qui avaient couché ces malheureux dans la même sépulture.

Parfois vous rencontriez un douanier, qui vous rééditait l'historique de ces drames terribles.

Aujourd'hui, on ne se rappelle même plus les noms des navires qui vinrent se perdre sur cette côte. Le temps efface tout!

Actuellement cet amphithéâtre naturel par sa configuration, est devenu l'emplacement des postes de la douane de Trépied. Le jour, un garde de faction apparaît souvent, non loin de là, sur la crête d'une dune. La nuit, il s'abrite sous l'une des huttes de paille placées çà et là.

Les morts ont ainsi leurs compagnons, et quand la tempête mugit dans le cirque, ses échos redisent les naufrages d'autrefois.

Au milieu du cirque s'élève une petite cabane recouverte d'une couverture en tuiles. C'est le corps de garde des douanes de Trépied. Plus loin se trouve une remise, où sont déposés un canon porte-amarre, des instruments divers de sauvetage et des médicaments.

C'est là que, plusieurs fois par an, se passent les inspections des troupes de douanes. Ce jour là le poste est au complet, en grand costume. Les officiers également en grande tenue, passent la revue de leurs hommes, et on se livre ensuite à des expériences de sauvetage.

Le canon porte-amarre est sorti de son refuge et installé sur la grève. La manœuvre se fait exactement comme une pièce de canon ordinaire. Au commandement le coup part. Vous voyez immédiatement se dérouler, comme un grand ruban, une corde qui a plusieurs centaines de mètres et qui porte à son extrémité une flèche en fer. C'est cette flèche que l'on dirige, en cas de naufrage, sur le bâtiment en détresse. Les naufragés s'emparent de la corde, qu'ils fixent à une poulie, et établissent un va-et-vient avec la terre. On fait passer par cette corde des bouées sur le bâtiment, et avec celles-ci, on ramène les malheureux sur la terme ferme, où tous les soins leur sont alors prodigués.

Ces expériences ne manquent pas d'intérêt, surtout quand elles sont rehaussées par la présence des dames. Celles-ci se transforment souvent en nouvelles Jeanne Hachette, tirent elles-même le canon, sur l'invitation gracieuse des officiers ; et, ma foi, elles s'en acquittent fort bien, nous leur devons cette justice.

C'est encore dans ce cirque que les enfants oublieux des événements, se livrent au plaisir de la *déroulade.*

Vous les voyez escalader les plus hautes dunes, et se laisser glisser de haut en bas ; ou mieux en se mettant de côté, ils se laissent dérouler en spirale. Inutile de dire avec quelle joie et quels cris de bonheur notre petit peuple se livre en bande quelquefois nombreuse, à cet excercice presque acrobatique.

Pendant ce temps-là, les parents plus sages restent sur la hauteur dominant la mer et l'immensité des dunes. Ils passent en revue la forêt, Paris-Plage, la Canche, tout le paysage en un mot.

Quand on est bien las d'admirer, en attendant que les enfants soient fatigués de dégringoler, on s'abime dans un livre ou on écrit ses impressions.

En 1903 on établit dans le cirque un puits de sondage. Les ingénieurs espéraient trouver à une certaine profondeur la présence de la houille, mais les recherches demeurèrent vaines. Après être descendu à environ deux cents mètres, on dut reconnaître qu'il serait impossible de rencontrer le précieux combustible.

CHAPITRE VII

La Dune blanche

LA DIRECTION A PRENDRE. — CLAIRIÈRE MARÉCAGEUSE. — DESCRIPTION DE LA DUNE BLANCHE ET DU PANORAMA QU'ON Y DÉCOUVRE.

Allons-nous à la dune blanche ? Telle était l'invitation qui nous était un jour faite par un des fondateurs de la plage qui connaissait le pays plus qu'à fond.

Il était 9 heures 1/2 du matin, et il fallait être revenu pour midi. La chose étant jugée possible, nous nous mettons en route. Nous suivons la grève sur le versant d'une bâche, de façon à avoir un sol plus ferme.

Après avoir dépassé successivement le sémaphore, les postes de douaniers, nous marchons environ trois quarts d'heure.

Le point de repaire, pour entrer dans les sables à l'endroit voulu, est assez difficile à trouver ; mais après être montés à deux reprises différentes sur une dune élevée, nous finissons par découvrir une montagne blanche, pas bien loin de nous.

Nous nous dirigeons, dans la direction supposée, comme nous pouvons. Car aussitôt que nous sommes dans un fond, nous perdons toute orientation. Mais aussitôt revenus sur un sommet, nous apercevons bien vite, de nouveau, le but de notre promenade.

Enfin, nous débouchons dans une petite clairière marécageuse, qui contraste fort avec le paysage désolé et presque africain que nous venions de traverser. Nous retrouvons les joncs, les saules rampants, la petite menthe, un beau gazon, quelques oiseaux, une véritable oasis dans le désert. Celle-ci précède la dune blanche qu'il s'agissait d'escalader.

La dune blanche est absolument aride. Pas un oyat n'a encore été planté, ou n'a pu pousser à sa surface, car nous ne voudrions pas porter une accusation téméraire. Elle est absolument lisse et blanche, par suite de l'agglomération d'un petit sable fin, formé des débris de coquillages. Le sommet se prolonge suivant une crête aiguë, sur un assez long espace. L'ascension s'en fait très facilement.

Vous avez du haut de ce plateau une très belle vue sur une partie de la forêt. Vous dominez la grande plaine de Cucq, qui sépare la propriété du domaine du Touquet de celle de M. Petit. Vous apercevez distinctement la maison du garde qui est le rendez-vous de bien des promeneurs. Toutes les hautes buttes boisées de la forêt se découvrent admirablement. Nos deux phares se dressent majestueusement à distance, et nous rappellent Paris-Plage.

Au loin, vers votre droite, vous voyez la continuation de la forêt de M. Petit qui se prolonge jusqu'à Merlimont. Puis dans le fond, Berck avec son église et son hôpital maritime.

Après avoir bien contemplé à notre aise, nous nous remettons en route pour le retour. En un clin d'œil nous sommes dans l'oasis. Nous nous dirigeons en ligne droite sur la mer, en montant et en descendant tour à tour. Enfin nous débouchons sur la grève, et emboîtant le pas d'une marche militaire, nous avons le bonheur de rentrer au logis à l'heure fixée.

CHAPITRE VIII

Sur la Plage. — Aux Bouées.

ÉTUDE DES BANCS DE SABLE ET DES BACHES. — LEUR ORIENTATION. — CONSÉQUENCES A EN TIRER. — LES BRAS DE LA CANCHE. — BOUÉES INDIQUANT LES PASSES. — LA CHASSE. — LA PÊCHE AUX ANGUILLES. — GROS BATIMENT DE PÊCHE ÉCHOUÉ. — LES GRANDS FILETS DESTINÉS A PRENDRE LES OISEAUX DE MER.

Sur une plage vous avez mille choses à observer, quoiqu'en disent certaines personnes qui n'ont des yeux que pour ne rien voir.

L'observation est un des bonheurs de la vie. Elle nous aide à pénétrer la philosophie de toute chose, et elle nous procure mille jouissances artistiques. Nous devons donc chercher à développer cette faculté en nous, si elle n'est qu'à l'état rudimentaire. Cela est facile, en recherchant toujours tous les éléments qui peuvent y contribuer.

Dans les précédents chapitres nous avons déjà, au sujet de la plage, fait des études sur différents sujets. Nous avons déjà bien varié nos promenades et nos excursions. Mais combien encore à faire ?

Si vous voulez bien cette fois, profitons que la mer est basse et, après avoir fouillé la plage en différents endroits, rendons-nous aux bouées. Cela nous fournira l'occasion de faire une étude topographique. Remarquez que notre grève est sillonnée par des bancs de sable parallèles, séparés chacun entre eux par des bâches plus ou moins profondes. Ces bâches perdent de leur profondeur au fur et à mesure qu'elles se prolongent vers Berck. Au contraire elles se creusent dans la direction de Boulogne. Chaque fois que la mer monte, c'est donc par là que la mer nous arrive, comme c'est par là qu'elle se vide quand elle descend. De là viennent les courants qui vous portent vers le sable, ou qui vous entraînent vers la haute mer, avec le flux et le reflux.

La conclusion à en tirer, c'est que si nous pouvons nous baigner impunément dans une bâche quand la mer monte, nous devons l'éviter au contraire quand elle descend. Nous devons également redouter, à marée montante, de traverser une bâche peu profonde pour aller nous baigner à la lame. Pendant que vous prenez vos ébats, de l'autre côté, sur la hauteur du banc, la bâche se remplira et,quand vous voudrez repasser, vous pourriez parfaitement vous exposer à trouver deux et trois mètres d'eau. Cependant s'il vous arrivait d'être bloqué sur un banc de sable,par suite de la profondeur d'une bâche, souvenez-vous de ce que nous avons dit plus haut : que celle-ci perd de sa profondeur dans la direction de Berck. En suivant donc le banc dans cette direction vous devrez retrouver un endroit guéable.

Ce qu'il y a de bon sur notre littoral, c'est que ces bancs de sable, comme ces bâches,ne sont pas mobiles. C'est tellement vrai,qu'ils sont relevés avec soin sur les cartes marines, afin de permettre aux pilotes de trouver les passes et d'éviter les écueils. C'est encore ce qui fait, que notre plage est exempte d'accidents, puisque, en bientôt vingt-cinq ans, il ne s'est guère produit que deux cas de noyade, et encore dûs à des imprudences excessives. En quelques jours, en quelques heures, on est bien vite familiarisé avec la topographie de la grève, et on connaît vite le mécanisme des marées qui s'y opèrent.

Chaque fois que vous vous promènerez sur le versant d'un banc, du côté de la mer, vous trouverez un sol ferme et agréable. Cela s'explique. Le sable a été battu par le flot et il n'en est que plus résistant. Vos pas ne marqueront même pas. Ainsi vous ferez des kilomètres sans vous en apercevoir.

Par une belle après-midi, alors que la mer aura déjà descendu pendant trois heures, rendez-vous aux bouées. Vous pourrez rencontrer l'endroit exact où la Canche se jette dans la mer, et cela sans danger d'être pris par le flot, puisque vous avez trois à quatre heures devant vous.

Dirigez-vous du côté de la Pointe du Touquet, mais en obliquant vers la pointe de Lornel. Vous ne tarderez pas à rencontrer certaines petites bâches qui ne se vident jamais complètement. Ceci vous indique que pour faire cette promenade, vous devez être jambes nues, afin de n'être arrêté par aucun obstacle.

Vous arriverez à une première bouée. Celle-ci est en tole creuse ayant la forme d'une vaste bouteille. Elle est retenue au sol par de très longues chaînes enterrées profondément, de façon qu'elle puisse flotter par les plus hautes mers. Vous lisez sur la surface, Canche n°..., passe ouest. En effet, vous rencontrez, tout près de là, un petit bras de la Canche qui coule sur une surface très plate, ce qui vous permet de traverser facilement avec de l'eau jusqu'en dessous des genoux à peine.

Vous continuez votre route toujours dans la même direction, et vous arrivez enfin sur un banc de sable très élevé, que longe le chenal de la Canche coulant beaucoup plus bas.

Il serait peut-être dangereux de traverser. Ne l'ayant jamais fait, nous ne pouvons donner un conseil à cet égard.

Contentez-vous de suivre le chenal, en allant vers la haute mer.

De distance en distance vous rencontrerez des bouées, celles-là beaucoup plus volumineuses que celles dont nous avons parlé plus haut. On lit toujours, à leur surface, le mot « Canche » et un numéro d'ordre.

Si vous avez emporté votre fusil, vous ne le regretterez pas, car à cet endroit solitaire et sauvage vous rencontrerez des bandes nombreuses de mouettes et surtout des goëlands énormes. Par-ci, par-là, des coquilles de hénons cassées indiquent que ces oiseaux ont pris leur nourriture. Leurs pattes palmées se dessinent du reste sur le sable, et l'air est rempli par intervalle de leurs cris.

Enfin vous arrivez à l'extrême pointe du banc. Il y aura bientôt six heures que la mer descend. Vous avez donc atteint le point où réside en permanence la haute mer. Au loin, à l'horizon, des petites voiles imperceptibles brisent un peu la monotonie de l'océan immense. Cependant à votre droite, en deçà de la Canche, vous avez toute la plage de Dannes, de Lornel et d'Equihen qui se découvrent à vos regards. Quelques personnages à de grandes distances, ressemblant à des points noirs, s'agitent sur la grève.

Mais voici un bruit de rame qui se fait entendre. C'est un petit canot chargé de deux hommes qui descend le chenal. Il s'arrête. Ceux-ci en descendent, vont droit à une bouée et tendent près de là avec des pierres qu'ils enterrent, de longues cordes, auxquelles sont attachées de distance en distance des hameçons chargés de vers. C'est pour attraper des anguilles. A la marée suivante, on viendra voir le résultat.

Il arrive assez souvent, qu'en cet endroit, se trouvent échoués de gros bâtiments de pêche d'Etaples, comportant de huit à douze hommes.

Les promeneurs sont alors plus nombreux. Ces bâtiments, n étant pas fait pour échouer, se trouvent dans une position fort pittoresque quand cela leur arrive. Entièrement de côté, la carène présente des courbes gracieuses, et les mâts fendant le ciel obliquement,donnent au tout une allure artistique que les peintres s'empressent de recueillir.

L'équipage attend que la mer soit pleine pour démarrer. Pendant ce temps-là, les mousses en profitent pour aller à Paris-Plage chercher quelques bonnes bouteilles et diverses provisions de bouches. La petite cheminée fume à bord, et les hommes, étendus mollement sur le pont, dorment paisiblement en attendant de se remettre à la pénible manœuvre du chalut.

En quittant ces braves gens, redescendez, si vous en avez le temps, les bords du chenal jusqu'à la hauteur de la pointe du Touquet. A la tombée du jour, et quand c'est le moment de la nouvelle lune, par conséquent des nuits noires, vous rencontrerez de vieux marins, qui tendent de vastes filets, ayant au moins quatre mètres de haut.

Ces filets sont destinés à attraper les oiseaux de mer. Quand la mer est pleine, ils émergent à peu près d'un mètre à la surface de l'eau. Les bandes de courlis ou de mouettes, qui la nuit remontent ou descendent la baie, en rasant la surface de l'eau, se prennent dans les grandes mailles. Leurs efforts désespérés pour se retirer leur cassent ailes et pattes. Le lendemain de grand matin, le terrible homme vient décrocher les victimes et les plonge dans de grandes mannes. Beaucoup sont déjà mortes ; mais il y en a encore de vivantes, et parmi celles-ci, il en est qui peuvent parfaitement survivre à leurs blessures, guérir et s'acclimater dans nos jardins.

Cette promenade est assurément une des plus intéressantes que l'on puisse faire. Elle vous occupera une grande après-midi.

NOS PROMENADES
en Forêt

CHAPITRE IX

La Visite des Phares

CÉLÉBRITÉ DE NOS PHARES. — DESCRIPTION EXTÉRIEURE. — L'ASCENSION. — LA CHAMBRE DU BALANCIER. — SUR LE BALCON : PANORAMA INOUBLIABLE. — DANS LA LANTERNE. — L'APPAREIL D'OPTIQUE. — LES DÉPENDANCES DES PHARES. — LA MACHINERIE. — LA DIRECTION. — LES VISITEURS DU DIMANCHE.

On ne peut pas venir à Paris-Plage sans aller visiter ses deux superbes phares. C'est la grande attraction du pays comme monuments publics. Aussi sont-ils représentés partout. Tous les souvenirs du Touquet les rappellent, depuis la simple boîte d'allumettes, jusqu'au plus beau nécessaire de travail pour dames. Paris-Plage et ses phares! Paris-Plage et sa forêt! Voilà les appellations qu'on entend toujours et partout, chaque fois qu'on parle de notre station balnéaire.

Les phares de l'importance des nôtres sont rares en France. Ils sont de 1re classe, et leur situation est tout à fait exceptionnelle. Ils ont remplacé celui qui se trouvait autrefois sur la rive droite de la Canche, et dont on voit les soubassements, à marée basse, sur la côte en face de Camiers. La fréquence des naufrages en ces parages détermina leur construction qui eut lieu en 1845.

Leur description a été faite cent fois. Ce sont deux superbes colonnes blanches, à pans coupés, dont la section serait hexagonale. Le soubassement est jusqu'à la hauteur d'un premier étage en marbre de Belgique. Le restant est bâti en briques réfractaires enduites de peinture. Le tronc va en se rétrécissant jusqu'à la lanterne, autour de laquelle court un balcon extérieur, soutenu par de petites arcades formant potence, et qui ont tout à fait l'aspect oriental. On dirait deux minarets géants d'une mosquée turque, qui sont venus s'implanter dans ce pays presque étrange. Du reste, quand par un beau soleil, on aperçoit nos deux beaux phares blancs se profilant sur un ciel bleu intense, on a tout à fait l'illusion d'un paysage de Constantinople ou du Caire.

Voilà pour l'extérieur. L'intérieur offre également le plus grand intérêt.

Pour faire la visite, dirigez-vous de suite à gauche vers le phare Sud, celui du Nord ayant été supprimé depuis la transformation des deux feux fixes en un seul feu à éclipses.

Après avoir gravi un perron, vous arrivez dans un petit vestibule, d'où s'élance la splendide spirale en marbre qui vous conduira à la lanterne. Un buste de Beautemps-Beaupré, en face la porte, forme la décoration de cette pièce.

L'ascension commence. Vous avez une première série de deux cent vingt-huit marches à gravir, marches solides et qui ne se désagrégeront pas. Celles-ci, d'une seule pièce, sont prises dans la muraille de vingt-cinq centimètres. Emboîtées ainsi, l'une dans l'autre, elles tiennent d'un seul bloc du haut en bas et ne forment qu'un seul tout. La muraille est recouverte de riches carreaux en opaline légèrement bleutée, de la manufacture de Saint-Gobain. Derrière ce revêtement on a laissé un vide. De cette façon, l'humidité ne peut plus jamais traverser, comme autrefois ; et cet intérieur est toujours d'une propreté remarquable.

De distance en distance, une fenêtre latérale éclaire la cage d'escalier, qui est déjà du reste très lumineuse. Au fur et à mesure que vous vous élevez, vous avez par ces ouvertures un avant-goût des splendeurs qu'il vous sera donné d'admirer une fois arrivé sur le faîte.

Enfin vous parvenez à un escalier en fonte de treize marches, qui vous conduit dans la chambre du balancier. On la dénomme ainsi, à cause de la superbe pendule qui s'y trouve. Là un téléphone relie le poste à l'habitation du directeur. Cette dernière, que vous avez aperçue en franchissant la grille de l'enclos, se trouve juste au milieu de la propriété, sur une élévation et à égale distance des deux phares, séparés l'un de l'autre par 250 mètres.

Vous avez encore une vingtaine de marches à franchir pour arriver à la lanterne par un escalier de moulin, d'un accès relativement facile. Mais auparavant, il vous faut faire le tour extérieur sur le balcon.

Là vous avez un panorama inoubliable. La forêt vous apparaît dans tout son développement. Elle n'a rien d'exagéré. Ce sont bien les huit cents hectares annoncés, qui se perdent à perte de vue dans la direction de Merlimont, et qui se ramifiant avec les bois de la Caloterie, semblent ne faire qu'une seule forêt jusqu'à Montreuil. Berck se perçoit très clairement avec son hôpital maritime. Au loin, perdues dans la brume, on distingue, en une longue ligne blanche, les falaises d'Ault et du Tréport ; et au-delà, en un soupçon vaporeux, toute la côte normande jusqu'à Dieppe.

Par un temps exceptionnellement clair on peut percevoir la côte anglaise dans la direction de Boulogne.

A vos pieds, la station de Paris-Plage se dresse avec tout son lotissement plein d'espérances. Elle fait très bonne figure dans ce vaste cadre, et ceux qui sont du pays ont le droit d'en être fiers.

La partie qui regarde la Canche est absolument merveilleuse. Quand la mer est pleine, et qu'on assiste de là à la sortie des bateaux, on se demande pourquoi un grand peintre ne viendrait-il pas retracer de ce site un vaste panorama. Assurément on a vu aussi bien, mais on n'a pas vu mieux. Et si vous remontez ainsi, en faisant le tour jusqu'à Etaples, vous ne pouvez vraiment point ne pas être envahi par un sentiment réel d'admiration. Toute cette nappe d'eau bleue, par un beau soleil, qui par la vaste échancrure de la pointe du Touquet s'en va se perdre dans la mer; ces collines admirables du Boulonnais avec tous les petits villages qui s'y étagent; la forêt du Touquet avec ses prèmiers plans sombres qui viennent jusque sur le bord de l'eau; le port coquet d'Etaples, son église rustique, les deux ponts; la vallée verdoyante de la Canche, les hauteurs de La Caloterie où perce le château de Monthuis; et enfin dans le fond Montreuil-sur-Mer, perché comme un nid d'aigle à un rocher, avec sa citadelle et ses remparts, — non, il y a là quelque chose d'unique et qui empoigne. On ne peut s'empêcher de clamer : « Oh, le superbe tableau ! le joli paysage ! » Et notez bien que nous n'exagérons nullement. Consultez tous ceux qui ont fait cette ascension, et demandez leur s'ils n'ont pas ressenti cette impression.

Quand vous serez fatigué d'admirer ce panorama inlassable, vous regagnerez l'intérieur et vous gravirez encore quelques marches.

Nous voici dans la lanterne. Là vous avez deux choses à examiner : l'appareil d'éclairage et les lentilles.

L'appareil d'éclairage comprend deux petits chariots montés sur rails, dont un est toujours placé en réserve pour suppléer l'autre. Au moyen de deux peignes mis en contact avec les fils positif et négatif, les deux électricités produites par les machines, qui se trouvent dans un bâtiment spécial dont nous parlerons plus loin, arrivent dans les crayons de charbon. Ceux-ci, par un mouvement d'horlogerie spécial, se rapprochent automatiquement au fur et à mesure de la combustion et de l'usure. Quand ils sont complètement consumés, on déplace l'appareil, qu'on envoie par une plaque tournante sur le côté, et on le remplace aussitôt par celui de réserve tout disposé à l'avance.

L'appareil d'optique est du type des feux à éclairs, ou système à éclipses. La portée est de vingt-cinq lieues terrestres. Le tout repose sur un flotteur à mercure. La machine de rotation possède un frein à friction. Le mouvement s'exécute à raison d'un tour en vingt secondes. Quand l'appareil est en marche, il fournit quatre rayons, dont deux avec éclipses de deux secondes et demie, et deux avec éclipse de sept secondes et demie, alternativement. Le régulateur électrique est du système Serrin. Pour les arrêts qui peuvent se produire, il y a un avertisseur électrique.

L'entretien de tout ce matériel est admirable et fait le plus grand honneur, non seulement au très sympathique directeur de nos phares, mais encore aux excellents gardiens qui sont préposés à leur service. Ceux-ci vous feront obligeamment la démonstration des appareils.

L'ascension des phares, si elle est un peu pénible, n'est jamais regrettée, car la compensation en vaut la peine. On vous demandera, en descendant, votre signature. C'est une pure formalité, qui vous permettra de constater que ceux qui out déjà visité ce monument sont légion, qu'ils appartiennent à toutes les conditions et à tous les pays du monde. Il n'est pas défendu, en vous retirant, de penser à ces braves surveillants qui vous ont piloté. Nous vous les recommandons plus que chaleureusement.

Examinons maintenant de nouveau l'extérieur, chose que nous n'avons faite que superficiellement en arrivant, pour atteindre notre but.

Les deux phares sont enclavés, chacun, dans un corps de bâtiment formant, à droite et à gauche, une habitation spéciale pour deux gardiens, nombre attaché à la garde du feu qui subsiste encore aujourd'hui. Le premier fait le service à partir du coucher du soleil jusqu'à une heure du matin ; le deuxième prend la garde de cette heure jusqu'au lever du soleil. C'est un dur métier qui n'a rien d'agréable dans les longues et glaciales soirées de l'hiver. Et que dire quand la tempête mugit sinistrement autour du guetteur ; quand les oscillations portent le déplacement à trente centimètres en avant comme en arrière ; quand on éprouve à cette hauteur un véritable mal de mer par suite du roulis, et quand à chaque moment on s'imagine que la colonne entière va s'effondrer ?

La visite des phares comporte, également, celle des bâtiments renfermant les machines. Celles-ci sont en double série pour le cas d'avarie subite.

Le moteur est horizontal et de la force de vingt-quatre chevaux. Il actionne une dynamo dont le voltage moyen est de 45°. L'ampérage varie entre 30° et 40°.

Comme le matériel des phares, la machinerie est fort bien tenue ; certes on ne peut faire mieux.

Nous avons déjà parlé du bâtiment central. Celui-ci, édifié sur une élévation au milieu de la propriété, sert de résidence au directeur, M. Arnoult qui est vraiment l'homme le plus aimable que l'on puisse rencontrer. Vous le trouverez toujours prêt à vous renseigner. Fonctionnaire dévoué, il le fera dans les limites du possible, car le secret professionnel l'oblige à bien des restrictions.

L'ensemble des diverses constructions est assis dans de vastes jardins, taillés à la française, qui appartiennent au personnel. Chacun possède son carré, dans lequel il récolte fleurs et légumes. Les Paris-Plageois de la première heure y ont puisé largement, au temps où le marché n'existait pas, et quand il fallait aller chercher à Etaples le peu dont on pouvait avoir besoin. Aujourd'hui encore, on peut s'y fournir. L'excellence des produits y est proverbiale, et certains ont toujours continué de s'y approvisionner.

Est-il besoin d'ajouter que personne ne vient à Paris-Plage, sans visiter nos phares. On ne pourrait quitter le pays, sans avoir rempli cette obligation de règle.

Autrefois, à Berck, on lisait sur de grandes pancartes, dans les principaux hôtels : « *Excursion dans la splendide forêt du Touquet. Visite de deux superbes phares électriques de 1re classe.* »

Dans ce temps Paris-Plage n'existait pas. Chose très drôle : du jour où il fut fondé les affiches disparurent. On ne voulait pas faire de réclame pour l'inopportune qui venait de surgir.

Mais comme l'attrait du fruit défendu est toujours irrésistible, on vient plus nombreux que jamais, pour voir la triple attraction des phares, de la forêt et de la station naissante.

C'est par milliers, aujourd'hui, que les visiteurs s'amènent chaque saison. Le dimanche il est même difficile de trouver son tour pour faire l'ascension, car les trains de plaisir amènent des flots de visiteurs. Et comme dans tout ce monde la gaieté fait toujours partie du programme, vous voyez souvent des choses fort drôles. L'ascension se fait en courant pour les uns, en soufflant pour les autres. Une bonne farce vient souvent terrifier les grimpeurs. Un des premiers arrivés laisse tomber d'en haut son pardessus, et les camarades de croire à un suicide. Quand on s'aperçoit de la mystification, l'hilarité fait place à la stupeur. Une autre fois, c'est un monsieur qui expédie à une personne restée en bas un télégramme, en mettant à cheval sur la rampe un vêtement quelconque. Celui-ci descend en suivant merveilleusement la spirale, et il arrive à destination au milieu des hourras de la bande. Puis ce sont des cris de toute nature destinés à éprouver la sonorité de l'édifice. L'écho se prolonge jusque dans la hauteur extrême. On rit, on parle, on chante. Tout cela s'entremêle et forme une cacaphonie indescriptible.

Et voilà les enfantillages auxquels se livrent nos baigneurs et nos visiteurs. A côté de la chose sérieuse, il y a toujours celle qui ne l'est pas. Ceci est bon signe et prouve la détente d'esprit. Demain, une fois revenus aux affaires et aux tourments de la vie, nous aurons assez le temps de jouer à l'homme sévère et qui ne se déride plus.

CHAPITRE X

Le Château du Touquet

LA NOUVELLE ROUTE SOUS BOIS. — LES DÉPENDANCES DE L'ANCIEN CHATEAU. — L'ATELIER DE PEINTURE. — DESCRIPTION DE L'HOTEL DU CHATEAU. — RENDEZ-VOUS DE LA SOCIÉTÉ ÉLÉGANTE. — LE GARAGE DES AUTOMOBILES. — L'USINE D'ÉLECTRICITÉ.

La plus belle promenade que les baigneurs puissent s'offrir, à Paris-Plage, c'est incontestablement celle du Château, dans la forêt du Touquet.

Vous prenez la rue St-Louis et vous arrivez à la nouvelle route tracée sous bois. Deux superbes chalets de chaque côté marquent l'entrée. Des lampes à arcs, suspendues à des troncs de pins formant potence, inondent le soir de lumière le boulevard Daloz, ainsi que les abords du bois. Au-dessus de vos têtes, sous les ramures d'arbres qui s'entre-croisent, vous avez tout un réseau de fils supportant, dans l'axe de la route, des lampes à incandescence disposées tous les vingt mètres. Dans la nuit, cette lumière, à travers le feuillage, est d'un effet magique.

Vous passez, à gauche, devant l'enceinte réservée aux attractions enfantines. Puis vous laissez le jardin potager et les phares, suivant du reste la route qui, en tournant, vous mène directement aux dépendances du Château.

De beaux bouquets d'arbres, d'un âge déjà respectable, d'un vert sombre et de forme assez tourmentée, paysagent délicieusement les abords du manoir. A droite et à gauche, se profilent d'immenses bâtiments très rustiques, aux vastes toits de tuiles rouge passé. Ils servaient autrefois de remises et d'écuries. M. Bergounioux, architecte, y a installé, très intelligemment, d'un côté les bureaux de l'administration, de l'autre de nombreuses chambres d'hôtel, petites il est vrai, mais fort gentilles et meublées en moderne style. Par devant, des rampes en bois, peintes de gros vert, ajoutent la note champêtre et tranchante sur les murailles claires blanchies à la chaux. Celles-ci ont été revêtues, en outre, d'une décoration appropriée au milieu. On y a simulé des poutrelles entrecroisées là où elles n'existaient pas naturellement, et pour les soubassements en ciment, on a imité les vieilles briques. Au pied des rampes, des plates-bandes chargées de fleurs, avec larges bordures de gazon, jettent la note étincelante et gaie.

Il y a ainsi deux rangées de constructions aménagées en chambres. Un autre corps de bâtiment renferme des salles de bains et de douches montées d'une façon vraiment supérieure. Dans le fond, à gauche, se trouve d'une part un atelier de peinture, sur la porte duquel on a peint une palette très artistiquement brossée. C'est là, en 1903, que l'illustre peintre Carrier-Belleuse tenait ses assises, offrant très gracieusement l'hospitalité aux amateurs et aux curieux que l'art passionne. D'autre part, vous apercevez le théâtre-bijou dont il sera parlé au chapitre des attractions.

Mais dirigez-vous vers le Château proprement dit. Pour ceux qui ont connu cette grande bâtisse insupportable, qui ne disait rien, et qui avait pourtant tant de prétentions seigneuriales, quel changement ? Avec l'addition d'une terrasse, de balcons rustiques et de frises légères, M. Bergounioux en a fait quelque chose de très amusant et de très pittoresque. Le coloris ajoute au charme, il est vrai. Le ton gros vert des bois, avec le blanc crême des murailles et l'ardoise des toits, produit, dans les fonds de verdure, un très harmonieux ensemble. Par devant on peut admirer une immense pelouse avec un minuscule étang, sur lequel glissent de superbes cygnes, un pont en troncs d'arbres et en branchages, une percée sur la forêt, et sur la gauche un Casino provisoire, aux murailles de toile rayée gris et rouge.

Le tout produit un heureux effet et un ensemble tout à fait réussi. C'était, pendant la saison dernière, le rendez-vous select des Paris-Plageois. Toute l'après-midi, tandis qu'une musique de choix, composée d'artistes napolitains, donnait un agréable concert, de nombreux consommateurs séjournaient à la terrasse, tuant le temps agréablement et savourant le charme de ce site enchanteur.

Par moment on se serait cru au bois de Boulogne à Paris, par les belles journées de printemps. D'élégantes et claires toilettes claquaient dans la verdure. Le va-et-vient était incessant, et c'est par milliers que les promeneurs ébahis venaient admirer les féeriques transformations de l'extraordinaire M. Whitley. Les voitures se croisaient en tous sens. De riches automobiles amenaient des cargaisons de touristes ; tandis que l'omnibus faisant le service de la plage déversait les baigneurs de Paris-Plage. Ce qui frappait le plus dans tout ce tableau, c'était la mise en scène vraiment extraordinaire. Un personnel stylé et de grand aloi apparaissait partout, pour bien indiquer qu'il s'agissait d'une affaire copurchic. De fait l'affaire est bien telle. Elle a été lancée dans ce sens ; elle doit y rester et elle y restera. Il suffit, d'ailleurs, pour s'en convaincre, de pénétrer dans l'hôtel même du château. Là un luxe de bon goût se perçoit partout et jusque dans les moindres détails. Tout est somptueux, tout est select, disons le mot, et très select. La salle à manger, le salon, le fumoir, les chambres à coucher, tout est décoré de façon différente et meublé avec un goût parfait. La grande maison Mappe, de Londres, a contribué puissamment à cette fourniture. Ce n'est pas peu dire.

Après le château on peut aller voir, non loin du chemin de la Canche, la remise aux automobiles, ainsi que la petite usine d'électricité et d'élévation d'eau.

La remise avec son vaste balcon, sur lequel s'ouvre une série de chambres de domestiques, est assez pittoresque.

L'usine avec son moteur à pétrole et sa dynamo est fort bien agencée.

Enfin, dans tout cela, on circule très facilement et très à l'aise. Des poteaux indicateurs en fonte indiquent partout les directions ainsi que les diverses attractions.

Les Armes du Touquet.

CHAPITRE XI

Les Attractions aux Environs du Château du Touquet

QUAND LE TEMPS N'EST PAS FAVORABLE A LA PLAGE. — LES ATTRACTIONS ENFANTINES. — GUIGNOL. — LE THÉATRE-BIJOU. LE JEU D'ARC. — LES TENNIS. — LE RACING-COURT. — LE TIR AUX PIGEONS.

Il n'y a pas que la transformation du Château du Touquet en hôtel, ainsi que l'aménagement des dépendances qui captivent les promeneurs. Les attractions de toute nature qui ont été installées de divers côtés, dans les environs, sont bien faites aussi pour les attirer et les retenir.

Par une journée un peu brumeuse, ou lorsque le vent souffle d'une façon désagréable sur la plage, c'est une fortune pour nous de posséder cet élément nouveau de passe-temps et de promenade à la fois. Là c'est le calme et le bien-être avec le sous-bois. On a apprécié surtout cela en 1903, pendant cette saison si peu favorisée sous le rapport du temps. Presque chaque jour, un ciel inclément obligeait les baigneurs à déserter la mer. Ceux-ci, partout ailleurs, seraient restés ennuyés et désœuvrés chez eux ; ou s'ils avaient voulu lutter contre les éléments, afin de profiter d'une saison toujours coûteuse, vous les auriez vus, tout grelottants, blottis sur la plage quand même, derrière un bateau ou dans une cabine. Chez nous, grâce à la forêt, grâce aux nombreuses attractions que M. John Whitley a su semer un peu partout, c'était une longue théorie de promeneurs, s'en allant chercher, sous la protection des arbres, la distraction et le plaisir.

Quand on pénètre dans le bois, par la nouvelle avenue, on trouve, avons-nous déjà dit, sur la gauche, l'enceinte des attractions enfantines.

Un tourniquet, auprès duquel se tient un piqueur en grande livrée du moyen-âge picard, se trouve là pour percevoir les entrées, moyennant un droit bien minime. Dans le charmant enclos qui s'offre à vos regards, une basse futaie très élevée forme partout berceau sur vos têtes. Des balançoires, des barres parallèles, des gymnases, des jeux de tonneau, etc. invitent garçons et fillettes aux exercices si salutaires du corps en plein air.

A certains jours, deux ou trois cents enfants viennent prendre leurs ébats dans cet Eden. Quand ils sont fatigués de lutter pour le plaisir, ils viennent se reposer vers trois heures au théâtre Guignol, théâtre mignon, monté d'une façon luxueuse, et où des représentations vraiment artistiques sont données par une troupe de valeur. Après, c'est le goûter qui est assuré, sous un ravissant kiosque, où se vendent des pâtisseries délicieuses et des rafraîchissements de choix.

Tout autour de l'enclos sont installés des bancs confortables, pour permettre aux parents de surveiller leurs enfants et de jouir du plaisir qu'ils leur procurent. Les curieux s'échelonnent, en longues grappes, le long des barrières à claire voie.

Mais nous avons tellement à voir qu'il ne faut pas trop nous attarder. Nous avons parlé déjà du théâtre bijou qui a été installé dans l'ancienne féculerie, mais nous ne l'avons pas décrit. Si vous le voulez bien, nous nous arrangerons pour nous trouver à l'ouverture des portes, vers 2 h. 1/2. On y donne des séances de cinématographe qui sont vraiment intéressantes. Et puis ce sera une occasion pour le visiter.

Vous pénétrez à l'intérieur, et vous vous trouvez de suite

dans une salle brillamment éclairée à l'électricité. Au bout de quelques instants, quand l'éblouissement est terminé, vous vous mettez à détailler les choses, et vous ne pouvez vous empêcher d'admirer le génie de l'architecte qui a présidé à cette décoration. Il a su tirer parti de tout ; il a trouvé des motifs d'ornementation là où d'autres n'auraient vu que prétexte à démolition. Ainsi par exemple, pour agrandir la pièce et lui donner le développement voulu, il a fallu démolir une muraille formant séparation. Pensez-vous qu'on ait rasé celle-ci, au point d'en effacer la trace, et de façon que les murs des deux pièces semblent ne plus en faire qu'un seul ? Non, on s'en serait bien gardé. On a conservé d'heureux dépassants, des avancées et des reculées de briques qu'on a repeintes et soulignées même ; et mon Dieu, ce rien dit quelque chose ! Des tentures fraîches et jeunes jettent l'harmonie dans ce milieu, dont la seule note éclatante est un ravissant et mignon théâtre qui occupe le fond de la salle. Le plafond est tendu d'une toile artistique, et des solives en potence heureusement conservées tiennent lieu de corniche tout autour. De nombreux appareils électriques d'un grand éclat descendant des poutrelles, ou appliqués aux montants, donnent un aspect riche à cet intérieur si simple et pourtant de si bon goût.

Après cette station, vous poursuivez votre promenade, en passant près du château que vous laissez à votre droite. Une allée sous bois se trouve près d'une première prairie. On y a établi un jeu d'arc.

Vous arrivez au carrefour de la route de la Canche et du chemin d'Etaples. Une deuxième prairie se présente à vous. Là, se trouve un quadruple champ de tennis, installé d'une façon vraiment unique. Le tout est en grillage jusqu'à une certaine hauteur, mais de façon à ne gêner nullement la vue. Aux deux extrémités se trouvent deux cabanes rustiques recouvertes de chaume. Dans l'une est installé le bureau, pour le droit à percevoir de la part de ceux qui veulent louer un des champs. Le tarif est affiché dans une montre en fonte ouvragée, comme il s'en trouve à l'entrée de tous les squares parisiens. Dans l'autre cabane se trouve dressé un élégant buffet, pour les joueurs comme pour les curieux.

Il est vraiment intéressant de suivre les ébats de ces joueurs qui, pour la plupart, sont des anglais. La conscience avec laquelle le jeu s'exerce n'est pas la chose la moins curieuse à observer. Un sérieux imperturbable est peint sur la physionomie des partenaires qui ne se déride jamais — *all right*. Il semble, à contempler toutes ces miss rigides, qu'elles accomplissent un acte sacré de la vie. Sans le tennis il n'y aurait pas d'existence possible. Il est aussi nécessaire à la vie britannique que le tub et le rosbif.

Mais ne nous attardons pas trop, car il y a encore à voir. A côté du tennis se trouve le racing-court, ou autrement dit le champ de courses pédestres. La piste délimitée par des poteaux blancs a été établie à même dans la prairie.

Il faut maintenant se rendre au tir aux pigeons. Vous prenez le chemin qui passe devant le Château, et devant l'étang — chemin dans la futaie — et vous arrivez à une route blanche qui s'enfonce en pleines dunes.

Cette partie de la forêt ne se compose que de pins maritimes et ne manque pas de charme à parcourir. Au bout de quelques centaines de mètres, vous rencontrez une clairière sur la gauche. A l'entrée, on a établi une gentille construction rustique, où se trouve tout l'attirail nécessaire pour le tir. Le champ lui-même est fermé par une barrière qui maintient les curieux. Des bancs permettent aux dames de s'asseoir et de suivre sans fatigue les prouesses des tireurs. Car nos élégantes viennent pour enregistrer l'adresse de leurs parents ou de leurs amis ; mais elles ne s'arrêtent guère, nous l'espérons pour elles, à ce vilain jeu de massacre qui, il faut l'avouer, n'a rien de bien séduisant. Il opère d'abord par trahison, ce qui n'est jamais chevaleresque, même à l'égard de pauvres bêtes. Quand les boîtes s'ouvrent et que les malheureuses volatilles, contentes de retrouver leur liberté, s'échappent et s'envolent, qu'on les voit presque aussitôt tomber, en pirouettant sous le plomb meurtrier, on les plaint. On est presque content quand, par hasard, un tireur maladroit leur offre la liberté. Ce qu'il y a de plus triste, à notre sens, c'est l'enlèvement des victimes et l'assommade finale pour les achever. C'est un triste spectacle.

Mais nos élégantes, disions-nous, ne suivent guère les détails de cette boucherie. Il y a bien d'autres choses qui offrent sujet à leur joyeux babillage; et c'est-là, croyez-le bien, tout le charme du tir aux pigeons. Que de pigeons avons-nous vus souvent dans le public même! Ceux-là on ne les tue pas, heureusement, on se contente de les plumer.

Sur cette méchante et véridique parole nous clôturerons notre visite.

CHAPITRE XII

A la Digue — Ascension de la butte Stapula

AVANT LA DIGUE. — LE SITE AUTREFOIS ET AUJOURD'HUI. — LA BAIE DE LA CANCHE. — ASCENSION DE LA BUTTE. — AU SOMMET. — LE POSTE D'OBSERVATION. — DESCRIPTION DU PANORAMA.

Si vous voulez gagner du temps, pour faire cettre promenade et l'exécuter surtout sans fatigue, vous pouvez prendre le tramway. Vous descendez, au milieu de la forêt, à la station qui se trouve près de cette belle percée où vous apercevez la baie.

Dans le fond, vous voyez une digue qui n'existe que depuis 1892. Le paysage y a perdu. Autrefois, la vue ne s'arrêtait pas et portait sur la Canche, laissant voir les coques des gracieux bateaux qui filaient sur le fleuve. Aujourd'hui vous n'en apercevez plus de loin que les voiles. C'était également le rendez-vous des vaches, qui venaient y brouter un gazon salin d'un ton gai. Il y avait là un paysage charmant que bien des peintres ont interprété. Cependant le site est encore très agréable aujourd'hui, et il mérite toujours qu'on le visite. Le pratique a remplacé un peu la poésie. A cette belle herbe fraîche a succédé un vaste champ d'avoine, et les vaches ne viennent plus.

Néanmoins, vous avez toujours à votre gauche le profil remarquable de cette haute dune, presque escarpée et chargée de pins aux tons sombres, qu'on a baptisée du nom romain de Stapula, en souvenir d'Etaples qu'elle regarde. Dans le fond les belles collines de la Canche. A votre droite, la continuation de la forêt dans une autre note.

Quand vous êtes arrivé à la digue, vous avez toute la vue de la baie, à travers laquelle le cours de la Canche, délimité à marée basse par des poteaux avec disques, serpente au milieu des bancs de sable et des champs de passe-pierre.

Mais si vous voulez jouir d'un panorama vraiment remarquable, faites l'ascension de la butte. Elle n'est pas pénible, bien qu'on glisse un peu sur les aiguilles rougeâtres des pins. En chemin, vous heurterez de vastes plaques de lichen gris ardoisé, ou des mousses jaunes. Vous rencontrerez ces champignons monstres, espèce de cêpes, que les lapins semblent adorer, par les traces profondes de morsure qu'ils y laissent. La végétation est maigre, car tous ces pins, pressés les uns contre les autres, s'étouffent mutuellement. Aussi vous cassez pas mal de branches sèches sur votre route. Enfin au bout de quatre à cinq minutes, vous commencez à sentir l'air vif. Vous approchez du sommet. La végétation est plus forte, et vous rencontrez quelques beaux arbres. Puis vous arrivez à une plaine sur la hauteur, véritable cimetière d'arbres. La tempête, le soleil et la gelée ont tué, à tour de rôle, tout ce qui avait mis de longues années à pousser. Par terre, ce ne sont que branchages desséchés. Le sol est labouré par des centaines de lapins. Ce ne sont que terriers partout. La butte entière en est traversée. A chaque instant, vous vous engouffrez la jambe dans un trou qui s'excave sous vos pas. Puis vous apercevez quelques monticules, chargés de plusieurs bosquets, qui ont résisté jusqu'ici aux assauts des vents.

La Société du Touquet a fait édifier en cet endroit un poste d'observation auquel on accède par une échelle. Il n'est pas nécessaire de monter sur cette espèce de terrasse pour jouir du panorama. Cependant, de là, certainement, la vue porte plus loin et l'ensemble se perçoit beaucoup mieux.

C'est en cet endroit que vous pouvez vous arrêter.

Si vous regardez du côté de la mer, vous voyez la forêt

en contre-bas et toute la ligne des chalets, comme juchés sur une hauteur beaucoup plus élevée que celle des arbres. Nos deux phares se dressent semblables à deux minarets géants, coupant le ciel de leurs lignes blanches. Puis, par-dessus le tout, la mer immense avec ses voiles à l'horizon.

Si vous vous tournez du côté de la Canche, vous apercevez la pointe du Touquet avec tous ses bancs de sables ; vous pouvez fouiller les collines de la Canche jusqu'à Etaples. La coquette ville vous apparait avec ses petites maisons blanches, éclairées par le soleil et rangées à l'alignement le long du quai. Vous distinguez son église avec son clocher au style jésuitique, son long pont, ainsi que le viaduc du chemin de fer. Dans le lointain, se dessinent Montreuil noyé dans la brume et toutes les collines boisées de la Caloterie.

Si vous regardez dans la direction de Merlimont, c'est la forêt à perte de vue, vous donnant l'illusion d'un panorama de la montagne, au milieu des pins. Vous vous rendez compte de l'immensité de la forêt, dont toutes les crêtes vertes émergent irrégulièrement, suivant les accidents de terrain. Les flancs de la butte, sur laquelle vous vous trouvez, forment un premier plan heureux, qui fait filer bien loin l'uniformité du reste. Toutes les hautes dunes boisées de la forêt surgissent avec des aspects différents. C'est une véritable petite Suisse qui se déroule sous vos yeux. Et si vous inclinez sur la droite, vous voyez s'éloigner, bien loin, la ligne des dunes jusqu'à Berck, d'où l'hôpital maritime forme saillie sur la mer.

Beaucoup d'amateurs de la belle nature font cette promenade. Certains jours où le temps est calme, des familles entières apportent leur travail, et viennent s'installer au sommet de cette butte, pour y passer une après-midi tranquille.

CHAPITRE XIII

A la Maison du Garde dans la grande plaine de Cucq

LE PRÉ CATELAN DE PARIS-PLAGE. — CHEMIN DU GOLF LINK. — DESCRIPTION DE LA ROUTE. — DANS LA GRANDE PLAINE DE CUCQ. — LA MAISON DU GARDE. — GOUTER CHAMPÊTRE. — LE GARDE. — ACHAT DE LÉGUMES.

Paris-Ville a son bois de Boulogne avec sa laiterie. Les élégantes se font conduire au Pré Catelan, pour goûter et prendre avec une tasse de lait exquis quelques pâtisseries à la mode. On y amène les babys chaque jour pour boire leur bol réglementaire. Les estomacs délabrés de ce siècle surmené y viennent faire leur cure.

Paris-Plage a sa forêt, et il a aussi son Pré Catelan. Mais ici, au lieu d'un bois pommadé, où la nature est contrariée à chaque pas, nous avons la forêt sauvage avec son aspect primitif. Au lieu d'une laiterie qui ressemble à une réminiscence du Petit Trianon, nous avons une simple maison de garde perdue dans les pins. Nous sommes en plein champêtre.

Pour faire cette délicieuse promenade, prenez le chemin perpendiculaire à la route départementale et conduisant au château. Vous vous rendrez directement sur le chemin carrossable qui part du parc pour aboutir à la route d'Etaples. Vers le milieu, vous apercevez une voie crayeuse sur votre droite, dont la dénomination figure sur un poteau indicateur avec cette inscription : « Route du Golf Link. »

Si vous ne voulez pas vous fatiguer, et si vous avez des bébés avec vous, vous aurez pris la voiture à baudet de l'ex-père Manille, ou bien vous aurez enfourché une monture quelconque.

La promenade est très intéressante, car elle présente des aspects bien différents suivant les endroits qu'elle traverse. Vous êtes sous bois une minute ; puis vous débouchez dans une plaine boisée chargée de mille fleurs diverses. Tout d'un coup, vous vous enfoncez sous les pins et vous retrouvez l'aridité. Bientôt vous découvrez les grandes dunes qui portent la végétation jusqu'au ciel. Puis ce sont des murailles d'un vert plus gai, néanmoins profond, qui apparaissent. Toutes les essences d'arbres se confondent : peupliers blancs, sycomores, aulnes, bouleaux, etc. Les troënes, les rhamnoïdes, les saules rampants forment des sous bois impénétrables et frais. Tous les aspects possibles de végétation défilent sous vos yeux enchantés.

Enfin, au bout d'une heure de marche environ, vous débouchez dans une plaine immense. C'est la grande plaine de Cucq, qui s'étend à perte de vue et qui sépare la forêt Daloz de celle de M. Petit.

Cette dernière s'annonce au loin sous des couleurs sombres et sévères. A votre droite vous apercevez la grande *dune blanche* qui a fait l'objet d'une description précédente. Puis à un tournant, au milieu d'une oasis souriante de verdure et de fraîcheur, une petite maison blanche, au toit rouge avec des vignes qui rampent sur les tuiles.

C'est là, loin des hommes et des choses, qu'habite tranquillement une heureuse famille.

Ces braves gens se mettent en dix, quand ils reçoivent la visite de Paris-Plageois, et ils ne savent quoi faire pour vous obliger.

On y va goûter champêtrement. Là, ce n'est plus le bocal de lait fermé hermétiquement, scellé, étiqueté, numéroté, entouré enfin de mille garanties contre la falsification.

Une simple jatte de terre rouge vous est apportée. Vous vous servez à même, suivant votre désir. Un immense pain rond, véritable pain de munition, avec une assiette de beurre frais, vous servira à confectionner des tartines monstres, dont le découpage est un art. Il s'agit, quand le pain est à moitié, de les détacher une à une, et aussi minces que possible, après les avoir beurrées au préalable. Vous les pliez ensuite en deux, en mettant les faces enduites l'une contre l'autre. Puis vous en faites des trempettes dans votre tasse de lait... Et alors vous vous léchez, et vous vous pourléchez. Cela vaut bien les grands pâtissiers de nos boulevards parisiens, je vous l'assure.

L'appétit est un parfum qu'on ne rencontre nulle part et qui ne se vend pas. Ce parfum ne se définit pas. On le sent, on l'éprouve, et Dieu sait quelle joie il procure à notre animalité.

Quand vous commencez à être rassasié, vous pouvez, en continuant de vous reposer, tailler un bout de conversation avec la bourgeoise de l'endroit, comme l'appelle le mari. Elle est très friande des nouvelles de la plage, que son ex-auguste maîtresse a fondée, et elle s'y intéresse autant, si ce n'est plus qu'elle.

Voici venir le garde. Il n'en a des insignes que la plaque de la carnassière, un képi de capitaine, et un fusil en bandoulière. Pour le restant, c'est le paysan en pantalon de velours et en blouse bleue. C'est toujours avec grand plaisir qu'il voit les baigneurs envahir son domicile. Il n'est pas défendu d'adorer les petits profits, du moment que « ça ne fait pas de tort au patron. »

Si vous le voulez même, vous pourrez acheter des légumes, car à côté de la maisonnette il y a un superbe jardin, entouré de haies, où tous les « végétables » de la création poussent à merveille. La bourgeoise poussera même l'obligeance jusqu'à vous les apporter à domicile. . . . . .

. . . .

Et voilà comment on goûte à Paris-Plage, et de quelle manière on s'occupe en passant une bonne après-midi.

CHAPITRE XIV

Les Environs de l'ancien Sémaphore

RÉGION INCONNUE. — DESCRIPTION D'UN SITE SAUVAGE. — EXCELLENT ENDROIT POUR PEINDRE ET POUR COMPOSER. — SOUVENIR DES GRANDS POÈTES INTERPRÈTES DE LA NATURE. — EXCELLENCE DE PARIS-PLAGE POUR CE GENRE DE PAYSAGE.

Un endroit où les baigneurs auront bien toute leur tranquillité, c'est dans la partie basse qui s'étend au pied de l'ancien sémaphore entre le tennis court, la Canche et la grande route, ou mieux derrière la butte, dans la direction de la mer.

Il y a là toute une petite région presque inconnue, que nous avons peut-être tort de dévoiler, car lorsqu'elle sera plus fréquentée, elle perdra de sa rusticité et de sa poésie. Comme il n'y a pas de chemin d'accès, et qu'il faut s'y rendre à travers dunes, c'est-à-dire en montant, en descendant, beaucoup n'ont jamais tenté l'effort. Aussi c'est un lieu presque abandonné des mortels, dans lequel la gent lapine file de doux jours, et peut se permettre encore de trotter aux beaux rayons de soleil.

Là, des plaques immenses de mousses grenat ou fauve en été, dorées au printemps et à l'automne, couvrent encore la dune vierge de tout pas humain. Les grandes fleurs jaunes, en corymbes, qui se détachent harmonieusement sur ce sombre tapis, n'ont pas encore été moissonnées par les mains gaspillardes de nos terribles enfants. Les jeunes pousses de peupliers et de bouleau croissent tranquillement, et leurs feuilles tremblotantes sous le moindre souffle, jettent au soleil leur miroitement étincelant.

C'est là parfois, dans cette solitude discrète, que vous apercevrez perdu sous un groupe de pins, un élève des muses. Il tâche de surprendre les secrets de la nature, et de rendre sur la toile cette tranquillité émue, qui devait présider aux premiers âges du monde.

Si vous avez un jour le bonheur de vous trouver seul dans ces parages, quelle satisfaction intérieure vous éprouverez. Si vous êtes poète, votre lyre vibrera sous des accents inconnus. Si vous êtes musicien, vos chalumeaux champêtres rediront une mélodie, au son de laquelle le dieu Pan ne restera pas insensible.

C'est dans un tel milieu que tous vos souvenirs littéraires vous repasseront par l'esprit. Vous comprendrez ces merveilleuses conceptions des Bucoliques de Virgile, de Daphnis et Cloé de Longus, de Paul et Virginie de Bernardin de St-Pierre, etc. Car il faut aimer la nature, comme c'était le privilège de ces grands poètes, pour bien goûter ces idylles champêtres traduites en poésies si exquises.

Mais n'y a-t-il donc qu'à Paris-Plage, où l'on puisse éprouver de semblables émotions, et faut-il, pour y voir la belle nature, ne se rendre qu'en cet endroit? Voilà la question que des personnes sensées pourraient adresser au Monsieur emballé qui écrit ces lignes. Assurément non. La nature est belle partout. Mais ce beau universel ne se perçoit pas, en raison de son universalité que crée l'habitude. L'habitude de voir fait qu'on ne voit plus. Il faut, pour captiver nos sens affaiblis une excitation anormale. Or, la vision d'un tableau inconnu, qui ne se rencontre nulle part ailleurs que chez nous, produit cette commotion nécessaire. Voilà ce que les personnes familiarisées avec l'analyse du sentiment et de la sensation vous proclameront bien haut. Dans ce pays où tout est étrange, tout vous attire. Aussi, une fois revenu chez vous, pendant dix mois de l'année vous cherchez un arrangement de la nature qui présente une analogie avec ce que vous avez entrevu ici. Mais parce que vous ne le rencontrez pas, vous désirez ardemment revenir au Touquet, et vous reverrez avec joie des sites qui ont été pour vous une source de réelles jouissances.

Quand donc vous n'aurez que quelques heures à dépenser,et que vous rêverez la tranquillité et l'isolement, rendez-vous dans cette jeune partie de la forêt. Vous ne pourriez y passer de meilleurs instants.

CHAPITRE XV

La lisière de la Forêt sur les bords de la Canche

PAYSAGE REMARQUABLE. — AGRÉABLE EMPLACEMENT POUR LE DÉJEUNER. — UNE PETITE AVENTURE. — DÉFENSE DE FUMER. PROMENADES CHARMANTES. — VUE DE LA BAIE. — LES PASSE-TEMPS DES ENFANTS.

Il est peu de paysages maritimes aussi remarquables que celui que nous offre la lisière de la forêt du Touquet, sur les bords de la Canche. Les découpures irrégulières qu'elle présente, produisent divers plans échelonnés, passant par toutes les notes du vert. Les aulnes et les peupliers apparaissent au premier plan avec des tons chauds ; plus loin c'est le vert émeraude des pins maritimes ; puis c'est la note bleutée des fonds, et enfin la brume. Et avec cela, un accompagnement de broussailles délicieuses, où tous les tons se heurtent sans que l'harmonie soit détruite ; une série de formes bizarres qu'on ne voit nulle part. Comme tout cela est beau, et bien fait pour émouvoir les gens les plus rebelles à tout sentiment dans l'ordre naturel !

Aussi les étrangers qui viennent à Paris-Plage s'installent souvent en cet endroit, qu'ils prennent pour le point terminus de leur excursion. On arrive là avec tout ce qu'il faut pour déjeuner, et on s'installe gaiement, à moins qu'une petite aventure, comme celle dont nous fûmes un jour les témoins, vienne troubler la fête.

C'était par une belle journée d'août, un mail-coach avait débarqué dans la forêt toute une caravane berckoise. Les dames en toilettes ébouriffantes, envoyaient les notes sonores de leur perçant babillage à travers les arbres de la forêt. Les messieurs en habits extra-clairs, le monocle au coin de l'œil, et pour compléter l'insuffisance de celui-ci, la jumelle en bandoulière, envoyaient bien haut des bouffées de fumée émanant de délicieux cigares.

La partie tout entière, suivie d'un nombreux personnel de valets en livrée, portant paniers de champagne, victuailles, pâtisseries, venait de déboucher sur notre merveilleuse lisière. Déjà les dames s'étaient installées. En attendant de passer au dining-room, on faisait salon. Les ombrelles rouges devenues inutiles se promenaient sur l'herbe. Le maître d'hôtel faisait installer la table improvisée. Tout d'un coup une colonne de fumée suspecte s'échappe d'un fourré voisin, et une flamme crépitante s'élève bien haut, lui succédant. Si vous aviez vu tout notre monde déménager au plus vite ! Si vous aviez entendu de ces dames effrayées les cris perçants, succédant aux joyeuses chansons ! Et le feu gagnait toujours, dévorant les broussailles à moitié sèches. Enfin le garde arrive avec une demi-douzaine d'hommes de bonne volonté. On organise le sauvetage de la forêt, en circonscrivant le feu. Nos excursionnistes sont obligés de se mettre de la corvée, et la partie de plaisir de se changer en une partie de travail. Nos Messieurs jettent bas l'habit, et en bras de chemise travaillent comme des troupiers. Enfin le feu est éteint. On remballe la vaisselle. Tout notre monde déménage bien tristement. Et comment l'affaire s'est-elle terminée ? Je n'ai pas essayé de le savoir. Il est probable qu'un procès-verbal colossal a dû l'encadrer.

Mais si les personnes, victimes de cette aventure, n'ont plus revu ce lieu unique, « objet de leur ressentiment », nos Paris-Plageois, bien sages, et qui pour obéir aux prescriptions du propriétaire ne fument jamais sous bois, n'ont pas le même motif de s'abstenir.

Ils ont choisi dans ces parages cent promenades charmantes. L'heure de la marée montante est surtout celle qu'ils préfèrent. C'est le moment où tous les bateaux de pêche remontent la Canche, pour aller débarquer à Etaples leur poisson.

Rien de plus agréable, que de voir à travers les arbres filer toutes ces voiles, qui semblent glisser sur un ruban d'argent.

Parfois un bateau restera sur place à l'ancre. Tandis qu'au loin les poulies grincent et que les voiles se carguent, des canots solidement montés se détachent. Les rames marchent en cadence, et les échos de la forêt retentissent d'un chant rythmé.

Assis sous les pins, à l'ombre, vous contemplez toute cette animation de la baie. Si vous avez eu la sage précaution d'apporter une jumelle marine, vous saisirez avec elle des détails intéressants.

De l'autre côté de la baie, au loin sur la route de Camiers, c'est une voiture qui court et que vous avez prise longtemps pour un je ne sais quoi, tant à distance les objets deviennent incompréhensibles.

Puis c'est un long confetti de vapeur qui se déroule et qui déchire la nue. Un express au loin dévore l'espace, se profilant sur les collines bleues qu'il semble traverser. Bientôt il s'engage dans la grande tranchée et c'est fini. Adieu ! et pour Boulogne.

Pendant ce temps vos enfants fourragent autour de vous, tuant le temps à leur façon. Une de vos fillettes montée dans un pin en forme de lyre, a trouvé une place dont elle est fière. Une autre revient triomphalement avec une botte de fougères dont papa fera une belle corbeille de table. Votre garçon, plus turbulent, se laisse dérouler de la petite dune à pic sur la Canche. Il vous rapporte tout ce qu'il trouve, de la passe-pierre, des grands coquillages blancs en spirale, que sais-je ?

Enfin, les heures se sont passées. Déjà les embarcations qui étaient parties sur Etaples, reviennent près de leur bord. Il est temps de plier bagages et de rentrer au chalet.

NOS PROMENADES
à Etaples

CHAPITRE XVI

La Rentrée des Bateaux à Étaples par une grande Marée

LA BAIE ENTIÈRE TRANSFORMÉE EN BRAS DE MER. — ARRIVÉE DES BATEAUX DANS LE PORT. — DÉCHARGEMENT DU POISSON. — A LA HALLE. — LA CRIÉE. — UNE HISTOIRE D'ACHAT EXTRAORDINAIRE ; SON EXPLICATION.

Une promenade qu'il faut faire, c'est celle de se rendre à Etaples une journée de grande marée, pour assister à la rentrée des bateaux.

Ce jour-là, tout l'estuaire se transforme en un véritable bras de mer. Les passe-pierre, les prés salés sont recouverts de deux et trois mètres d'eau ; et sur la route de Berck à Etaples, le flot vient battre le cabaret de la Canche.

Quand vous venez de Paris-Plage, et que vous vous trouvez, tout d'un coup, sur cette route bordée d'eau à droite et à gauche, cela vous produit une singulière impression. Le paysage est grandiose et vaut la peine d'être vu. C'est un aspect absolument nouveau et qui contraste fort avec celui de quelques heures auparavant. Là, où les vaches paissaient tranquillement ; là où un rapin, s'abritant sous un vaste parasol blanc, impressionnait de violet et de bleu un paysage sur une toile de dimension; en cet endroit la mer a tout nivelé, et son écume flotte poussée par la marée montante. En traversant le pont, vous vous apercevrez de la différence du niveau, car l'eau vient presque toucher le tablier.

Mais un autre tableau vous attire. Sur le quai d'Etaples, toute la population marine est groupée, pour assister à l'arrivée des bateaux et au déchargement du poisson.

De temps à autre, un grand voilier décrivant dans le port une courbe rapide, sous le gonflement de sa grosse voile brune, vient se ranger contre le parapet. Immédiatement tout l'équipage se mettant à la corde psalmodie une ritournelle étrange. Les poulies grincent accompagnant le chant composé de cris joyeux et plaintifs. A chaque effort de cette masse humaine, la lourde voile se cargue. Puis l'opération terminée, c'est celle du débarquement qui commence. Les hommes puisent du fond de la cale des paniers, où s'entassent des poissons de toute nature. Un seau fixé au bout d'une corde est jeté à la mer, et ramène une avalanche d'eau qu'on jette sur chaque manne, de façon à donner au contenu un aspect de fraicheur.

Le tout est hissé sur le quai. Alors les marins, aux grandes bottes montantes, se jettent hors du bateau. Ils forment la chaîne avec leurs femmes, pour porter le précieux fardeau à la halle. Là, on vendra en bloc tout le produit de chaque bâtiment. Des pièces de valeur, telles que les barbues, les soles, turbots, sont installées à part, sur la dalle humide; tandis que le poisson vulgaire, les carlets, les vives et autres restent en bloc dans les mannes.

Toutes les pêches sont installées un peu partout de même. Les acheteuses se promènent au milieu de cette exposition.

Parmi celles-ci vous rencontrez toujours une immense gaillarde de femme, qui passe pour une des plus riches marchandes du pays. Jupon court, une paire de traînettes aux pieds, le bonnet de matelotes aux grosses boucles d'oreilles.

Elle considère tous les lots, comme s'ils étaient déjà sa propriété; et si vous avez une intention quelconque d'acheter, vous êtes presque obligé d'avance de passer par son entremise, car elle ne souffrira pas votre concurrence.

Enfin la cloche se fait entendre. Un crieur, au képi galonné, vocifère une espèce de chanson chiffrée, qui n'est intelligible que pour le public habitué, et tout déménage à vue d'œil emporté par les commis des acheteurs.

A cette occasion de marché à la criée, il nous revient à l'esprit une bien bonne histoire.

C'était au début de la plage. Nous nous étions rendus à Etaples, un après-midi de 14 juillet, pour assister aux réjouissances publiques. Il y avait justement rentrée des bateaux. Nous avions lorgné, sur la dalle du marché, un petit lot composé d'un immense turbot, de huit paniers de grosses soles et d'une vingtaine de limandes.

On en fait la criée, et nous restons, à notre grand étonnement, acquéreur pour la modeste somme de seize francs, que valait plus que déjà à lui seul le turbot gigantesque.

Mais notre surprise fut encore plus grande, quand en plus du lot que nous pensions avoir acheté seul, nous nous vîmes en possession de quatorze mannes de pliets, de carlets et autres poissons. Nous quittâmes la halle, suivis processionnellement d'un cortège de femmes et d'enfants, quelques-unes portant notre achat ; mais toutes les autres, pour voir comment se terminerait cette aventure, et espérant bien qu'il leur en reviendrait quelque chose.

En chemin, on nous fit des propositions de rachat ; mais sans parler de prix. Cependant il fallait rendre les paniers ; et pour les rendre, il fallait les vider. Dans quoi ? Nous allâmes nous installer à l'hôtel de la brave Mme Pauchet, et là nous opérâmes un triage exceptionnel, gardant pour nous la valeur d'une grosse manne. Nous abandonnâmes le reste à nos persécuteurs, qui trouvèrent la chose toute naturelle, et crurent nous avoir assez payés, en nous tirant d'embarras.

Nous eûmes bientôt l'explication de cet achat providentiel. La gare d'expédition étant fermée, à cause de la fête nationale, et le lendemain tombant un dimanche, il n'y avait pas d'envoi possible à faire sur Paris-Ville, ce qui fit que Paris-Plage en profita.

Nous n'avons jamais, depuis, rencontré semblable fortune, et nous doutons que vous soyez plus heureux que nous.

CHAPITRE XVII

Le Marché d'Etaples

PAR LA FORÊT LE MATIN. — LES VOITURES SUR LA ROUTE DE BERCK A ÉTAPLES. — LE MARCHÉ : LES MARCHANDES, LES FORAINS. — LES ARTISTES. — ÉCOLE DE PEINTURE EN PLEIN AIR. LA FIN DU MARCHÉ.

Une promenade bien intéressante à faire, c'est celle de Paris-Plage à Etaples, un jour de marché.

La route le matin, par la forêt, ou par les bords de la Canche, est toujours agréable. Le soleil ne darde pas encore ses rayons de feu. Il y a dans l'atmosphère une fraîcheur qui invite à la marche. Les pins exhalent une odeur plus pénétrante. Les troënes fleuris et les chèvrefeuilles vous envoient, au passage, des bouffées d'un parfum exquis. Les oiseaux font retentir les bosquets de mille chants joyeux. Si vous pénétrez sous bois, des centaines de lapins faisant leur promenade matinale, vous partent dans les jambes. A cette heure, c'est le règne de la nature s'appuyant encore sur le règne de la nuit qui vient de finir. Bientôt les omnibus, les voitures nombreuses, les travailleurs qui se rendent à Paris-Plage, vont dissiper ce rêve et la poésie va s'épanouir.

Il y a là, dans cette promenade matinale, une source de jouissances qui mérite d'être recueillie.

Quand vous débouchez au Café de l'Espérance, le tableau change. La grande route de Berck à Etaples est sillonnée de nombreuses voitures, qui se rendent au marché en faisant un véritable concours de vitesse. C'est à qui arrivera la première, parmi les paysannes de Cucq, de Villiers, de Saint-Josse, pour mieux choisir sa place.

Sur les huit heures le marché bat son plein. C'est le moment de la grande animation. Rangées sur deux files, les marchandes de beurre, d'œufs, de volailles, de légumes annoncent leur marchandise, raccrochent les passants qui s'arrêtent, goûtent, marchandent et engloutissent dans le panier à provisions, les besoins de la journée et d'une partie de la semaine.

Rien de plus curieux que tout ce fouillis de monde, avec ce brouhaha indescriptible.

Par ici, sous un grand parapluie vert foncé, s'abrite un groupe. Une vieille femme avec une jeune fille, les deux extrêmes, vendent des volailles et des œufs. La vieille est assise sur une chaise boîteuse. Derrière elle, se trouve une voiture bâchée et dételée, qui a servi à amener les provisions. A quelques pas un jeune peintre, aux cheveux en broussailles, un haut feutre déformé sur la tête, brosse une toile gigantesque reproduisant un coin du marché, dans lequel le groupe forme le premier plan.

Plus loin, voilà la place des marchands forains. Une série de petites loges en planches abritent des chaussures, des calicots, de la bimbeloterie. Ces honorables négociants crient à tue-tête, bousculant le public, et le forçant à acheter quand même.

Voici un marchand de lacets qui en débite on ne sait combien pour deux sous. Là c'est un marchand de vanilles qui sous un costume plus ou moins marin, pour inspirer confiance, vend le précieux produit rapporté véritablement par lui de nos colonies lointaines.

Plus loin, vous heurtez une petite fille qui vous vend des hénons de la Canche, — « qu'est-ce qui veut des coques » — à un sou l'assiette,pour les gens d'Etaples,et à deux sous pour ceux de Paris-Plage.

Derrière les marchandes de légumes, qui disparaissent sous les tombereaux de choux-fleurs, vous apercevez quelques tables rangées symétriquement. C'est là que Céline vend des harengs fumés, en attendant l'heure de la marée, qui lui permettra d'acheter du poisson frais qu'elle revendra à des prix exorbitants.

Enfin, dominant tout ce tableau singulier, vous apercevez assis sur les marches de l'Hôtel de Ville, une demi-douzaine de types, la pipe à la bouche, contemplant toute cette population qui grouille. Ce sont les artistes anglais, américains, suédois, que sais-je ? de la colonie étaploise, en train de recueillir des impressions, et en quête de trouver une inspiration. De temps en temps, l'un d'eux sort un album de sa poche, et y couche un croquis à la hâte. Puis c'est fini, l'album reprend le chemin de la poche, et la rêverie recommence.

Cependant à l'extrémité du marché, toute une école d'artistes fonctionne en plein air. Une rangée de ces Messieurs, parmi lesquels plusieurs dames, sont adossés contre un mur et traitent ensemble le même sujet avec une interprétation diverse.

Mais les rangs des vendeurs se sont éclaircis. Les voitures se sont enfuies vers le village, allégées de leur fardeau. La payse est contente ; sa poche est garnie, et grâce à la saison des bains de mer, tout s'est enlevé à des prix incroyables.

Les derniers camelots plient bagage.

La place, convertie en véritable champ de bataille, est semée de mille débris de légumes.

Dans une heure il n'y paraîtra plus.

Et content d'avoir observé cette physionomie particulière d'Etaples, vous vous en retournez à la Plage, soit en barque en remontant la Canche, soit par le tramway, non sans vous promettre de revenir une autre fois contempler de nouveau ce spectacle toujours intéressant.

CHAPITRE XVIII

De Paris-Plage à Etaples par le Chemin de la Briqueterie

Visite d'Étaples

VISITE OBLIGATOIRE. — CHEMIN PEU CONNU. — DESCRIPTION SOMMAIRE. — LA GARE. — LA RUE DE L'ABREUVOIR ET LA MARE. — L'ÉGLISE SAINT-MICHEL. — DÉTAILS ARCHÉOLOGIQUES. SOUVENIRS HISTORIQUES. — CHARME DE CE GENRE D'ÉTUDES.

Bien que nous ayons déjà souvent, en compagnie de nos aimables lecteurs, excursionné dans les environs de Paris-Plage, nous n'avons pas encore visité Etaples en détail. Notre mère nourricière vaut pourtant bien la peine que nous lui consacrions un article spécial. Nous n'oublierons jamais, en effet, que sans cette ville, Paris-Plage n'aurait jamais existé. C'est elle qui nous a nourris dès notre enfance, qui nous a donné notre première parure, qui nous a fait, en un mot, ce que nous sommes aujourd'hui.

Cette fois, pour ne pas suivre le chemin de tout le monde, nous passerons, si vous le voulez bien, par le chemin de la briqueterie. On a dénommé ainsi, à cause d'un vieux souvenir, la route qui part du château obliquement à gauche, et qui passe entre le tennis et la cabane rustique.

Tout d'abord, à votre droite, vous apercevez un banc dissimulé presque sous un berceau. C'est là que certaines familles viennent, à tour de rôle, passer une après-midi tranquille, loin des promeneurs. Car, en cet endroit, on est à l'abri, et peu de personnes connaissent le chemin de la briqueterie.

La forêt, nous l'avons suffisamment décrite pour en reparler sans cesse. Nous devons, maintenant, ne plus en signaler que les particularités. S'il en est une dans cette promenade, c'est la parfaite solitude dans laquelle on se trouve. Pour beaucoup c'est une qualité.

Très peu de pins. Les aulnes et les carolines ont remplacé presque partout la végétation du début. Aujourd'hui, les branchages encombrent le chemin ; et il faut en maints endroits les écarter pour passer.

Quand vous avez marché vingt minutes environ, vous débouchez subitement sur la route départementale d'Etaples à Paris-Plage, à peu près à la hauteur de la magnifique percée qui donne sur la Canche. Vous reprenez un peu plus bas, dans la même direction à gauche et comme faisant suite à la voie que vous venez de quitter, un autre sentier qui vous conduira dans les prés salés de la Canche. Vous êtes tout de suite à la digue, que vous pourrez suivre à travers les absinthes jusqu'au cabaret du parc aux huîtres.

Là, vous êtes pour ainsi dire arrivé. Encore un bout de la grande route de Berck, le pont à traverser, et vous arrivez à Etaples.

Etaples, le *Stapula* des Romains est bâti sur la rive droite de la Canche, dans une situation très pittoresque. Adossé contre les collines du Boulonnais, il est assez resserré. Aussi, s'étend-il en longueur, sur environ cinq cents mètres.

Une longue rue médiale le traverse dans toute sa longueur, depuis le chemin de fer jusqu'à la halle aux poissons, en passant par la grande place. Celle-ci se prolonge par les quais, qui viennent se terminer à un beau calvaire, dont nous parlerons plus loin. Après cet aperçu général nous abordons les monuments publics.

Quand nous descendons du chemin de fer, c'est la gare qui nous apparaît tout d'abord. On connaît le style des gares.

Pas besoin d'en faire la description ; celle d'Etaples jouit d'une certaine importance, par suite de l'embranchement de la ligne d'Arras à Boulogne par Montreuil. Beaucoup d'express s'y arrêtent toute l'année, sans compter ceux que la Compagnie du Nord nous accorde pendant la saison.

Le trafic des marchandises est très important. Toute la contrée du reste est productive, et la création de Paris-Plage a apporté sa part d'activité dans le mouvement actuel.

Le personnel est très sympathique et fort obligeant pour nos baigneurs. M. Hubert, ex-chef de gare, aujourd'hui propriétaire de l'Hôtel des Dunes à Paris-Plage, a commencé cette tradition justement méritée, et le chef actuel la continue avec toute l'aménité désirable.

Après la gare qui devient un véritable monument public, au jour des grandes fêtes, quand elle se revêt de drapeaux et se couvre d'illuminations, nous devons signaler, dans l'ordre topographique, l'église si originale, avec son clocher style espagnol et jésuitique. On s'y rend par la rue de l'Abreuvoir. Quand vous êtes au bord de la mare, vous jouissez d'une des vues les plus pittoresques du vieil Etaples. Les maisons se réflétant dans l'eau, quelques bouquets d'arbres par ci par là, l'antique église dans le fond ; le tout compose un véritable tableau qui a été du reste bien des fois traduit par les artistes. Souvent les vaches revenant de la prairie, viennent prendre leurs ébats dans l'onde, et contribuent encore au charme de la composition.

Nous arrivons à l'église. Celle-ci sous le vocable de St-Michel est construite, en majeure partie, dans le style du XVIe siècle, mais on y reconnaît pourtant des éléments bien antérieurs. Le style roman y a précédé le gothique, car le plein cintre se mêle à l'ogive, et accuse une époque très reculée. Du reste la date de construction se lisait autrefois dans le bas de la nef à gauche sur l'un des piliers :

AN — MIL — qAIO — I-EC — FViT — ECCSA-Ab —
ANgLIS — EDIFTA.

Ce qui est l'abrégé de la phrase latine : *Anno millesimo*

quarto hœc ecclesia ab Anglis edificata. — L'an 1004 cette église fut bâtie par les Anglais.

Les voûtes du temple sont un peu basses et sombres; mais leurs nervures en sont élégantes. La nef centrale est accolée de deux autres plus restreintes, avec des chapelles latérales d'un certain intérêt. Dans l'une se lisent les noms des curés depuis la fondation, ainsi que ceux des membres de l'antique confrérie de la paroisse. On y retrouve tous les noms de familles encore existantes à Etaples. Dans l'autre se trouvent réunis sur un vaste tableau, les fastes historiques de l'antique paroisse de Notre-Dame-de-Foy. Sous ce vocable, on vénère du reste dans cette chapelle une statue de la sainte Vierge, qui fait l'objet de nombreux pèlerinages dans toute la contrée à certains jours de l'année.

Les boiseries du chœur datent de 1707. Le tableau qui se trouve au-dessus du maître-autel est une copie de Van Dyck. Il porte la signature de Pellizar.

Signalons également, dans la partie latérale de droite, contre le chœur, un très curieux tableau retraçant les aventures miraculeuses d'un habitant d'Etaples en Espagne, à l'occasion d'un pèlerinage à Saint-Jacques de Compostelle.

En résumé, comme on le voit, l'église d'Etaples est tout à fait intéressante à tous les points de vue. Les historiens, les archéologues et les peintres y trouvent des sujets documentaires peu ordinaires. Or c'est toujours une grande satisfaction, quand au plaisir de la villégiature, vient s'ajouter celui des recherches, dans les diverses branches d'études qui vous sont chères. Cela est bien fait pour vous faire aimer un pays. C'est encore un titre qui vient s'ajouter à tous ceux qui font de Paris-Plage une station si goûtée et si appréciée.

CHAPITRE XIX

Visite d'Étaples (Suite)

L'HOTEL DE VILLE. — LA HALLE AUX POISSONS. — VISITE DES RUES. — VESTIGES DU CHATEAU; NOTRE-DAME-DE-FOY. — VIEILLES MAISONS. — QUELQUES DATES. — TRADUCTION D'INITIALES. — L'HOTEL MARTEAU OU DESCENDIT NAPOLÉON Ier. — LE TUMULUS DES CRAQUELETS. — LE CALVAIRE. — LE MANOIR DE LA " FOLIE ".

Dans notre dernière promenade nous avons visité l'église. Il nous faut maintenant parcourir le pays et en faire une étude approfondie.

Nous nous rendons de suite sur la Grande-Place. C'est toujours l'endroit le plus intéressant d'une cité.

Là se trouve l'hôtel de ville, de construction récente. Assurément, cet édifice est plus digne de la cité d'Etaples que celui qui le précéda, et que nous avons presque tous bien connu. Mais les amateurs du pittoresque ont le droit de regretter l'ancien édifice, qui dans sa note délabrée et presque pauvrette, faisait le bonheur de tous les peintres et de tous les rêveurs.

Après l'hôtel de ville, on remarque la halle aux poissons sur le port. C'est un bâtiment de construction également moderne, dans le modèle absolument classique que tout le monde a vu.

Après les monuments, il nous reste à signaler les ruines et les quelques maisons remarquables. A l'est de la ville, on retrouve à peine quelques vestiges du Château, dans la rue de ce nom. Les fondations remontent à l'époque gallo-romaine et les soubassements au Moyen-Age. Bâti vers le IVe siècle, il fut reconstruit en 1192 par Mathieu d'Alsace, comte de Bourgogne. Il fut démantelé en 1614 et vendu en 1792 comme propriété nationale.

Dans la rue de Montreuil, on voit, sur le cintre d'une porte, une pierre sur laquelle se trouve sculptée une couronne avec la date de 1582. C'était l'ancienne « Hostellerie de la Couronne. »

Dans la rue du Chœur, on remarque encore un encadrement de fenêtre, appartenant à l'ancien chœur de l'église de Notre-Dame de Foy. Il est formé d'une moulure en pierre, dans le style gothique, et il mesure sept mètres de haut sur deux de large.

Rue Grand-Pierre, on distingue une porte cochère en cintre. Sur la pierre du milieu, on a sculpté un arbre formé de lettres romaines, avec deux rosaces sur les côtés et la date de 1577.

Revenons maintenant sur la place où se rencontrent pas mal de maisons historiques.

Sur le côté Ouest, c'est d'abord une habitation qui porte des agrafes formant la date de 1577 et les initiales N C. On l'appelle la maison de St-Christophe. La voisine dénommée le « Porc Epic » fut reconstruite en 1695. On y lit les initiales C D H. C'était la demeure de Charles Dauphin d'Harlingen, qui fut président de la Sénéchaussée du Boulonnais.

Sur le côté Sud de la place, on aperçoit deux maisons : l'une, avec le millésime 1738 et les initiales N B D, fut habitée par Noël Bloquel de Nergemont ; l'autre était la résidence de Noël-Jean-Charles Marteau, procureur du Roi au baillage d'Etaples. C'est dans cette maison que naquit en 1774 un soldat de fortune, Marc Obert, qui devint le général de division Obert. Napoléon Ier y descendit en 1803, quand il vint inspecter la place d'Etaples, au moment de son projet de descente en Angleterre. M. Souquet, qui habita en dernier lieu cette demeure, y fit du reste placer des médaillons reproduisant les traits des principaux personnages qui y séjournèrent, ainsi que des tablettes historiques se rattachant aux différentes visites qu'elle reçut.

Nous signalons également la maison de l'Echiquier, appartenant à Me Couturier, notaire à Amiens. Des armoiries fort bien conservées, représentant un échiquier, avec la date de 1571, sont sculptées sur un carré de marbre blanc incrusté dans la façade. On attribue ces armes à un chancelier anglais de l'échiquier; mais ceci est probablement à tort, car bien des familles françaises ont porté dans leurs armes cette figure.

A l'extrémité de la rue des Cracquelets, on rencontrera un monticule d'environ quatre mètres, qui paraît avoir été un tumulus se rapportant à l'époque gallo-romaine, suivant les uns, et à l'époque phénicienne suivant les autres.

Ne terminons pas notre visite, sans nous être transporté à l'extrémité du pays, vers le port. Le Calvaire magnifique qui s'y trouve fut planté en 1816. Il a été orné, depuis, de trois belles statues représentant la sainte Vierge, saint Jean et Marie-Madeleine. C'est là, que ceux qui partent pour de longs voyages, viennent avec leurs femmes et leurs enfants, puiser la force et le courage d'une séparation qui quelquefois sera éternelle!

Un peu plus loin se trouve la garenne d'Etaples. En 1819, M. de Rocquigny du Fayel y fit construire un manoir et une petite ferme que les habitants dénommèrent la « Folie ».

Notre promenade est finie. Nous reprenons le pont, plus heureux que les visiteurs du siècle dernier, qui eux étaient obligés de passer en bac, pour aller aborder au port de Trépied. Le pont actuel fut construit en 1860, et élargi pour le passage du tramway en 1901.

CHAPITRE XX

Le Jour de la procession à Etaples

LA FOI DES GENS D'ÉTAPLES. — TOUT LE PAYS FAIT PARTIE DE LA PROCESSION. — DESCRIPTION. — LES PÊCHEURS. — LES MATELOTES. — GROUPES ALLÉGORIQUES. — LES DIFFÉRENTS SYMBOLES. — LES BANNIÈRES ET LES STATUES. — SENTIMENTS QUI PÉNÈTRENT LES ASSISTANTS. — LA RENTRÉE A L'ÉGLISE. — LA FIN D'UN BEAU JOUR.

Une touchante cérémonie à voir pendant la saison, c'est bien celle de la procession d'Etaples. Celle-ci a lieu ordinairement pendant le mois d'août.

Elle n'a évidemment pas l'importance de la grande procession de Boulogne, mais par son caractère plus intime, par sa physionomie plus locale, elle a peut-être davantage le don d'impressionner les assistants.

Racine a dit :

La foi qui n'agit pas est-ce une foi sincère ?

A Etaples on ne peut pas dire que la foi ne soit pas agissante, quand on a vu le spectacle de toute cette population se déroulant en longues théories, à travers les rues de l'antique cité, pour honorer Celle en qui elle met toutes ses espérances, depuis déjà tant de siècles.

C'est que tous ces gens de mer ont les croyances chevillées dans l'âme, et comment pourrait-il en être autrement, quand chaque instant de leur vie s'écoule si près de l'Eternité? Toujours à la veille de la mort, étant toujours à la merci des caprices de l'Océan, ils ne peuvent pas ne pas songer à l'au-delà. Ce ne sont pas les plaisirs du monde qui peuvent les occuper et les aveugler. Ils ne les connaissent pas. Les joies de la famille sont les seules qui les retiennent à cette terre, joies faites des devoirs que la religion seule donne la force d'accomplir.

Aussi, avec quelle foi ardente les voyez-vous, portant les bannières et les statues, chantant les cantiques ! Ah, ceux-là, les sourires narquois de quelques incrédules ne les effrayent pas ! Quand vous aurez vu cette touchante cérémonie, vous ne pourrez faire autrement que de vous livrer à ces réflexions. Elles en découlent tout naturellement, et il est salutaire de s'y arrêter.

La procession d'Etaples ne se fait pas au milieu d'un grand concours de population, car celle-ci, on peut dire, fait presque toute entière partie du cortège. Ceux qui regardent le défilé sont donc des étrangers pour la plupart. Toutes les rues qu'elle parcourt sont décorées. Les habitants, pour la circonstance, ornent leur maison de superbes tentures, relevées souvent d'attributs et d'emblèmes religieux, de feuillage et de fleurs.

La cérémonie commence après les vêpres. Le cortège parcourt le haut du pays en sortant de l'église; il se rend au port et au calvaire, et de là revient par la rue principale, vers la place, pour regagner le sanctuaire.

Des cavaliers en chapeaux hauts de forme, la boutonnière enrubannée, leurs chevaux de même, ouvrent la marche. Puis vient le suisse, la croix, les enfants de chœur. Les enfants des écoles, les jeunes filles en blanc suivent. Parmi les premiers, des groupes allégoriques associent les idées de patrie à celles de la religion. Ce sont les petits soldats de toutes armes qui défilent, plus loin les petits marins.

Les pêcheurs, avec la tenue des gens de mer, costume de toile cirée, coiffe à visière, les lanternes des mâts allumées, leurs filets sur les épaules, obtiennent toujours un véritable succès. De même les marins en tenue militaire de service,

portant sur un immense brancard la reproduction de l'ancienne église de saint Michel d'Etaples.

Mais que dire du défilé des matelotes, superbes dans leur costume boulonnais, avec leurs élégants bonnets auréolés de dentelle blanche, les grandes boucles d'oreilles dorées, le fichu de soie couleur, en pointe par-devant et par-derrière, et noué autour de la taille ? Et les petites jeunes, toutes mignonnes, habillées de même, pour leur bien faire comprendre qu'elles aussi, plus tard, n'abdiqueront pas le costume, pour ainsi dire national, qui est l'honneur de toute la contrée.

Tous ces heureux croyants défilent en chantant de touchants cantiques, ou en récitant des chapelets dont ils égrainent les grains. Ils ne s'occupent guère des Paris-Plageois qui, en curieux, sont accourus pour les voir. Ils sont tout entiers à l'acte de dévotion qu'ils accomplissent.

Voici le passage des différents symboles, personnifiés par les jeunes filles les mieux de la localité. Ici, c'est le groupe sympathique de la Foi, de l'Espérance et de la Charité. Cette représentation n'a rien de théâtral. La physionomie angélique des figurantes désarme la critique. Il en est de même pour " l'Ange gardien ", montrant à un jeune enfant la voie du bien, puis le groupe de la Sainte Famille, puis celui de sainte Cécile et de ses compagnes.

La troupe de la Passion s'avance. Un enfant, en robe rouge, rappelle le Sauveur conduit au prétoire. Une jeune fille porte sur un coussin la couronne d'épines, une autre les clous, d'autres l'immense croix.

Maintenant c'est la Cour céleste : le chœur des Anges, celui des Archanges, des Séraphins, des Chérubins, les Trônes, les Puissances, les Dominations. Toutes les figurantes sont belles sous cette livrée céleste. L'inspiration qui se reflète sur leur physionomie transfigurée, contribue au charme qui se dégage de leur personne. Il faut voir tout cela avec les yeux de la Foi, et non avec l'esprit du siècle, cela pour ne pas être tenté de tomber dans la critique malsaine.

Les bannières sont superbes. Celles de l'Enfant-Jésus, de la Sainte-Famille, du Sacré-Cœur, de saint Vincent de

Paul, du Saint-Sacrement sont les plus remarquables ; mais, au point de vue historique, celle de Notre-Dame de Foy et celle des Marins sont des plus intéressantes.

Les statues magnifiques, qui sont portées sur des brancards, sont aussi le plus bel ornement de la procession. On remarque celles de saint Louis de Gonzague, de saint Joseph, de Notre-Dame de Foy, de saint Josse.

Enfin s'il fallait décrire tout ce qui défile sous vos yeux, ce serait l'objet d'une brochure et non d'un chapitre de ce volume. Nous voici à la fin du cortège. Les lévites encenseurs, les chantres, les enfants de chœur, le clergé en chape. Monsieur le Doyen ferme la marche. Derrière, les confrères du Saint-Sacrement et de Saint-Pierre, le Conseil de Fabrique, et toute la population endimanchée suivent avec un pieux recueillement.

Si vous vous mêlez un peu à cette foule, vous ne tardez pas à être envahi par les sentiments qui la pénètrent. Les cérémonies religieuses, à l'encontre des fêtes mondaines, ont cette particularité qu'elles laissent sur l'âme cette impression profonde qui réconforte. Tant il est vrai que tout ce qui rappelle Dieu, le but suprême de toute existence, est toujours fait pour captiver ceux qui ont encore quelque croyance !

Cependant dans la tour de l'antique église, les cloches commencent à sonner. La procession va rentrer. Les portes sont ouvertes à deux battants. La croix pénètre. Tous suivent : les enfants et les grandes personnes, les vieillards, les curieux. Tous s'engouffrent sous les voûtes vieilles de six siècles. Le clergé, à son tour, monte solennellement, au milieu d'un profond silence, le milieu de la nef. Il s'arrête au pied des autels où un Salut solennel va terminer la touchante cérémonie.

C'est fini. Toute la foule s'écoule pieusement. On ne voit que physionomies radieuses. Et moi, qui me tient sous le porche pour voir ce dernier défilé de gens bienheureux, je me laisse aller à mes réflexions poétiques....

Un carillon final porte à la connaissance de la petite cité

les derniers échos de cette belle journée. Mais je m'aperçois que je suis resté seul dans mon coin, enseveli dans une rêverie indescriptible....

J'écoute, en frémissant, le son qui se prolonge
Il s'éteint... Cette fête a fini comme un songe !

TROISIÈME PARTIE

Nos Excursions

Nos Excursions

MOYENS DIVERS DE LOCOMOTION. — SOUVENIR DURABLE QUE LAISSENT LES EXCURSIONS. — L'IMPRÉVU QUI EN FAIT SOUVENT LE CHARME. — POUR LES VIEUX JOURS.

Jusqu'ici nous n'avons encore parlé que de nos passe-temps et de nos promenades.

Reste un troisième genre de distraction, qui n'est pratique que pour ceux qui ont des jambes, ou un moyen de locomotion quelconque à leur disposition. Nous voulons parler des excursions. Les personnes qui ont cheval et voiture, celles qui possèdent une automobile ou une bicyclette, pourront en user largement et se diriger vers les sites que nous allons leur exposer.

Celles qui n'ont pas cette ressource, pourront toujours employer le chemin de fer. Celui-ci les prive peut-être de la jouissance du parcours; mais il les conduira directement au but, autour duquel ils pourront un peu rayonner, en soulevant un coin du rideau enchanteur.

Dans un voyage quelconque, pendant une saison d'eau ou de bains de mer, s'il est certaines choses qu'on oublie, ce sont celles de la vie journalière qu'on a adoptée. Mais ce qui frappe le plus l'imagination et crée le souvenir, les excursions, cela demeure gravé dans notre cerveau pour les tristes jours de notre vieillesse.

C'est que l'excursion en elle-même comporte, la plupart du temps, toute une partie de plaisir. On la fait en nombreuse compagnie, et la gaieté fait toujours partie du programme. Et puis, il y a le déjeûner rustique sur l'herbe ou au cabaret.

Il y a enfin l'imprévu qui tombe toujours au milieu de la fête, au moment où on s'y attend le moins. C'est l'orage, c'est un procès-verbal, c'est le feu mis à une meule par un imprudent fumeur, c'est l'emballement d'un cheval, que sais-je ? Il faut que cet imprévu apparaisse à quelque moment de la journée. Eh bien, c'est là le clou. On rit après à se tordre, et le souvenir deviendra impérissable. L'aventure est gravée pour toujours dans votre tête, et avec elle l'excursion elle-même, tous les tenants et les aboutissants les personnes qui vous accompagnaient, tout ce qu'on a dit, tout ce qu'on a fait. Vous pourrez vieillir, vous vous rappellerez toujours une belle journée d'excursion passée en joyeuse compagnie. Plus tard, quand vos jambes usées vous auront condamné à un repos forcé ; quand le soir, entouré de vos petits-enfants, vous passerez une longue veillée d'hiver autour du feu qui brillera dans l'âtre, vous vous remémorerez ces anecdoctes du bon temps, dont vous aurez quelquefois été le héros ; vous suspendrez à vos lèvres votre jeune auditoire, surtout si vous avez su acquérir les charmes du conteur.

Or, vous donc qui avez la jeunesse pour vous ; vous qui possédez encore un restant de virilité, profitez en donc. Pendant votre saison excursionnez en tous sens. Emmagasinez les connaissances de tout ordre, les études artistiques que sais-je ? Un jour viendra, où vous regretteriez de n'avoir pas employé vos plus belles années, à élargir le cercle de vos idées parfois trop terre à terre. En route donc !

En avant pour toutes ces excursions mémorables qui se présentent si nombreuses autour de vous. N'en oubliez aucune, croyez-nous.

EXCURSIONS

dans l'Arrondissement de Montreuil-sur-Mer

CHAPITRE I

Le Hameau de Trépied

EXCURSION PAR LA FORÊT. — LES SITES A TRAVERSER. — EXCURSION PAR LA ROUTE. — DESCRIPTION DE TRÉPIED. — LES BAIGNEURS DE BERCK. — UN P'TIT SOU ! — UN MOT D'HISTOIRE. — LE PORT DE TRÉPIED AU XVe SIÈCLE. — SON ANTIQUE SPLENDEUR. — SA DÉCADENCE. — EFFORTS DE L'ABBÉ DE SAINT-JOSSE POUR SA RESTAURATION. — A LA POPULATION MARINE SUCCÈDE UNE POPULATION AGRICOLE.

On peut faire l'excursion de Trépied de deux façons : soit en traversant à pied la forêt obliquement, soit en prenant l'omnibus jusqu'au café de l'Espérance, et en suivant ensuite la route de Berck.

L'une et l'autre méthode ont leur charme, et elles peuvent faire l'objet de deux excursions différentes.

Dans le premier cas, vous prendrez le deuxième sentier à droite sur la route du château. Vous aboutissez presque aussitôt à une maison de garde abandonnée. Suivez la route à gauche de cette habitation, et vous marcherez, toujours en ligne droite, sans vous occuper des chemins qui couperont votre route.

Vous traverserez successivement des dunes plantées de pins, des clairières verdoyantes, émaillées de mille fleurs particulières à la forêt du Touquet. Vous rencontrerez des champs roses d'épilobium.

Puis, après avoir atteint un nouveau morceau de forêt, vous déboucherez dans un vaste cirque naturel, entouré de hautes dunes couronnées de pins au ton vert émeraude. Cet emplacement est remarquable ; et si jamais, un jour, on fait des courses à Paris-Plage, ce sera certainement l'endroit désigné à cause de sa situation pittoresque.

Ensuite vous monterez, vous enfonçant sous les pins. L'ascension est pénible et longue. Vous vous croyez perdu dans un pays sauvage. Pas une âme ! La nature semble avoir revêtu un caractère désolé. Les pins sont maigres et rabougris.

Mais tout d'un coup une clochette a retenti. Vous voyez plus clair. Vous paraissez vous trouver dans des régions élevées et, sur votre gauche, il vous semble qu'un vaste plan incliné conduit vers un autre monde.

La curiosité vous pousse à quitter votre chemin pour prendre le premier sentier qui s'offre à vous. Il vous amène sur un versant verdoyant qui déroule dans des plaines fleuries et couvertes d'une végétation luxuriante. C'est une véritable oasis, d'où émergent çà et là des petites fermes aux toits rouges, et noyées dans les arbres. Des enfants surveillent des vaches, au cou desquelles pend la joyeuse clochette. Vous vous croyez dans la montagne, et en réalité ce paysage en a tous les aspects.

Ce hameau n'est autre que Trépied sous un de ses côtés délicieux. Des artistes peintres étrangers ont aménagé en constructions pittoresques, et dans le style anglais, des petites fermes de l'endroit ; ce qui ajoute encore un charme de plus à ce site déjà si pittoresque.

Si vous voulez voir le pays sous une autre forme, faites l'excursion par le tramway. Vous descendez au café de l'Espérance, et vous prendrez la route de Berck. Tout près, la dune boisée de pins maritimes vient expirer sur le bord du chemin.

Vous entrez bientôt sous une voûte de verdure, qui va durer plusieurs kilomètres, à travers un chemin tortueux, tournant sans cesse, et paraissant sans issue. Çà et là, des petits sentiers perdus sous bois, vous invitent à l'exploration. Ils contournent des métairies protégées par des haies vives en saule ou en caroline.

Toutes ces maisons forment le charmant hameau de Trépied, dépendant de Cucq. Elles s'échelonnent sur plus de trois kilomètres, isolées chacune, avec leur enclos, leur basse-cour, leur jardin et leur pâture.

C'est un paysage rappelant la belle Normandie, dans ses coins intimes, ce qui est une fortune à deux pas de la mer. Aussi est-il très apprécié de la colonie des peintres d'Etaples. Trépied est pour eux une source intarissable d'études et de brillants tableaux.

C'est également avec plaisir, que les baigneurs de Berck, fuyant la campagne désolée et aride avoisinant leur plage, viennent retrouver la verdure et l'ombre de ce charmant hameau. Leurs nombreux équipages, chargés de touristes aux vêtements bariolés, s'entrecroisent joyeusement aux détours de la route serpentante. Ou bien ce sont des cyclistes qui se rendent en troupe serrée à notre nouvelle Lutèce. Les dames sont nombreuses parmi ces sportmans. Le costume de circonstance ne manque pas de charme. La culotte bouffante, à la zouave, a remplacé la robe banale ; et un élégant corsage, aux couleurs sémillantes, agrémente l'ensemble de la tenue.

A côté de ces rencontres fin de siècle, il y a les rencontres locales qui forment un étrange contraste. Le petit bonhomme jambes nues, le pantalon retenu par une corde, avec un bout de chemise passant, les cheveux blonds au point d'en être blancs et les pommettes rouge cerise, est un délicieux petit type. Un bouquet fixé au bout d'un bâton, il va courir des kilomètres entiers après une voiture, vous débitant avec un rythme cadencé « un p'tit sou… un p'tit sou… un p'it sou… »

Plus loin les jeunes mendiants deviennent légion, et l'uniforme se ressemble à peu de chose près.

Ceci ne prouve pas qu'il y ait beaucoup de rentes dans le pays ; mais enfin on s'y contente de peu. La nature est bonne mère, et là où on s'abandonne à elle, elle vous nourrit quand même. C'est un peu la vie de la contrée. Elle rappelle la vie pastorale. La cambuse perdue dans la pâture, c'est la tente. Une chèvre ou deux, voilà le troupeau avec le fond de la nourriture. Le reste vient par surcroît. Et d'ailleurs la mer est là, tout près, avec ses ressources éternelles.

Il semblerait que cet heureux peuple n'eût jamais d'histoire. Et pourtant il est question bien souvent des pauvres habitants de Trépied dans les archives de la célèbre abbaye de Saint-Josse. Mais par quelles vicissitudes ont-ils passé !

Nul ne se douterait qu'aux xve et xvie siècles ce hameau possédât un port important comprenant vingt-huit bateaux de pêches et une nombreuse marine. C'était Trépied qui alimentait en partie les villes d'Amiens, d'Abbeville et même de Beauvais. Mais les nombreuses guerres civiles qui désolèrent le nord de la France, les guerres étrangères qui en furent la conséquence, furent particulièrement désastreuses pour la Picardie. Toutes ses côtes furent ravagées, et dans le commencement du xviie siècle, Trépied avait perdu complètement son antique splendeur. Il était devenu même presque désert, car la plupart des habitants, pour pouvoir se livrer à leur métier, avaient dû émigrer dans le Boulonnais. Certains même s'étaient engagés dans les flottes de Dunkerque et de Gravelines.

Cependant cet état de choses était très préjudiciable aux mareyeurs, qui avaient l'habitude d'approvisionner les villes picardes. Il fallait aller chercher, jusqu'à Boulogne, le poisson qu'on trouvait autrefois à Berck et à Trépied ; et pour cela il fallait passer par Montreuil ou traverser la Canche au bac d'Attin. C'était pour eux une perte de temps considérable.

D'autre part, l'abbaye de Saint-Josse, qui percevait un droit sur le produit de la pêche, se trouvait lésée dans ses intérêts ; car elle avait perdu, de ce chef, une partie importante de son revenu.

Aussi, au commencement du xviie siècle, l'abbé de Saint-

Josse, Etienne Moreau, entreprit de repeupler le havre de Trépied. Il fit venir, en 1634, quatre maîtres de bateaux d'Etaples : les sieurs Guillaume et Jacques Godin, Guillaume Wadoux et Jean Danseur. Il leur avança à chacun environ 500 livres pour les frais d'installation, bâtit de ses deniers autant de maisons qu'ils amenaient d'hommes d'équipage, les autorisa à couper des oyats dans la garenne pour raccommoder les filets, et établit un vicomte chargé de la vente du poisson.

Les matelots promirent de rembourser ces avances ; mais une nouvelle guerre éclata entre la France et l'Espagne et, pour comble de malheur, la peste décima la population, si bien qu'ils se virent dans l'impossibilité de satisfaire leurs engagements. (C. de Saint-Josse-sur-Mer, N° 112 et 115 de la copie Moreau).

Ainsi donc, comme on le voit par ce qui précède, Trépied fut autrefois un port de pêche, et sa population était essentiellement composée de gens de mer. Mais, depuis plus de vingt ans, celle-ci est devenue agricole, et du port de Trépied, il n'en est plus resté que le souvenir.

Ne nous en plaignons pas. Nous avons à Etaples toutes les distractions que peut nous offrir le petit port de mer ; et nous trouvons, dans le charmant hameau de Trépied, toute la poésie rurale que la Normandie seule pourrait nous offrir, ainsi que nous l'exprimions plus haut.

CHAPITRE II

Cucq par la Forêt et la Ferme Petit

PAYSAGE AFRICAIN. — LA FORÊT DE M. PETIT. — SITE RIANT ET POÉTIQUE. — LA FERME. — LA MÈRE DU GARDE. — CONTINUATION SUR CUCQ. — CARACTÉRISTIQUE DE CE VILLAGE. — PROMENADES ANIMALES. — RUSTICITÉ DU PAYS. — PITTORESQUE ÉGLISE. — SA SIMPLICITÉ. — CONSIDÉRATIONS RELIGIEUSES. — UN PEU D'HISTOIRE SUR LE PAYS. — PRIVILÈGES ET CHARGES DANS LE PASSÉ. — LE GUET DE CUCQ. — RETOUR A LA MODERNITÉ. — ESTAMINET PRÉVOST-WACOGNE. — LE RENDEZ-VOUS DES PARIS-PLAGEOIS. — EMILIE. — GOUTER CHAMPÊTRE. — LA DUCASSE DE CUCQ.

Une belle excursion à faire, c'est celle de la ferme de M. Petit, en se rendant de cet endroit au pittoresque village de Cucq.

Vous prendrez, sur la route du Château à Etaples, le chemin qui mène à la grande plaine de Cucq. Il est indiqué aujourd'hui par un poteau en fonte, annonçant le Golf-Link établi précisément dans cette plaine. La voie est carossable pour les tombereaux servant à l'exploitation de la forêt, et elle est couverte d'une couche de craie qui la distingue parmi les autres. Il n'y a donc pas moyen de se tromper.

Vous suivez jusqu'à la maison du garde. Nous avons déjà fait la description de cette première partie de l'itinéraire dans l'excursion de Trépied. Nous n'y reviendrons donc pas.

Quand vous avez dépassé la cabane, vous rentrez dans la brousse. Ce n'est plus de l'Europe que vous avez devant vous. C'est de l'Afrique, dans sa solitude mi-Saharienne, mi-Soudanienne.

Le chemin, en plusieurs endroits à peine indiqué, disparaît sous les efforts de la végétation. Vous êtes en plein dans les pampas, et il faut exécuter comme cela quatre à cinq kilomètres. Malheur à vous, si vous avez choisi une journée chaude, et si le soleil darde sur vos têtes des rayons de feu ! Par un temps couvert et même brumeux, ce désert plaît. C'est le règne de la nature sauvage dans toute l'acception du mot. Vous vous étonnez, même, de ne pas voir surgir, à chaque pas, une tête de caraïbe ou la silhouette d'un tigre.

A votre droite, et comme un mirage, apparaît la grande dune blanche qu'on croit toucher de la main. Le coup de lumière qui s'accroche à ses flancs neigeux, contribue à entretenir cette illusion. Dans le fond, devant vous, et à perte de vue, l'insaisissable silhouette de la forêt de M. Petit. Si la forêt noire n'existait pas dans l'Est, nous baptiserions celle-là de ce nom caractéristique. Le contraste est pour beaucoup dans sa tonalité sombre. Toutes ces grandes herbes, à moitié brûlées par le soleil, sont d'un clair aveuglant, et préparent ce changement de tableau dont l'œil reste étonné.

C'est avec ardeur qu'on se dirige vers ce lointain hospitalier. Le désir de l'oasis vous a envahi depuis longtemps ; et il vous semble que des ombres enchanteresses mêlées à une fraîcheur délicieuse, seront la récompense de vos efforts. Vous ne serez pas déçu.

Ce site a un aspect autrement riant que celui que vous avez visité précédemment. C'est la prairie avec son tapis vert, allié au sous-bois touffu. Les allées, à perte de vue, sont couvertes d'un luxuriant gazon, et bordées d'une végétation exubérante. Les aulnes dominent avec leur gai feuillage ; mais par endroit il y a des massifs entiers de pins sylvestres. Ce conifère n'a pas la monotomie des pins maritimes. Son tronc est rougeâtre et comme couvert d'écailles. Sa tête irrégulière envoie des rameaux aux formes étranges, dans des directions imprévues. Aussi les silhouettes en sont-elles toujours agréables. Le long du chemin un ruisseau gazouille, souvent à peine visible, car il s'égare presque partout sous le fourré.....

C'est avec bonheur qu'on s'arrête dans ce charmant séjour. Le rêve vous envahit. Les muses semblent voltiger à vos côtés.

Dans la prairie
Verte et fleurie
Dame jolie
Viendra s'asseoir,

. . . .

Et puis l'ombrage
D'un frais rivage
Vous encourage
A soupirer!

Ce refrain dù Pré aux Clercs vous revient à la tête et mille autres poésies de ce goût.

L'œil cherche ces Nymphes tant célébrées par nos poètes. Il voudrait les voir dans ces parages faits pour elles. Mais hélas, le bocage est sans voix, et le mystère seul habite ce lieu enchanteur!

Cependant, une grosse clochette,au ton fêlé, comme on en perçoit dans les hautes montagnes du Dauphiné, se fait entendre... L'homme habite-t-il dans cette contrée? Le bruit se rapproche au fur et à mesure que vous avançez.

Soudain, entre les arbres, vous apercevez une vache étonnée de votre présence, puis deux, puis trois. Un pauvre petit pâtre, en gros sabots, un sac bleu en bandoulière, un bâton à la main, assis sur un tronc d'arbre, vous lance des yeux effarés. Vous lui demandez où vous êtes. Il vous répondra dans un langage rudimentaire : « dans la forêt de M. Petit et près de la ferme. »

En effet un sentier plus frayé s'offre à vos regards, et on sent le voisinage de l'habitation humaine.

Vous apercevez bientôt de coquets bâtiments bien villageois, qui vous invitent à une halte. La mère du garde, bonne vieille femme, toujours aimable, qui habite là depuis plus de cinquante ans, vous procurera tout ce qu'il faut pour une copieuse collation : œufs frais, pain, beurre, fromage et lait. Rien ne manque dans cette champêtre demeure : depuis l'armoire en vieux chêne ciré, jusqu'aux cuivres bosselés et étincelants; depuis la panoplie, jusqu'aux assiettes de faïence avec leur coq aux couleurs joyeuses.

La vieille fermière taille une « bavette » volontiers. Ce n'est pas tous les jours qu'elle a l'occasion d'avoir des visiteurs. Aussi est-ce avec plaisir qu'elle apprend d'eux les dernières nouvelles.

Enfin vous prenez congé d'elle, et vous vous dirigez sur Cucq, point terminus de votre excursion.

Au sortir de la ferme, le chemin s'engage en creux dans la dune. Celle-ci assez élevée et toute plantée de pins maritimes, a un peu l'aspect d'un défilé. Quand vous en sortez, vous êtes dans le fond du grand marais de Cucq. Vous pouvez suivre jusqu'à la grande route de Berck, mais vous pouvez aussi couper en oblique et atteindre ainsi les premières maisons du village.

Cucq est une commune d'environ huit cents habitants. Si on estimait sa population, d'après l'étendue de son territoire, on la donnerait triple de ce chiffre. Car ici, comme à Trépied, le terrain ne valant probablement pas cher, dans le début, les familles se sont taillées des petits royaumes. Les maisons, au lieu de se toucher comme dans nos villages, sont assises toutes au milieu d'une pâture entourée de haies. Aussi l'aspect en est charmant. Le culte de saint Antoine paraît être en honneur dans le pays, si on en juge par la liberté que les habitants accordent aux dévoués compagnons de ce grand saint.

Dom pourceau se promène tranquillement dans les rues pavées de gazon, suivi de son aimable famille. Il est vrai que les autres sujets de la création jouissent des mêmes privilèges. Les aimables palmipèdes, qui autrefois sauvèrent le Capitole, s'avancent majestueusement, en balançant leur morgue, généralissime en tête, à la queue leu-leu, et dans la position du soldat sans armes. Ils ont peine à comprendre, qu'on les dérange de leur promenade, et ils font retentir le ciel de leurs clameurs désespérées.

On aime cette simplicité, et si nous peignons ce tableau de mœurs animales, ce n'est pas pour engager la municipalité à s'armer du glaive de la loi, et à édicter des mesures draconiennes contre ces paisibles promeneurs. Le jour où semblable sentence se serait étalée sur le mur de l'école, Cucq aurait perdu la moitié de son charme et je n'y reviendrais plus.

Dans ce pays, tout est simple, tout est rustique, tout est primitif.

Il n'est pas jusqu'à la pauvre église, XVIe siècle, qui n'ait son cachet particulier. Avec son clocher légèrement de travers et ses trop hautes prétentions vers le ciel, avec ses murs bas dans lesquels s'éclipsent modestement les petites ouvertures ogivales, elle a je ne sais quel parfum d'originalité suave.

Les habitants ont-ils compris que les splendeurs du moderne ne remplaceraient jamais cette riche pauvreté ? Cela serait à croire. La chronique dit en effet, que le curé de l'endroit, homme zélé s'il en fut, aurait, sur sa cassette particulière, offert une somme considérable pour l'édification d'un temple, plus en rapport avec la majesté divine. Mais la Providence s'en serait-elle mêlée ? Les habitants résistèrent à ces propositions qu'ils ne retrouveront assurément jamais.

Pour moi, j'en suis bien aise, car le grand art y aurait perdu. Les pauvres églises de campagne deviennent rares ; et pour le bonheur des peintres, souhaitons que les dernières qui nous restent subsistent encore longtemps. Et puis après tout, n'est-il pas dans la tradition chrétienne que le Christ eut pour premier berceau une étable. La pauvreté sur cette terre fut son partage. Restez donc dans cette tradition, humbles habitants de Cucq. Souvent la pauvre petite église avec sa flamme vacillante du sanctuaire, a inspiré plus de retours aux croyances religieuses, que les splendeurs somptueuses d'un temple élevé à grands frais. La poésie simple et touchante parlera toujours plus à l'âme que la prose pompeuse. Or si la richesse convient mieux à cette dernière, la pauvreté, elle, revêt presque toujours le manteau des Muses.

Et puis, voulez-vous que les habitants de ce coin retiré de l'univers, abandonnent les ancêtres qui dorment autour de leur clocher ? En laissant les choses en l'état, tout reste de même. Or, qui sait ce que les changements amèreraient ? Le Dimanche après la Messe, les vieux tout de noir habillés, s'en vont à la recherche d'une tombe qu'ils n'oublient qu'à la mort. C'est là qu'est venu échouer tout le bonheur de leur existence ; c'est là qu'ils désirent dormir leur dernier sommeil, en compagnie de ceux qu'ils ont aimés. Qu'ils gardent donc leurs traditions ! . . . .

Qui pourrait jamais croire qu'un pays si tranquille ait son histoire ?

Autrefois cette population, aujourd'hui entièrement agricole, se livrait presque exclusivement à la pêche, ainsi que cela résulte des vieux documents. La mer alors n'avait pas perdu, comme aujourd'hui, et elle venait probablement beaucoup plus près du village. Dans une charte de 1168, on lit que dix habitants de Cucq, ont obtenu du comte de Boulogne « le privilège exclusif, de traîner le filet et de prendre les mulets, depuis l'embouchure de la Canche jusqu'à l'Authie ».

Les habitants de Cucq, au XIIIe siècle, avaient la faculté de percevoir un droit sur tous les bateaux de pêche. Pour témoigner leur dévotion à saint Josse, ils renoncèrent à cette faveur, au mois de janvier 1223, et ils abandonnèrent d'eux-mêmes ce tribut à l'abbé Simon d'Asseville.

Il faut rappeler que l'abbaye de Saint-Josse possédait, à cette époque, toutes les dunes qui s'étendaient entre Cucq et la mer. Toutefois, la majeure partie du revenu s'en allait au comte de Ponthieu, qui s'était réservé « l'exercice de la justice, le droit de chasse et l'usage du panneau pour prendre les lapins ». Les braconniers de ce temps n'étaient pas ménagés par le puissant seigneur. A chaque incartade, ils étaient condamnés impitoyablement à 50 sols parisis d'amende. Du reste aucun chien ne devait traverser la garenne sous peine de 3 sols.

Nous avons parlé plus haut de la grande dune blanche. Celle-ci pourrait bien être la *grande sablonière*, dont il est souvent question au XVIe siècle, pendant les guerres qui ravagèrent la Picardie.

Les habitants de Cucq et de Trépied se postaient en cet endroit pour y faire le guet. Si un vaisseau ennemi apparaissait, au moyen de signaux, ils en informaient aussitôt les sentinelles qui se trouvaient en haut de la tour de Saint-Josse, et celles-ci transmettaient la nouvelle aux guetteurs de la forteresse de Montreuil.

Les services que les gens de Cucq rendirent ainsi au royaume furent considérables. Aussi, quand en 1545, le gouverneur de Montreuil voulut les obliger à participer au guet de Montreuil en plus de celui de mer, ils portèrent leurs doléances directement au roi. Celui-ci prescrivit une enquête qui eut lieu à Etaples. Jean Fourcroy, lieutenant de l'amirauté de France, en fut nommé le président. On y entendit seize témoins.

Il fut reconnu aisément, qu'il était souverainement injuste d'exiger une double corvée, de la part de marins qui se dévouaient, depuis si longtemps, à la sécurité des côtes; et il fut décidé, qu'à l'avenir, les gens de Cucq, de Trépied, de Merlimont et de Saint-Josse, seraient pour toujours affranchis du guet de Montreuil, à la condition de veiller sur les bords de la mer et à la tour de Saint-Josse. Cette ordonnance fut rendue le 3 mars 1587.

Après cette digression historique, revenons un peu dans la réalité, et voyons ce que Cucq peut encore nous offrir.

Quitterons-nous cette charmante localité sans avoir rendu visite à l'estaminet Prévost-Wacogne ? Toutes les parties de Berck et de Paris-Plage ne manquent jamais de s'arrêter à cette joyeuse auberge. Le grand peintre Breton n'y passa-t-il pas les meilleures années de sa carrière ? C'est là qu'il fit un de ses chefs-d'œuvres « Les Communiantes ».

Cette œuvre remarquable est aujourd'hui au Musée du Luxembourg à Paris.

La petite femme pleine d'entrain qui occupe le comptoir, toujours d'une humeur égale, s'y entend à merveille pour faire l'article et pousser à la consommation. Car beaucoup de nos baigneurs se fournissent là, de tout ce qui leur est nécessaire, pour les bêtes comme pour les gens. Emile, c'est le nom du mari, a le département des bêtes. Paille, avoine, fourrage, qu'il récolte sur ses terres, il vous les procurera et vous les amènera même à Paris-Plage. Madame se réserve les gens. Le beurre, les œufs, les légumes de toute nature, les volailles, le tout produit dans sa ferme, s'envolent volontiers chez les bourgeois, en qualité de produits de première marque. Et ma foi ! c'est vrai. Émilie — c'est le nom de l'aimable fermière — car pour l'instant elle n'est plus débitante, Émilie l'a dit : « Ma marchandise n'a rien de commun « avec les denrées du marché d'Étaples... Cela vaut bien « quelques sous de plus ». Au surplus, qualité, propreté, fraîcheur, tels sont les caractères des marchandises de la maison Prévost-Wacogne.

« Du reste on peut se rendre compte de suite de la dis- « tinction de mes produits ; on consomme sur place ». Des charretées entières de baigneurs, à certains moments, s'engouffrent dans les salles immenses de l'estaminet. On s'installe autour des longues tables. Émilie apporte de grandes jattes de lait ; Émilienne, la fille et la troisième personne de la trinité, Émile-Émilie-Émilienne, présente une assiette de l'excellent beurre de sa maman ; et Émile, s'il est là, flanque sur la table un pain rond de six livres !

Le plus adroit de la société, après avoir partagé le monstre par le milieu, découpe dans toute sa longueur des tartines aussi minces que possible. Il les beurre convenablement, et les replie sur elles-mêmes. On appelle cela une portion ; et quand chacun a la sienne, quand chacun en a repiqué, on est étonné qu'il ne reste plus de l'immense pain que le souvenir. Tout y a passé : le pavé de beurre, la jatte de lait et le contenu du porte-monnaie ; les premiers dans les estomacs des promeneurs, mais les gros sous dans la poche d'Émilie.

Mais tout cela n'est rien en comparaison de ce que vous voyez le jour de la ducasse de Cucq. Celle-ci a lieu habituellement en août.

C'est ce jour-là qu'il faut se rendre chez Émilie, car il est bon de vous dire que toute la fête du village se centralise sur l'esplanade verdoyante.

Des boutiques sont installées près de la porte de la ferme. On y trouve à acheter de tout, depuis les kilomètres de lacets en réglisse jusqu'à des mirlitons.

Un manège de chevaux de bois fonctionne sur la pelouse, et un orgue puissant envoie aux échos lointains de la forêt et de la mer les refrains les plus connus des chansons qui tournent à la scie.

Dans l'intérieur de l'estaminet, la patronne et tout son personnel, doublé pour la circonstance, sont sur les dents. Les salles sont pleines. Les consommateurs font un vacarme infernal, tout le monde voulant être servi à la fois. C'est un tohu-bohu et une véritable tabagie !

Les baigneurs de Berck et de Paris-Plage, qui sont nombreux ce jour-là, se contentent de pénétrer dans l'établissement pour aller acheter quelques flans à la dérobée. Ils font installer une table au dehors, un peu à l'écart ; et cette fois on prend un goûter exceptionnel, en même temps qu'on se régale la vue de toutes les jolies choses que la fête procure.

S'il vous reste une minute, n'oubliez pas le bal champêtre dans la cour d'Emilie. On a construit une tente pour la circonstance. Toutes les jolies filles du village, en toilettes pimpantes, sont là prêtes à décrocher le meilleur parti, parmi les jeunes gens de la contrée. Pour la circonstance, ceux qui sont au régiment sont revenus en permission de vingt-quatre heures, et c'est un plaisir de voir toute cette jeunesse s'esgaudir, bien innocemment du reste. Il y a pour le psychologue, pour l'observateur et pour l'artiste, plus d'une note intéressante à recueillir dans ce milieu peu connu des habitants de nos grandes villes.

Et tout ce branle-bas est l'ouvrage d'Emilie. Mais voilà, comment on travaille à la dot d'Emilienne, cette charmante jeune fille blonde et frisottante, que la maman sait dresser, je vous garantis.

Que de choses à dire encore sur ce pays, quand on y connaît bien toutes les fermes ! Laissons aux touristes le soin de découvrir ce qui reste.

Vous pouvez revenir pédestrement à Paris-Plage, par la grande route d'Etaples. Vous arrêterez au café de l'Espérance, et vous attendrez le passage du tramway si vous voulez. Cependant si vous étiez trop fatigué, c'est bien le diable que vous ne trouviez pas dans le pays une voiture, qui vous ramène à vos pénates. L'appât du gain est une si grande et si belle chose !

Une Ferme à Trépied.

CHAPITRE III

Merlimont par la Plage. — La nouvelle Station Balnéaire. — Le Village

EN LONGEANT LA GRÈVE. — LES DISTRACTIONS DE LA ROUTE : LES VERROTIÈRES, LES GOELANDS, LES ÉPAVES. — UNE AVENTURE. — LA PLAGE DES PÊCHEURS. — LES DOUANES DE MERLIMONT. — LA NOUVELLE STATION BALNÉAIRE. — LE VILLAGE DE MERLIMONT. — RAPIDE DESCRIPTION. — SOUVENIRS HISTORIQUES.

Avez-vous des jambes, ou savez-vous tous aller en bicyclette? Vous pouvez cette fois faire l'excursion de Merlimont par la plage. Partez le matin pour aller déjeûner par là. C'est un trajet d'une quinzaine de kilomètres à remplir ; ce qui n'est pas très fatigant quand on sait choisir sur le sable les endroits fermes. Il y a pour cela une petite expérience à faire. Il faut d'abord choisir les parties qui ont été mouillées; mais, parmi celles-ci, on doit retenir les déclivités de terrain orientées vers la mer, car elles ont été battues par le flot à marée montante, et elles présentent un sol très consistant. Là dessus les bicyclettes roulent et n'enfoncent jamais.

Ceci dit, vous vous mettez en route. Vous passez devant le Sémaphore, et bientôt devant le poste des douanes de Trépied, où on forait l'an dernier le puits de sondage qui devait révéler le charbon.

Puis, c'est l'immensité à parcourir; d'un côté la mer infinie, avec son horizon en demi-cercle ; de l'autre, le profil des dunes, s'allongeant à perte de vue dans la direction brumeuse de Berck, qu'on soupçonne difficilement à cette heure.

Vous déclarer que cette promenade matinale est bien folâtre, et que les éléments de distraction sont légion, serait dire le contraire de la vérité peut-être ; mais encore cela est bien relatif suivant les individus. A la mer, il faut savoir se distraire de rien. Quand on sait observer, on s'intéresse à tout ; et puis, chez beaucoup, il y a heureusement la gaieté naturelle, qui aide puissamment à tirer plaisir de la moindre chose. Dans le désert, un rien devient une entité. Cela résulte de la privation. Quand vous faites une promenade à vous seul et dans une solitude, il en est un peu ainsi.

Voici venir un pêcheur qui se dirige sur Paris-Plage. Son allure est rapide, et il paraît fort pressé. Cependant vous l'arrêterez ; vous éprouverez le besoin de lui dire quelque chose et de lui poser mille questions. Plus loin, vous apercevez une troupe de femmes aux jupons rouges, jambes nues, la longue bêche sur l'épaule droite. Certaines portent une épaulière en bois, de laquelle découlent de chaque côté de longues cordes retenant des seaux à leur extrémité. Ils sont destinés à contenir les vers qu'elles s'en vont chercher à la pointe du Touquet. Car ce sont les verrotières, dont nous vous avons déjà entretenus, qui s'amènent.

Elles varient le plaisir dans leurs allées et venues chez nous. Tantôt elles prennent les chemins de Cucq, de Trépied et de la forêt, par des raccourcis qu'elles connaissent bien ; mais très souvent aussi elles arrivent par la grève. Le bataillon se rapproche ; il est serré et il a presque l'allure martiale.

Celle qui ouvre la marche est une gaillarde bien campée ; et, ma foi, les formes quoique taillées un peu à coup de serpe, ne manquent pas d'une certaine élégance. Celles qui l'accompagnent ne valent pas moins bien : les jeunes ont un certain modelé, que le balancement de la marche cadencée accuse d'une façon agréable.

Toutes chantent, en chœur, une espèce de ritournelle qui aboutit à la complainte, et qui jette dans le désert une note mélancolique invitant à la rêverie. La troupe a passé ;

elle s'éloigne. La solitude renaît plus intense que jamais, soulignée par l'intermède qui vient de se produire.

Au loin, vers la mer, vous apercevez en bandes compactes, les goëlands blancs géants, au manteau gris ou noir. Ils semblent pétrifiés sur place, car leur immobilité est complète.

Votre curiosité vous pousse à vous diriger vers eux. Vous n'allez pas bien loin, et déjà toute la masse s'enlève lourdement, déployant des ailes démesurées, et poussant des cris stridents, désagréables. C'est que ces oiseaux sont très sauvages. Il leur faut la nature déserte ; et les humains qui n'ont à leur offrir, en général, que des coups de fusil répétés, ne sont pas faits pour leur plaire.

Puis, c'est une épave curieuse qui vous arrête. C'est toute une analyse qui s'impose, et mille points d'interrogation se soumettent à votre esprit.

Un jour que nous accomplissions cette promenade avec plusieurs de nos amis, nous vîmes, poussée par la mer montante, une espèce de masse noire, que nous prîmes de loin pour une barrique. Intrigués, nous nous dirigeâmes sur elle, et bien péniblement, nous réussîmes à la sortir de l'eau et à la conduire sur le sable sec. C'était une balle énorme de gutta-percha, qui avait dû séjourner bien longtemps dans la mer, au fond d'un navire coulé par un naufrage ; car elle était couverte de moules, de patelles et autres coquillages qui s'accrochent aux rochers. D'où venait cette épave ? Quel était le drame terrible qui avait présidé à son ensevelissement dans les entrailles de l'Océan ? Depuis quand avait-elle été engloutie ? Autant de questions dont nous n'eûmes jamais l'explication. Nous signalâmes la chose aux douaniers de Paris-Plage. Ils firent recueillir et charier l'épave jusqu'au marché d'Etaples ; et là nous apprîmes, à notre grande surprise, qu'elle fut vendue la somme respectable de 700 francs.

Et ainsi, en cheminant, vous vous trouvez retenus et occupés par les mille distractions de la route. Sur le versant des bâches qui regarde la mer, vous trouvez la plupart de ces coquillages dont nous avons fait la description dans un article spécial. Là, ils n'ont pas été ramassés, car la concurrence n'est pas bien grande à cette distance de notre station.

Cependant le temps a fui. Il y a longtemps que nous avons dépassé, à notre gauche, la grande dune blanche. Au loin, on aperçoit maintenant distinctement, sur la grève, les bateaux de Merlimont ; et derrière, dans le fond, la plage de Berck et l'hôpital apparaissent clairement. Leur masse tremblotante, sous les effets d'une vapeur qui monte du sable, semble triplée et rapprochée par le réfléchissement.

Vous arrivez enfin à une plage étrange « la Plage des Pêcheurs ». Dans un renfoncement de la dune, de misérables baraques, rappelant la vie de Bohême, sont disséminées ça et là. Leur aspect est étrange dans ce site. Après avoir traversé le désert, retrouver maintenant la trace de l'homme dans cette primitive condition, cela vous produit une étrange sensation. Vous vous demandez où vous êtes, et un peu plus la peur vous envahirait. J'imagine que dans les territoires nouveaux d'Amérique ouverts à la civilisation, les choses doivent se passer ainsi. Les rudiments de ville s'estompent de la sorte. Vous approchez. Là c'est une écurie bourrée de chevaux maladifs qui paraissent abandonnés, car les indigènes sont absents ; ici c'est une remise pleine de filets. Dans cette cahute il y a un lit délabré !

Sur la grève, cinq ou six bateaux sont échoués. Plusieurs sont hors de service. Ils sont d'un faible tonnage, et semblent appartenir à de bien pauvres pêcheurs.

Enfin la réalité de la civilisation encore existante se manifeste de nouveau à vos regards. Sur la crète des dunes apparaissent les huttes en pailles des douaniers, dont plusieurs émergent des oyats. Voici du reste la maison qui leur sert de poste, et qui s'appelle le corps de garde de *l'Anse au beurre*. On lit sur la porte : « Douane de Merlimont ».

Puis, voilà des chalets qui surgissent de partout. Une route blanche semble descendre vers la mer. Des baigneurs prennent leurs ébats sur la grève. Vous êtes arrivés à la nouvelle plage de Merlimont.

Vous gravissez le chemin qui conduit à la station balnéaire. Sur une large avenue deux lignes de constructions se profilent déjà. Le lanceur de la Plage ne néglige rien pour son développement rapide. Il y a un bureau télégraphique, une église, une place pour le marché. Les rues partout sont tracées ; et diverses villas, dont certaines ne manquent pas d'élégance, en jalonnent les extrémités. Deux rangées d'arbres, pleins de bonnes intentions, s'efforcent de pousser contre le soleil et le vent de mer. Elles indiquent la grande route qui mène à Merlimont.

Sur la gauche, dans l'éloignement, l'extrémité de la forêt du Touquet forme un jeune bosquet, qui gagne le bois de M. Petit, la grande plaine de Cucq et le domaine proprement dit du Touquet.

Vous trouverez à déjeûner très confortablement dans le principal hôtel du pays. Après votre repas, vous pouvez louer une voiture sur place, et vous faire conduire à Merlimont. Ce pays est très pittoresque avec ses parties de dunes qui l'enserrent, et qui lui donnent un peu l'aspect d'un village de la montagne. De nombreux bouquets de carolines, d'un beau vert, contrastent avec le blanc étincelant du sable, et contribuent au charme. Les maisons, du reste, très rustiques, les ruelles paysagées où les gens de la campagne cotoyent les matelots, les bestiaux courant un peu partout, tout cela donne de l'intérêt au tableau.

L'église, bien que moderne, puisqu'elle date de 1872, mérite d'être visitée. Sur la droite et dans la campagne, se trouve le château appartenant à la famille Malabat. Quelques coquettes habitations, aux murs fleuris de rosiers, accusent la villégiature de riches bourgeois qui viennent passer la saison dans ce délicieux endroit. Pendant de nombreuses années, on voyait dans le pays l'établissement d'un marchand de grands lévriers russes. Celui-ci était du Nord et venait chaque saison. Ses bêtes étaient superbes et d'un prix très abordable. Nous ne saurions dire s'il s'y trouve encore.

Au point de vue historique, rien de bien saillant sur Merlimont. Au début du XVe siècle, une violente tempête déplaça les dunes ; et le village, qui se trouvait adossé à la dune de Guigneux,fut presque enseveli sous les sables. Les habitants durent se réfugier près d'une petite chapelle qui dépendait de l'abbaye de Saint-Josse, et là ils rebâtirent leur localité.

Au XVIIe siècle, la seigneurie de Merlimont appartenait à la famille de Forceville, qui en fut dépossédée à la Révolution. Le crocq ou dune de *Monsieur* et le *Moulin de Forceville*, sont les seuls souvenirs qui rappellent les anciens seigneurs du pays. Le crocq de Hocquincourt jouit également d'une certaine célébrité, car la tradition veut qu'il se soit formé sur la pyramide, que le maréchal de Hocquincourt fit placer, pour délimiter la garenne de Merlimont de la terre d'Epy, dont il était le seigneur. On fit longtemps des recherches, dans la première partie du siècle dernier, pour retrouver ce monument qu'éleva le célèbre maréchal ; mais celles-ci demeurèrent toujours infructueuses.

Sur ce retour vers le passé, se termine cette excursion pleine de charme. Vous revenez à Paris-Plage par Cucq et Trépied que nous avons décrits précédemment.

CHAPITRE IV

Berck-sur-Mer

LE TRAJET DE PARIS-PLAGE. — LE DÉSERT BERCKOIS. — BERCK-VILLE. — L'ANCIENNE ÉGLISE. — BERCK-PLAGE. — LA NOUVELLE ÉGLISE. — MADAME DE ROTHSCHILD. — LA STATION BALNÉAIRE. — L'ENTONNOIR. — LE MONDE DES MALADES. — LUGUBRE SPECTACLE. — LE GRAND HOPITAL DE LA VILLE DE PARIS : HISTOIRE ET DESCRIPTION. — LE CASINO. — LE CHALET ROTHSCHILD. — L'HOPITAL ISRAÉLITE. — BERCK-TERRASSE. INTÉRIEUR DU PAYS. — LA RUE DE LA GARE. — LE KURSAAL. LE PASSÉ HISTORIQUE DE BERCK.

Une excursion qu'il faut faire, quand on est à Paris-Plage, c'est celle de Berck-sur-Mer. Ce pays a acquis une célébrité universelle dans le monde entier, par les cures merveilleuses qui s'y opèrent. Il n'est éloigné de chez nous que de quinze kilomètres. Si on s'y rend en chemin de fer, une après-midi suffira largement pour le visiter. Si vous voulez longer à pied la côte, ou faire le trajet en voiture, il est préférable d'y aller déjeuner, afin d'avoir suffisamment le temps de visiter la plage et l'intérieur du pays.

Nous supposons l'excursion par la route. Jusqu'à Cucq vous connaissez le chemin. Nous l'avons décrit suffisamment. De Cucq à Merlimont le paysage commence à devenir monotone ; les prairies sont plus clairsemées. Les dunes arides font de nouveau leur apparition. Après Merlimont, c'est la dénudation qui s'annonce.

Vous arrivez bientôt à une légère montée, entre monticules de sables. Une habitation est perdue à cet endroit. Le site est sévère et ne manque pas de caractère. Puis, vous débouchez dans une plaine à perte de vue, au bout de laquelle se perçoit dans la brume le clocher de Berck.

Maintenant, c'est le désert berckois s'étendant sur plusieurs kilomètres de longueur, véritables steppes brûlées par le soleil l'été, et ravagées par les tempêtes en toutes saisons. Quelques petits bosquets rabougris apparaissent à peine de ci, de là ; mais malheur à ceux qui s'y arrêtent ; les contraventions pleuvent drues, car la chasse dans toutes ces garennes est strictement réservée.

Il est vraiment regrettable que, pour une station balnéaire de l'importance de Berck, la nature se soit montrée si ingrate. Pas de campagne, pas de paysage ; partant pas de promenades à faire. On vient chez nous, c'est vrai ; mais c'est un voyage, et là où on ne demeure pas, ce n'est plus le même charme, car il n'y a pas le plaisir de la possession. Comment se fait-il que dans une localité aussi riche, et où il y a tant d'intérêts engagés, on n'ait pu encore s'entendre pour créer une forêt dans toute cette plaine désolée ? Ce qui a été réalisé à Paris-Plage était tout aussi possible à Berck. Il est vrai qu'il faut compter soixante ans ! C'est une vie, et la génération présente, avide de jouir, ne pense peut-être pas à ceux qui suivront.

Tout en vous faisant ces réflexions, vous arrivez à la ligne du petit chemin de fer de Berck. Vous traversez la voie, et vous êtes dans le village — ou plutôt, nous vous demandons pardon — vous êtes dans la ville ; car, depuis une dizaine d'années, on dit Berck-Ville pour distinguer le vieux Berck de Berck-Plage.

Vous pouvez vous arrêter à l'église en passant. Celle-ci avait, paraît-il, autrefois le double de hauteur que celle actuelle. Par suite de l'exhaussement du sol, dû à l'apport des sables, il aurait fallu combler l'intérieur pour ne pas avoir à y descendre. De cette façon, la fenêtre au-dessus du portail serait devenue la porte actuelle, et le pavage d'aujourd'hui serait de quatre mètres plus haut que celui d'autrefois. Comme décoration intérieure rien de bien saillant. On y remarque quelques sculptures assez curieuses du XVIe siècle. Le chœur serait du XVIIe siècle seulement. Ce qui explique la construction relativement récente de l'église de Berck, c'est la destruction qui eut lieu de l'ancienne, sous le règne de Charles VII, quand les Anglais l'incendièrent avant de quitter le village, qui fut le dernier occupé par eux en France. A la suite de cette catastrophe, il ne resta plus de l'édifice que la tour.

A l'intérieur de l'église, on remarque encore divers ex-votos qui pendent des voûtes. Ce sont pour la plupart des réductions de bateaux, dont l'histoire, si elle était à faire, rappellerait plus d'un drame terrible au milieu d'une furieuse tempête.

Au sortir de l'église, vous vous rendez sur la Grande-Place. C'est-là que se trouve l'Hôtel-de-Ville, belle construction moderne qui prouve que l'ancien village a acquis le droit de cité. C'est sur cet emplacement que se tiennent le marché aux bestiaux et la foire.

Vous vous dirigez vers la mer. C'est une promenade bien pénible à exécuter. Durant plusieurs kilomètres, une rue indéfinie, dont on ne voit jamais la fin, s'allonge devant vous, sans arbres, sans abri d'aucune sorte. Des constructions sans intérêt rappellent celles de nos faubourgs, dans nos villes du Nord et du Pas-de-Calais. Après une longue attente, on commence à entrevoir un changement de décor. La route se mouvemente et de nombreux baigneurs aux costumes bariolés circulent. Puis ce sont des gens de mer, qui reviennent de leurs bateaux avec des chargements de poissons ou de filets, des pêcheuses de crevettes qui s'en vont vendre leur pêche. Voilà des promeneurs à ânes et de nombreuses voitures à baudets ; car, chose singulière, dans ce pays où il n'y a pas de promenades, il y a tout ce qu'il faut pour en faire ; au rebours de Paris-Plage, où pour se rendre dans des sites vraiment merveilleux de la forêt et à nul autre pareils, il n'y a aucun moyen de locomotion.

Les chalets et les villas ont remplacé, de chaque côté, les constructions insupportables de tout à l'heure. Bientôt une nouvelle place, à gauche, s'annonce. C'est l'église de Berck-Plage. A l'extérieur, ce monument est en briques alternées de deux nuances. La façade paraît très basse. Aussi l'étonnement est grand, quand vous avez pénétré dans l'édifice, et que vous vous trouvez sous une voûte élancée, entièrement revêtue de pitchpin. Tout l'intérieur du reste est en bois également, et la coloration qui en résulte est si nouvelle, qu'elle produit une impression étrange, mais non désagréable. Si par hasard, vous jetez un coup d'œil curieux sur les noms des prie-Dieu, quel n'est pas votre étonnement de lire celui de Mme la baronne James de Rothschild, tout à fait au premier rang de la nef, à droite ! On dit que la célèbre israélite est une des principales bienfaitrices de la nouvelle église, et qu'elle a en outre doté le pays du magnifique calvaire que tout le monde admire.

Après votre visite de l'église, vous poursuivez votre route dans la direction de la plage.

Voilà de nombreuses et importantes boutiques, très bien achalandées, des cafés remplis de monde qui se succèdent. Tout d'un coup, la rue s'élargit démesurément de chaque côté et forme une place immense en éventail, au fond de laquelle des milliers de cabines se dressent avec la mer par devant. Vous êtes dans l'entonnoir, le fameux entonnoir ! A droite, plusieurs hôtels, aujourd'hui très importants, qui furent les premiers de la plage ; à gauche, de beaux chalets du type primitif en bois.

Tout de suite, prenant l'allée de planches posées sur le sable, vous vous rendez à la grève. Là, le spectacle est bien triste; il est navrant. Sur de nombreuses rangées s'alignent les petites voitures, au fond desquelles gisent de jeunes martyrs. Les uns, étendus à plat, sont là, condamnés à une immobilité complète, ne pouvant voir autre chose que le ciel, dont ils fouillent sans cesse l'infinie profondeur, comme pour rechercher Celui qui pourrait les délivrer de leurs maux. D'autres, plus heureux, dressent les bras en l'air, pour tenir un jouet ou un livre, essayant de tromper les longues heures de souffrance et d'ennui qui sont leur unique partage. C'est que les trois quarts de ces malheureux sont atteints dans le plus intime de leur être. La scrofule ou la maladie des os, qui est leur partage, s'attaque à la charpente même de l'individu et en mine l'existence. Les infortunés parents sont là, à côté, près de leur cabine, essayant de les égayer. Que faire? Il faut du temps, c'est-à-dire de longs mois, peut-être des années ; car dans ces affections, en dehors des opérations terribles qui sont souvent indispensables, le temps est le seul agent curatif, et avec lui la nature. La nature, ici, c'est la mer avec ses émanations salines et iodées ; c'est le grand air suroxygéné insufflé dans l'être avec les vents terribles de l'Ouest, presque toujours dominants en cette partie du littoral.

On se perd dans tout ce dédale de cabines, de voiturettes, dans toutes ces lignes de baigneurs. Cependant, pour bien connaître la plage, il faut commencer par un bout et finir par l'autre. C'est toujours le moyen classique. Prenez donc sur votre gauche, et dirigez-vous du côté du Grand Hôpital de la Ville de Paris. Quelques superbes villas, et d'un grand prix, se dressent avant d'y arriver. Vous les apercevez très bien de la Plage.

Sur le sable et dans les bâches, vous apercevez jouant et pataugeant des petits malheureux, tous à l'uniforme, avec des cannes ou avec des béquilles. Ils sont là, par centaines, traînant joyeusement leur misère, comme s'ils n'en avaient pas conscience. Pour les visiteurs, ce nouveau spectacle laisse une pénible et douloureuse impression. Ceux qui habitent la plage depuis longtemps, se font peut-être à ce tableau, car l'habitude fait qu'on ne se rend plus compte.

Après l'hôpital, la plage se termine pour ainsi dire. La dune se prolonge dans la direction de l'Authie et vers Fort-Mahon.

Mais avant de retourner sur vos pas, pour aller explorer la partie nord de la plage, vous feriez bien d'aller visiter ce splendide Hôpital, qui appartient, comme on le sait à la Ville de Paris. Cet établissement fut construit en 1866-1867, et inauguré par l'Impératrice le 18 juillet 1869. On sait que sa création fut décidée à la suite des cures merveilleuses qu'obtint le docteur Perrochaud sur les enfants scrofuleux. Il coûta 2.400.000 francs, et il peut abriter 600 malades.

L'intérieur disposé en fer à cheval présente deux pavillons, dont l'un est réservé à l'administration, et l'autre au personnel infirmier. Les garçons occupent une partie de l'immeuble, les filles l'autre. Au centre, se trouvent les salles d'hydrothérapie et un immense hall vitré, servant de piscine pour l'hiver. Cette piscine est remarquable avec ses murailles intérieures, de toute la hauteur du bâtiment, tapissées de bas en haut de géraniums géants, presque toujours en fleurs.

La chapelle est placée au milieu, entre les deux ailes, en face la mer. Pendant longtemps elle servit d'église aux baigneurs.

Les salles, où sont les pauvres petits opérés ou en cours de traitement, sont à voir, si on se sent la force de supporter la vue de ces infortunés et de leurs souffrances. Ce qu'il y a de pénible et même de désagréable dans cette visite, c'est cette odeur concentrée d'iode qui pénètre tout, et qui semble vous poursuivre, même une fois dehors, sur la terrasse éventée qui précède les bâtiments. Cette terrasse, battue sans cesse par les flots furieux de l'Océan, a souvent été éprouvée. Il a fallu exécuter des travaux de défense très sérieux et très coûteux, pour arriver à la protéger efficacement.

Une fois revenu sur la plage, vous continuez votre promenade dans la direction de Merlimont et du Touquet. Il y a là encore de très jolies constructions à signaler. Le Casino avec sa physionomie orientale est imposant. Le chalet Rothschild qui suit, sera pendant longtemps encore le plus important de la plage. Sa note, dans le style suisse pur, est d'une belle ordonnance. A côté se trouve l'hôpital israélite, et pas bien loin l'ancien grand Hôtel, transformé lui-même aussi en hospice. On voit du reste, qu'on se trouve de nouveau encore dans le quartier des infortunes, car des centaines de malheureux enfants, en pantalons et blouses de toile bleue, dégringolent la dune, s'appuyant tant bien que mal sur leurs béquilles. Ils s'en vont demander au pataugeage le rétablissement de leur être affaibli.

Si vous poursuivez votre promenade, vous atteignez Berck-Terminus, puis Berck-Terrasse. Ce dernier quartier, comme son nom l'indique, est bâti en élévation, avec un boulevard par devant, dans le même esprit qu'à Paris-Plage.

Au lieu de revenir sur vos pas, nous vous engageons à prendre une des rues perpendiculaires à la plage. Ce sera pour vous un moyen de visiter l'intérieur du pays. De nombreuses constructions s'édifient partout, derrière la ligne de chalets et de villas en bordure de mer. Quelques-unes sont certainement très jolies et très confortables. Mais, où vous pourrez juger bien le pays, c'est une fois que vous êtes retombé dans la rue de la gare. Celle-ci est des plus animées. Tout le commerce s'y centralise. Des magasins magnifiques avec des étages superbes s'y rencontrent partout. On y vend des objets d'art souvent de grand prix, des antiquités d'une réelle valeur, et toutes ces catégories de bibelots et de souvenirs qui sont le propre des stations thermales et des villes d'eau.

La Rue de la Gare, avant d'arriver à la station, vous offre un splendide édifice, construit dans une note très pittoresque, au milieu d'un ravissant square. C'est le Kursaal, construit depuis quelques années seulement, et qui a donné à Berck une physionomie toute nouvelle. En face, une belle rangée de hautes maisons, bâties d'une façon originale, attire l'attention. M. Lambert a été le promoteur de toute cette transformation, et certes Berck lui doit la plus grande reconnaissance.

Ce coin paysagé du nouveau Berck est vraiment charmant. On ne pourrait croire combien cette note verte fait plaisir. La végétation est tellement rare dans le pays, que le moindre bouquet d'arbres, le plus petit parterre procure de suite à l'œil le repos si nécessaire, après l'aveuglement de la grève.

Et maintenant quel fut donc le passé de ce pays, qui est devenu aujourd'hui une des plus célèbres stations balnéaires de France? Oh bien modeste! Une pauvre localité de pêcheurs payant chaque année, pour leurs bateaux, une redevance de 20 sols parisis et 6 deniers aux moines de Saint-Josse-sur-Mer. Et le petit village ne dépendait pas seulement de la célèbre abbaye, car au XIIIe siècle, ses habitants étaient astreints par leur seigneur, Jean de Brimeu, à porter leurs grains au moulin de Tigny.

Plus tard le seigneur de Beaurain leur octroya une coutume particulière. Celle-ci fut rédigée le 22 août 1509 par le bailli du châtelain, Messire Nicolas Hourdel, licencié ès-lois.

Quelques articles sont bien sévères. Ils laissent bien peu de droits aux pauvres marins. Les esturgeons qui sont pêchés par les Berckois appartiennent au seigneur (art. 8). Les épaves rejetées par la mer sont également sa propriété. Les habitants sont obligés d'aller cuire leur pain dans le four à ban du château.

La seigneurie de Berck fut successivement possédée par la famille de Hodicq, au XVIIe siècle par la maison de Maigneulx, au XVIIIe siècle par les de Grammont, puis par Antoine du Blaisel qui la vendit, moyennant 2,900 livres, à M. le comte de la Fontaine-Solare, seigneur de Verton, le 16 mai 1783.

Comme on le voit dans tout ce qui précède — seuls documents qu'on peut recueillir dans les annales de son passé — il n'est nullement question de la station balnéaire de Berck. Celle-ci fut donc bien une création du XIXe siècle. Elle marquera dans l'histoire de la localité.

Et maintenant, nous ne pouvons terminer cette description, sans saluer d'un remerciement très sincère ce pays qui fut l'inspirateur du nôtre.

On se souvient que parmi les excursions préconisées autrefois à Berck, celle du Touquet était toujours recommandée au premier plan. Nous nous rappelons, dans notre jeunesse, alors que Paris-Plage n'existait pas encore, d'avoir entendu bien souvent vanter les splendeurs de la forêt. On saluait la création annoncée d'une nouvelle station balnéaire, à la pointe du Touquet; non loin de ces deux phares dont la lumière interrogatrice semblait, alors, le soir, fasciner et attirer les baigneurs.

Le rêve est devenu une réalité. Beaucoup de Berckois sont venus se fixer sur ce nouveau point de la côte. Ils y ont trouvé ce qui manquait chez eux : la villégiature et la mer. Entre les deux plages les rapports sont destinés à se resserrer de plus en plus. Le prolongement de la ligne de Berck sur Merlimont et Paris-Plage amènera fatalement entre les deux stations balnéaires, un va-et-vient énorme. L'une et l'autre ne pourront qu'en bénéficier.

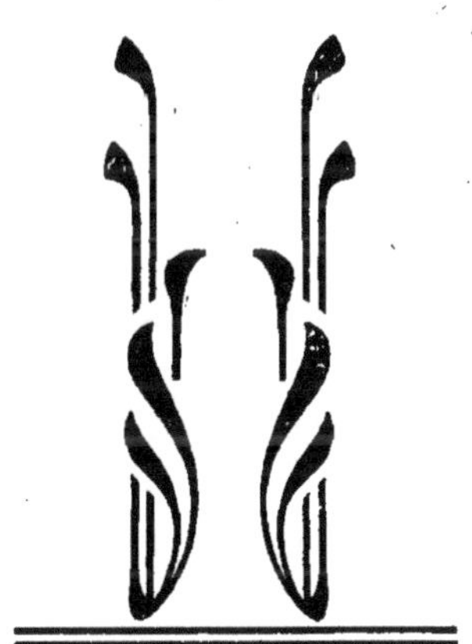

CHAPITRE V

Villiers – Le Village de la Caloterie et son Château

EXCURSION UNIQUE. — LE COQUET HAMEAU DE VILLIERS. — LE TERTRE. — LA ROUTE DE LA CALOTERIE : DÉLICIEUX SOUS-BOIS, NATURE ENCHANTERESSE, POÉSIE QUI S'EN DÉGAGE, TABLEAU MERVEILLEUX. — LE MOULINEL. — LE VILLAGE DE LA CALOTERIE, ETHYMOLOGIE. — SOUVENIR DE QUENTOVIC. — LES DIFFÉRENTS LIEUX DITS AVOISINANT LA CALOTERIE. — DESCRIPTION DU PAYS. — LE CHATEAU DE LONGEVILLE. — L'ÉGLISE ET SES INTÉRESSANTES SÉPULTURES.

Si vous n'avez fait cette excursion, vous n'avez encore rien vu. Celle-ci dépasse en effet tout ce qu'on peut rêver dans le Pas-de-Calais, pays réputé monotone et sans valeur artistique.

Nous avons vu dans cette pérégrination des gens qui s'y connaissaient certes en paysage, des artistes de renom, tels que M. Japy par exemple, dont nous avons déjà parlé ; nous les avons vus se pâmer d'admiration à la vue de ces sites désordonnés, dans lesquels la nature semble avoir repris partout le dessus.

Une bonne journée est nécessaire. Prenant la route de Berck, vous vous en détachez à sa bifurcation avec celle de Verton, et vous vous dirigez sur Villiers après avoir franchi la voie ferrée.

Villiers dépendait autrefois de la célèbre abbaye de Saint-Josse. C'est un petit hameau qui ne manque pas de charme. Son aspect procède de Cucq. On aime dans tous ces pays l'abri, les haies, les grands arbres, les jardins.

On y met même une certaine coquetterie. Voici près d'un café, une charmante petite habitation, entre cour et jardin, avec tilleuls palissadés et taillés à la Le Nôtre. Des fleurs partout, aux fenêtres, sur le bord des toits, de chaque côté des portes.

Par ici, c'est une petite allée sombre, entre deux haies, se perdant dans l'inconnu et semblant conduire vers un paradis de fraîcheur et de rêverie.

Par là, c'est un sentier qui vous conduit à une mare bordée de hauts arbres, et qui, à elle seule, est tout un poème.

Arrivé au bout du village, vous tournez à gauche, longeant des pâturages entourés de haies où les ronces et les églantines se confondent.

Dans le fond apparaissent déjà les belles collines brumeuses de Saint-Josse et de La Caloterie. Vous arrivez à un premier château, de construction absolument moderne, appartenant à M. Godin. Il fait partie d'une petite agglomération qu'on appelle le Tertre (37 habitants).

Là vous prenez à droite, et vous parvenez bientôt dans un admirable endroit où vous trouvez la route qui descend de Saint-Josse.

Une petite ferme presque abandonnée, verdissant sous l'influence d'une fraîcheur éternelle, souligne ce délicieux coin.

Vous reprenez à gauche, et en route pour La Caloterie.

Comment décrire les sites merveilleux que nous allons parcourir. Le pinceau seul, à condition d'être celui d'un Hanoteau par exemple, pourrait vous faire comprendre tout ce qu'il y a de poésie dans ces parages si peu fréquentés.

Comme nous disions, en commençant, c'est la nature désordonnée reprenant partout ses droits. Et avec quelle supériorité, avec quel génie, avec quel goût elle le fait.

Admirez ces arbres séculaires portant à des hauteurs incommensurables leur luxuriante végétation.

Le soleil ne traverse presque jamais les voûtes qu'ils ont tressées. Aussi en plein été, quand on pénètre sous cet abri, on éprouve impression semblable à celle que l'on ressent en entrant dans nos vieilles cathédrales gothiques. Un bien être délicieux du corps et de l'âme se traduit dans tout l'être. Le besoin de repos naît, et celui de prier s'impose ; prière muette, faite d'admiration pour les grandes œuvres du Créateur.

Oui je viens dans ce temple adorer l'Eternel.

Par la contemplation, vous ne tarderez pas à détailler toutes les beautés de ce sanctuaire. Les troncs d'arbres blanchâtres, semblables à de grosses colonnes, s'offrent les premiers à vos regards, avec leurs tâches de mousses bronzées formant contraste, ou avec leurs enroulements de lierres jusqu'au sommet. De leur flanc s'échappent, irrégulièrement et traçant en clair sur le tout, des bras géants qui portent au loin tout un réseau de branchages. Leurs pieds démesurés s'élargissent et se perdent dans une abondance de hautes herbes et de fougères.

A votre gauche, dans un fond que l'on soupçonne, la *prairie verte, et fleurie* s'étale à perte de vue, chargée de pommiers massacrés, aux formes les plus étranges. Des vaches bariolées de marron et de blanc prennent leurs ébats dans cet Eden. Un petit pâtre sans ambition les garde. Il folâtre innocemment avec une ravissante bergère, jeune comme lui. Tous deux, innocemment, semblent prêts à rééditer la délicieuse idylle de Daphnis et Cloë.

A droite, le terrain monte, disparaissant presque partout sous les joncs, les hautes fougères mâles et les broussailles de toute nature. Des chênes tordus par le vent de mer présentent des silhouettes bizarres, mais victorieuses. Malgré la tempête, en rois de la végétation, ils ont réussi à imposer leur domination, et ils abritent, derrière eux, les arbrisseaux et les plantes les plus fragiles.

Que de fois nous avons battu ces hauteurs sauvages, nous arrêtant à chaque pas pour admirer ce beau désordre. Au loin vous apercevez la baie de Canche, la mer avec sa note scintillante. Quel tableau !

Et tout cela dure pendant des kilomètres. A peine quelques maisons, par-ci, par-là perdues dans cette oasis, maisons aux toits de chaume, chargés de mousse verte pour s'harmoniser avec le paysage. Tous les animaux de la basse-cour se répandent sur la route, afin de donner quelque animation à ce tableau tranquille.

Vous trouverez successivement divers groupements, parmi lesquels le Moulinel, assis dans un site tout à fait rustique.

Un chemin se détache sur votre droite, près d'un très beau calvaire. Si vous le suivez, il vous conduira dans le bois de Saint-Josse dont nous aurons à parler. Rien que cela constitue déjà une superbe promenade, un jour par exemple que vous aurez décidé d'aller passer la journée au bois et d'y déjeuner sur l'herbe.

En revenant sur la route, vous apercevrez un peu plus loin un deuxième chemin, également sur votre droite. C'est celui-ci que nous prendrons, une autre fois, pour nous rendre au château de M. Van Cappel de Prémont, ou pour mieux dire, à Monthuis, nom du splendide domaine que cet aimable châtelain possède.

Vous avez dû rencontrer un peu plus haut, quand vous étiez sous les plus épais ombrages, une route sur votre gauche. Celle-ci, très riante également, menait à la Canche qu'elle traverse sur un pont primitif en bois. C'est encore un autre genre de promenade à exécuter, quand on a moins de temps à dépenser.

Ah s'il fallait vous indiquer tout ce qu'il y a à faire, tout ce qu'il y a à voir, plusieurs volumes n'y suffiraient pas, tant les ressources de cette délicieuse contrée sont grandes pour le touriste !

Enfin, la route descend rapidement, et vous arrivez au bas dans le village de la Caloterie.

Ce nom de la Caloterie a quelque chose qui intrigue. On s'en demande de suite l'origine. Suivant certains historiens il signifierait chantier, et ce chantier aurait été celui de la célèbre cité mérovingienne Quentovic.

Il y a en effet,dans tous les lieux dits de cette promenade, des éthymologies qui semblent rappeler, à n'en pas douter, cette ville disparue. Le Valencendre (vallée en cendres), qui se trouve non loin de là, et où on a découvert si souvent des ossements calcinés et des fragments de poteries romaines, rappellerait l'incendie allumé par les Normands. Le Mur de la Trahison s'explique de suite. Monthuis (Montavicus) et Vis-ès-Marest (Vicus è Mariscis), bourg sur la Montagne et bourg dans le marais, ou autrement dit ville d'en haut et ville d'en bas, indiqueraient la partie haute et la partie basse de Quentovic.

Le village de La Caloterie revêt un aspect qui n'est pas celui de tous les autres. Il a de suite quelque chose qui plaît.

Un superbe calvaire érigé sur la place, au milieu d'un beau bouquet d'arbres, attire l'attention ; de même une ferme assez originale sur la droite, avec un corps de bâtiment élevé d'un étage en pierres de taille, et s'enlevant sur de grands arbres aux tons sombres.

Vous trouverez, à votre gauche, un café où vous pourrez déjeuner très confortablement et à un prix très doux. C'est l'établissement de M. Louis Saison-Drolet, débitant de tabac. Mlle Germaine Saison, la deuxième fille du logis, sur les dix enfants qui sont encore vivants, vous fera les honneurs du service ; et, ma foi, cette enfant encore jeune s'acquitte très gentiment de son rôle. N'oubliez pas de réclamer l'omelette au lard, ou l'omelette aux fines herbes. Oh je vous les recommande. Il n'y a que là pour manger ce plat aussi bien réussi. Vous aurez eu soin d'emporter du jambon ou toute autre victuaille, car en dehors des œufs et du petit salé, ne comptez pas sur autre chose.

Après votre repas, vous reprendrez la route en avant dans la direction de Montreuil, pour aller visiter les abords du château de M. Siriez de Longeville.

Vous passez, à votre droite, devant une petite villa précédée d'un parterre toujours émaillé de mille fleurs, toutes aussi jolies les unes que les autres. De l'autre côté, sur l'habitation en face, des rosiers, chargés d'une floraison superbe, vous envoient, au passage, une senteur délicieuse. Vous voilà devant l'école, et vous arrivez dans le voisinage de la résidence seigneuriale.

Un beau château moderne, en style Louis XIII, et vraiment situé d'une façon agréable, c'est celui-là. Assis au milieu d'un parc séculaire très accidenté, il dresse sa gracieuse silhouette sur un fond de gazon clair. Derrière lui, en effet, le terrain monte rapidement, présentant une pelouse savamment ménagée et encadrée de bois d'un magistral effet. Le tableau est imposant et tout à fait réussi.

Du château lui-même, en briques et pierres, on ne peut trop rien dire, car c'est une œuvre inachevée, mais les tendances en sont sérieuses, et le tout terminé serait certainement vraiment seigneurial.

L'architecte qui en a dressé les plans n'est du reste pas le premier venu. M. Lavezzari s'est fait un nom dans le monde de l'architecture.

Provisoirement, on a laissé subsister, en attendant l'achèvement définitif, une partie de l'ancienne construction en pierres blanches de l'endroit. Celle-ci, dont il reste environ la moitié, fait ressortir davantage l'importance de la nouvelle.

Au pied du château, le parc est admirablement tracé et savamment aménagé pour laisser percer des points de vues en tous sens. Un étang alimenté par des petits cours d'eau, que remontent de jolis cygnes, forme un premier plan heureux.

Les arbres sont superbes et respectables par l'âge. Un massif de hêtres pourpres forme, sur le bord de la route, un heureux contraste.

Celle-ci est bordée, à droite et à gauche, par des bornes qui donnent grand air à toute la propriété.

Ce magnifique domaine fut acheté le 19 Janvier 1725, par

Henri-Claude Hurtrel, seigneur de Valobert, conseiller et avocat du roi à Montreuil. Il passa dans la famille des Siriez de Longeville par le mariage de Henriette-Séraphine Hurtrel de Valobert en 1789 avec Nicolas-Louis-Marie Siriez du Cléty, chevalier de St-Louis, dont la sépulture se trouve dans la délicieuse petite église qu'il vous faut aller visiter. Celle-ci rappelle assez les modestes sanctuaires de la Bretagne.

Pour vous y rendre, vous trouverez un sentier dans la verdure, qui se détache non loin de là, à votre gauche, près de la maison d'école. Vous arrivez au cimetière où l'on pénètre en gravissant quelques marches. Le sanctuaire s'annonce par un léger portique, soutenu par deux colonnes de bois, et couvert de tuiles chargées de mousses. Rien que cette entrée est déjà un rêve de simplicité et de poésie. Une tablette funéraire, près de la porte, consacre la mémoire d'un curé de la paroisse décédé au XVIIIe siècle.

L'intérieur est très bas, et les voûtes aux arceaux gothiques fort en relief semblent presque à votre portée. Ceci a un charme particulier, et il s'en dégage une intimité qui invite au recueillement, à la prière. Le tout appartient aux styles des XVe et XVIe siècles. Les fenêtres sont en beau flamboyant. Sur la gauche, une tribune avec une rampe également gothique, rappelle les antiques sanctuaires de nos grands châteaux du moyen-âge. Elle est réservée aux châtelains de La Caloterie. A droite se trouve l'élégante chapelle des seigneurs de Monthuis, dont les murailles sont chargées d'épitaphes fort curieuses, et dont le détail est à lire et à retenir.

La première à gauche se rapporte à Messire Henri Dominique, vicomte d'Accary, chevalier de Saint-Louis, maréchal des camps des armées du Roy, décédé au château d'Ecuires le 22 janvier 1829. « Il fit la campagne contre les rebelles « de Saint-Domingue, en 1791, et celle de 1792 où il fut « grièvement blessé. Il fut en guerre un militaire intrépide « et dans la vie privée un citoyen désintéressé, ami de ses « compatriotes, dont il fit le bonheur; employant la meilleure

« partie de ses revenus à faire travailler presque continuel-
« lement un grand nombre d'ouvriers... il a emporté dans la
« tombe l'estime générale de ceux qui l'ont connu. »

Sur la troisième, on lit : « Devant, sous cette tombe,
« repose Messire Charles Antoine François d'Accary, che-
« valier seigneur de la Rivière, Monthuy, etc., lieutenant
« des Maréchaux de France en 1772, marié à Lille avec
« Mademoiselle Charlotte Van-Capelle-de la Nieppe, dé-
« cédé à Monthuy le 9 Mars 1774... La douceur de son
« caractère, sa charité envers les pauvres et la candeur de
« son âme l'ont fait regretter non seulement de ses pro-
« ches, mais généralement aussi de tous ceux qui l'ont
« connu. »

La quatrième concerne « très-noble et très-vertueuse
« dame Françoise de Thubeauville, décédée le 9 nov. 1739,
« à l'âge de 71 ans... veuve de Messire Charles d'Accary,
« chevalier seigneur de Conteval, Beaucoroy, Couppes, etc..
« C'était une dame très estimable par ses rares qualités.
« Elle méprisait les amusements du siècle et bornait tous
« ses plaisirs dans la retraite de sa maison et le soin de sa
« famille qu'elle aimait très tendrement. »

Sur la sixième se trouve l'inscription de Messire Charles d'Accary, seigneur de Beaucoroy, né en 1748, ancien capitaine au Régiment de Royal Roussillon, qui épousa à Douai, le 26 avril 1784, Claire-Catherine Depestre, native de Tournai. Il décéda le 29 août 1832.

Cette famille Depestre est originaire de Saint-Riquier (Somme) ; mais elle passa dans les Pays-Bas Autrichiens, et les comtes Depestre se signalèrent, au XVIIIe, siècle par les services militaires éminents qu'ils rendirent au Saint-Empire.

Les autres familles citées sur ces épitaphes sont les suivantes : Descamps d'Inglebert, Deregnier d'Esquincourt, le Sart ; cette dernière dans le cimetière, derrière le chœur.

Si nous avons tenu à reproduire les éloges funèbres adressés à ces nobles défunts, c'est autant pour remplir notre rôle d'historien au besoin, que pour les proposer comme exemples à ceux de nos lecteurs que la fortune a favorisés.

Ils verront combien la consolation est douce à ceux qui nous survivent, quand on peut laisser une mémoire qui sera bénie. Nous les quittons sur cette impression. Mais nous n'avons pas fini avec tout ce qu'il y a à voir à La Caloterie. Dans une prochaine excursion nous les conduirons à Monthuis même, au château de M. Van Cappel de Prémont.

CHAPITRE VI

Le Château de Monthuis

ITINÉRAIRE POUR S'Y RENDRE. — ENTRÉE MONUMENTALE. — PARC GRANDIOSE. — CHATEAU STYLE EMPIRE. — DESCRIPTION DU SITE. — LA CHAPELLE FUNÉRAIRE. — NOTES HISTORIQUES SUR MONTHUIS. — LES DIFFÉRENTS POSSESSEURS DU DOMAINE.

Cette fois, après avoir parcouru la même route que dans l'excursion précédente, vous suivez jusqu'à ce que vous arriviez au deuxième chemin sur votre droite, c'est-à-dire celui au-dessus du Calvaire. Vous cotoyez un fossé marécageux rempli de plantes aquatiques, tandis qu'à votre gauche se trouve un monticule tout chargé de bois, de hautes fougères et d'ajoncs marins. Vous atteignez la campagne et vous continuez jusqu'à la lisière d'un bois qui se présente à vous. Là, vous prenez à gauche. Arrivés à l'extrémité, vous rencontrez une superbe allée plantée d'une belle rangée de hêtres. Vous la suivez en tournant à gauche de nouveau. Bientôt vous apercevez deux colonnes imposantes surmontées des chevaux de Marly, dont la copie est parfaitement réussie. Elles servaient autrefois à encadrer une grande porte monumentale aujourd'hui disparue, grâce à l'obligeance des propriétaires de l'endroit. Une magnifique route carrossable, ayant toutes les allures d'un chemin privé, mais ouverte gracieusement au public, vous permettra de traverser le domaine. Dans un parc superbe se trouve situé l'imposant château, qui domine la contrée, et que vous apercevez du pont d'Étaples. A cette distance il présente une masse blanche, perçant à travers une trouée de forêt toujours dans la brume.

A peine entré dans la propriété, vous êtes de suite frappé par le grand air de cette résidence seigneuriale. Vous remarquez la beauté des arbres séculaires qui portent leur tête majestueuse jusque dans la nue.

Le château, tout en pierres de taille, est construit dans le style Empire. Avec ses terrasses et ses balcons il rappelle les plus beaux édifices de cette époque.

Les écuries et les remises qui se trouvent sur la droite, sont les plus belles du département. Outre le développement considérable qu'elles présentent, elles sont aménagées avec tout le confortable qu'il soit possible de rencontrer.

Vous passez presque tout près du château ; mais rassurez-vous et ne croyez pas que cela soit désagréable au seigneur de l'endroit ; au contraire. Si vous avez la bonne fortune de le rencontrer, il aura toujours un mot aimable à vous exprimer, et il paraîtra enchanté de l'incursion que vous aurez faite sur son domaine.

Le parc est de toute beauté, admirablement dessiné, et bien en rapport avec le monument qu'il fait valoir. Les essences en sont très variées, pour la haute comme pour la basse futaie. On aperçoit pas mal de touffes de chataîgniers, dont l'aspect est toujours agréable avec leurs longues feuilles lancéolées

Le terrain est très mouvementé. Des plis considérables forment de charmants vallons entièrement boisés, au fond desquels on aperçoit des horizons à perte de vue. Par ici, ce sont des lointains azurés, révélant des bois nouveaux ; par là, apparaissent les remparts de Montreuil qu'un coup de soleil illumine. On sent que, partout, un artiste habile a profité des points de vue naturels, pour mieux faire valoir et forcer la note heureuse qui se dégage.

Quand la nature s'y prête, il y a bien peu de chose à faire. Il n'y a plus qu'à en tirer parti. Or, celui qui a tracé ce parc en a largement profité.

Sur votre gauche vous apercevez une très jolie chapelle

funéraire. C'est là que les châtelains, dont les ancêtres reposent dans l'église de La Caloterie, ainsi que nous l'avons exposé, seront désormais inhumés.

Cette chapelle est précédée d'un petit portique surmonté des armoiries de la famille Van Cappel de Prémont. On lit sur le fronton « O crux spes unica ». A l'intérieur se trouve l'épitaphe de Madame Izabelle-Marie-Charlotte-Joséphine Le Sergeant de Bayenchem, épouse de M. Van Cappel de Prémont, décédée au château de Monthuis le 18 novembre 1894, âgée de soixante ans.

Vous poursuivez votre route. Sur votre droite vous rencontrez une carrière de silex très importante, et qui est à elle seule une véritable fortune, car elle n'est pas prête d'être épuisée. De quels bouleversements géologiques ces parages n'ont-ils pas dû être le théâtre, pour que le diluvium ou quarternaire puisse se rencontrer à une telle hauteur, alors que tout autour on ne trouve que des fonds parfois considérables?

A partir de cet endroit, la route va toujours en descendant jusqu'à La Caloterie, serpentant à travers le parc dont les aspects changent constamment. Arrivé au bas de la descente, vous pouvez prendre le chemin du bois, dont la direction est relatée sur une plaque indicatrice. Il y a dans toute la propriété de forts jolies promenades à faire, qui toutes paraissent absolument libres. Cette tolérance fait le plus grand honneur à M. Van Cappel de Prémont. On reconnaît dans cette grandeur d'âme le vrai gentilhomme. Il n'est d'ailleurs en cela que le digne continuateur de MM. d'Accary, dont nous avons reproduit les épitaphes funèbres dans notre précédente visite à La Caloterie.

Et maintenant, si le domaine de Monthuis est aussi intéressant à visiter, en raison de la beauté du site et de la magnificence de son château, il n'est pas moins captivant quand on se remémore les grands souvenirs de son passé. Nous l'avons dit dans le précédent chapitre, Monthuis — Montawicus — peut être considéré comme l'ancienne partie haute de Quentovic. Du temps des comtes de Ponthieu, une croix monumentale dominait la hauteur. Elle marquait la limite de juridiction de l'Abbé de Saint-Josse, car au-delà et à La Caloterie même, c'étaient le mayeur et les échevins de Montreuil qui exerçaient tous les droits seigneuriaux, et cela malgré la propriété importante que l'abbaye possédait à La Caloterie.

Au XIIe siècle la seigneurie de Monthuis appartenait à Eustache de Monthawis, chevalier, qui en 1173 fit différentes donations à l'abbaye de Saint-Josse.

En 1311, Guillaume de Monthuis apparaît comme l'un des quatre pairs de la pairie de Montreuil.

Vers 1355 Monthuis appartient à Philippe de Frencq.

De la famille de Frencq le domaine passa aux Thubeauville, par le mariage de Jacqueline de Frencq, le 20 janvier 1563, avec Messire Claude de Thubeauville, écuyer; puis aux d'Accary par le mariage de Françoise de Thubeauville, en 1701, avec Messire Charles d'Accary, seigneur de Conteval et de la Rivière.

Enfin, en 1862, M. Alfred Van Cappel de Prémont hérita Monthuis de Madame Hyacinthe Van Cappel de la Nieppe, veuve de M. Charles-Antoine Accary de la Rivière. Il est inutile d'ajouter, pour terminer, que tous les habitants de La Caloterie font des vœux pour que le domaine de Monthuis reste toujours en la possession de cette estimable et si charitable famille.

CHAPITRE VII

Saint-Josse et son Pèlerinage

SAINT-JOSSE AUTREFOIS PORT DE MER. — QUENTOVIC. — PANORAMA DU HAUT DE LA COTE. — DESCRIPTION DU VILLAGE ET DE L'ÉGLISE. — LA CHASE DU SAINT. — LE PÈLERINAGE. — BIOGRAPHIE DE SAINT JOSSE. — SES MIRACLES. — HISTOIRE DE L'ABBAYE. — GRANDEUR ET DÉCADENCE. — LE CHEMIN POUR REVENIR. — A TRAVERS UN SITE ADMIRABLE.

Cette fois, il faut une voiture pour tout le parcours, car ces dames ne pourraient jamais nous suivre, à moins que ce ne soit en bicyclette.

La moitié d'une journée suffit grandement pour faire ce pèlerinage.

Vous prendrez la route de Berck; vous traverserez Trépied et Villiers précédemment décrits. Au sortir de ce dernier hameau, vous escaladerez la montée qui s'en va au Ciel, où habite le bienheureux saint dont vous allez visiter le sanctuaire. Car elle monte effroyablement cette route de Saint-Josse; et pour épargner votre bête, vous ferez bien de descendre de votre véhicule et de vous traîner vous même.

On dit qu'autrefois, alors que la mer couvrait encore ces immenses espaces, où la forêt a aujourd'hui assis sa domination, on dit que le flot venait battre la hauteur que couronne le village. Ceci doit être exact, car l'analyse des terrains fait constater une certaine espèce de limon gris, semblable à celui de la Canche, et fortement mélangé de sable et de coquillages.

La tradition écrite et la tradition orale sont du reste d'accord à ce sujet avec l'analyse géologique. Il résulte de tout ce qui a été dit et prouvé d'une façon indiscutable, qu'il y avait au pied de la montagne de Saint-Josse, une ville puissante qui s'appelait Quentovic, ce qui veut dire : bourg de la Canche. Quentovic était un puissant port de mer, au temps des Mérovingiens. On y battait même monnaie. Les Normands et les Danois y débarquèrent souvent, pillant chaque fois la cité et la détruisant en partie. Ce fut à l'une de leur dernière descente qu'ils l'incendièrent et la ruinèrent pour toujours. Par conséquent tout l'espace qui se trouvait en avant du port était bien couvert par la mer. Les restes de navires qui ont été trouvés dans les fouilles pratiquées en cet endroit, dans le cours du siècle écoulé, ne laissent du reste aucun doute à ce sujet.

Cette parenthèse géologique et historique fermée, revenons à notre excursion. La côte est gravie et notre voiture a atteint le sommet.

Avant d'entrer dans le village, retournez-vous et contemplez l'admirable panorama qui se déroule sous vos yeux. Dans le fond à droite, la sortie de la Canche, la haute mer ; plus bas, Étaples. Devant vous la forêt, les phares, Paris-Plage. A votre extrême gauche Berck avec son hôpital maritime, et par-dessus tout cela la mer infinie, confondue avec le ciel.

Il nous souvient un jour, en revenant de Montreuil, d'être arrivé à ce point, au moment où le soleil était déjà à l'horizon. Le ciel était illuminé, comme par un feu de Bengale. La mer avait une teinte de vert clair. Le disque solaire, immense et d'un rouge intense, descendait à vue d'œil, et déjà une partie de sa surface semblait noyée dans l'onde.

Nous n'oublierons jamais ce spectacle grandiose. Nous fîmes arrêter nos voitures, car nous étions une nombreuse bande de touristes ; et nous restâmes longtemps à contempler ce tableau si captivant...

Saint-Josse est un fort joli village, coquet, et dont toutes les constructions se groupent, contrairement aux usages des autres communes dans ces parages.

Il appartient au canton et à l'arrondissement de Montreuil ; il possède 761 habitants. Avant d'arriver à la place, vous rencontrez plusieurs petites villas élégantes, chargées de fleurs et fort bien entretenues.

Vous arrivez devant l'église, qui est une construction absolument moderne. Quand on se remémore les grands souvenirs qui se rattachent à ce lieu historique, on regrette de ne plus rencontrer le temple primitif. Le cimetière précède le portail. On y accède, de chaque côté de la porte principale, ordinairement fermée, par deux petites ouvertures formant vestibule, et qu'il faut enjamber par-dessus une haute marche.

Dans l'église, quelques tableaux très anciens, se rapportant aux principaux évènements de la vie de Saint-Josse. Egalement de superbes vitraux modernes, avec les noms des principaux donateurs, et qui ont trait, eux aussi, au pieux ermite.

Le chœur, datant du XVIe siècle, est la seule partie qui soit restée de l'antique sanctuaire. Sur la gauche, dans une niche grillagée, on y vénère les reliques du Saint. Celles-ci sont déposées dans une espèce de sarcophage en cuivre, sur lequel se trouvent encore appliqués quelques médaillons en argent, d'un certain intérêt artistique, et provenant de l'ancienne châsse, tout en argent massif. Cette chasse fut pillée et vendue à la Grande Révolution. Heureusement, on put sauver les quelques motifs qui décorent celle actuelle. La grille qui clôture la niche n'est pas souvent fermée. Vous pouvez l'ouvrir, et étudier à loisir ce vénérable monument de la foi picarde. Une autre relique se trouve enchâssée dans une main gantée, attenante à un bras érigé debout.

Des ex-voto de toutes sortes indiquent que ce lieu est fréquenté par de nombreux pèlerinages venant de tous les points de l'Artois. Du reste, des affiches diocésaines, dans le bas de l'église, témoignent du grand concours de fidèles, qui doivent se rendre à ce sanctuaire, à certaines époques de l'année.

Le grand pèlerinage annuel a lieu le Dimanche de la Trinité. Les personnes qui se rendent à Saint-Josse ce jour-là peuvent être évaluées à près de dix mille. Après la grand'messe, la foule se rend processionnellement au lieudit *La Croix Coupée*, où on fait la prédication en plein air. Avant ou après la procession, les pèlerins n'omettent jamais de se rendre dans la forêt, attenante au château, où se trouvent la fontaine miraculeuse et la chapelle élevée sur une butte, à l'endroit où la tradition veut que le vénéré saint vécut retiré dans son petit ermitage. On peut visiter cette chapelle, en pénétrant dans le bois de Saint-Josse, par le premier sentier que vous rencontrez, sur votre droite, en suivant la route de La Caloterie.

Mais fidèle à notre programme d'exposer dans toutes nos excursions le côté historique, nous ne pouvons, dans celle de Saint-Josse, omettre cette obligation. Elle s'impose d'autant plus qu'elle y revêt un intérêt exceptionnel, et cela à un double titre. D'abord, en elle-même, l'histoire de Saint-Josse est peut-être une des plus captivantes de toute la région. En outre, nous ne devons pas oublier que, avant la Révolution, les garennes de Trépied, auxquelles appartenait notre Paris-Plage actuel, dépendaient de l'abbaye de Saint-Josse et faisaient partie de son patrimoine. C'est donc un peu notre histoire que nous faisons, en rappelant celle de cette attrayante localité.

Comme son nom l'indique, Saint-Josse doit son origine à un pieux ermite de ce nom, qui vint chercher, au VIIe siècle, la tranquillité et le repos au milieu des solitudes et des forêts qui bordaient l'estuaire de la Canche. Il était fils de Judicaël, roi de Bretagne, et il serait né en 593. De bonne heure il quitta le manoir de ses ancêtres, pour venir en cette contrée se livrer à la vie monastique. Ses vertus et sa sainteté ne tardèrent pas à le rendre populaire dans toute la région. De nombreux miracles, de son vivant, contribuaient d'ailleurs déjà à lui donner son renom. Le plus célèbre fut celui des sources jaillissantes qui furent l'origine de la fameuse fontaine miraculeuse dont nous avons parlé plus haut.

On raconte que le duc Haymon, gouverneur de la contrée, et qui s'intéressait beaucoup au pieux solitaire, l'avait conduit dans la forêt des bords de la Canche, dans le but de lui faciliter le choix d'un site favorable à l'établissement de son ermitage. Tandis que le Saint se livrait à la recherche de l'emplacement désiré, le duc chassait avec fureur et il était bientôt dévoré par une soif ardente. Saint Josse eut pitié de lui, et invoquant le nom de Dieu, il planta en terre son bâton et fit aussitôt jaillir une source d'eau limpide. Pour que celle-ci ne fut jamais troublée, il en suscita près de là une deuxième pour les chiens de l'illustre chasseur. Ce fut l'origine des deux noms attribués à chacune de ces deux sources, car tandis que la première s'appelait Fontaine aux Chrétiens, la deuxième porta le nom de Fontaine aux Chiens.

Parmi ses miracles on raconte encore celui de la guérison de la jeune aveugle Juliula, ainsi que celui de la main lumineuse. En ce qui concerne ce dernier, c'était pendant la célébration de la messe, dans l'église que le duc Haymon avait fait construire pendant le long pèlerinage que le saint avait entrepris vers la Ville Eternelle, et qu'il lui avait offerte à son retour. Au moment de la consécration et en présence du duc, on vit une main lumineuse qui bénissait l'oblation de l'hostie. En même temps on entendit une voix céleste qui promettait au saint le bonheur éternel, pour le récompenser d'avoir renoncé aux grandeurs de ce monde.

Au moment de sa mort, qui eut lieu le 13 décembre 669, un nouveau miracle étonna l'assistance. Le lieu où il venait de s'éteindre fut soudain rempli d'une grande clarté, et un parfum céleste se dégagea de sa dépouille. On en conclut, dit l'un de ses historiens, que « quelques esprits célestes « estoient venus en ce lieu pour recevoir l'âme bienheureuse « de ce saint, au sortir de son corps, et l'accompagner,

« comme en triomphe, dans le séjour de la gloire ».

Le corps de saint Josse fut inhumé dans la petite église, où il se conserva intact pendant quarante ans. Plus tard, Charlemagne établit en cet endroit un hospice pour les pèlerins pauvres qui accouraient de tout le Nord de la France au tombeau du saint. Ce fut l'origine de l'abbaye dont le premier administrateur fut le savant Alcuin.

Mais, sous Louis le Débonnaire, le monastère passa sous la juridiction de l'abbaye de Ferrières, et avec Charles-le-Chauve, il fut donné à Olulphe, comte de Ponthieu. Plus tard, au moment de l'invasion des Normands, il fut incendié et détruit.

Cependant en 997, il s'était relevé de ses ruines et Sigebrand le gouvernait. Avec les abbés Herbold, Josué, Guy, etc., il vit des jours prospères. Mais l'abbé Gaultier de Lalaing fut celui qui lui fit assigner les véritables limites de son domaine. Il obtint du Comte de Ponthieu que celui-ci s'étendrait depuis le rivage de la mer jusqu'à Monthuis, et depuis le milieu de la Canche jusqu'à Saint-Aubin. En échange de cette faveur, les moines s'engageaient à armer tous les vaisseaux du pays pour les mettre à la disposition du Comte, en cas de guerre.

Plus tard les rois de France et d'Angleterre, les papes comblèrent de privilèges la célèbre abbaye qui devint une des plus riches de la contrée. Cependant les guerres des XIIIe et XIVe siècles, ainsi que les fureurs des Espagnols ne furent pas sans lui porter des coups terribles. Elle sut toujours s'en relever, mais elle tomba, sous le règne de François Ier, dans une calamité pire : celle du gouvernement des abbés commendataires. Ceux-ci, comme partout, s'emparèrent du plus gros de ses revenus, laissant les pauvres moines souvent dans un état voisin de la misère. Il serait trop long de retracer l'histoire de cette partie d'ailleurs peu intéressante et trop fréquente en scandales. On sait que la plupart des abbés commendataires n'étaient pas prêtres. C'étaient presque toujours des favoris du pouvoir, qui ne recevaient des ordres ecclésiastiques que les premiers degrés, juste ce qu'il fallait pour pouvoir être mis en possession des bénéfices.

Avant la Révolution, l'abbaye de Saint-Josse possédait 20,230 livres de rentes. Les reliques du Saint furent sauvées par quelques pieux habitants pendant la Terreur. En 1805 elles furent rendues à l'église paroissiale, et l'évêque d'Arras en reconnut solennellement l'authenticité. Depuis elles n'ont jamais cessé d'être l'objet de la vénération de tous les habitants du Boulonnais.

Telle est l'histoire de cette gentille localité et de son pèlerinage. Le souvenir en plane sur tous les sites qui l'avoisinent.

Quand vous pénétrez sous les ombrages profonds du bois de Saint-Josse, la légende du passé se présente bien vite à votre esprit. L'ombre du saint ermite semble encore circuler autour de son ermitage et près de la fontaine qu'il a suscitée. C'est qu'en cet endroit la solitude est bien profonde et la solitude amène le rêve !

Vous reviendrez par la route de La Caloterie. Cela variera votre promenade.

Cet itinéraire est on ne peut plus pittoresque, et c'est assurément le côté le plus agréable de toute cette excursion. Au sortir du village, le chemin descend de suite avec une grande rapidité, au milieu d'un pli de terrain très accentué et extrêmement enseveli dans la verdure.

A votre gauche, vous longez une admirable propriété qui a très grand air. Le château agréablement situé, au milieu d'un parc séculaire, apparaît délicieusement, à travers des éclaircies savamment ménagées. Les arbres y sont fort beaux et bien variés d'essences. Bientôt la nature devient presque sauvage. C'est le bouleversement de la végétation : pommiers tordus et souvent cassés, couverts néanmoins de fruits ; haies incultes s'élevant à des hauteurs prodigieuses ; déluge de fougères, de joncs, de bruyères. Au milieu de tout cela, des ruisseaux descendant et entretenant une fraîcheur délicieuse. Et ce tableau se prolonge jusqu'au bas de la côte.

Là, vous trouvez à votre gauche une espèce de petite ferme, paraissant abandonnée et d'un véritable pittoresque. Vous tournez et vous revenez par Villiers, en vous promettant bien de fouiller une autre fois en détail ces délicieux parages.

CHAPITRE VIII

Montreuil-sur-Mer par Beutin

PAR LA RIVE DROITE DE LA CANCHE. — HODICQ, ÉNOCQ ET BEUTIN. — NEUVILLE-SOUS-MONTREUIL. — LA CHARTREUSE. — HISTORIQUE ET DESCRIPTION. — MONTREUIL. — SA PHYSIONOMIE, SES REMPARTS — LES ÉGLISES SAINT-SAULVE ET SAINTE-AUSTREBERTHE. — L'HOTEL-DIEU. — ORIGINE DE MONTREUIL. — SON PASSÉ MILITAIRE ET GLORIEUX.

Bien que l'excursion devienne déjà un peu lointaine, on ne peut pas avoir fait une saison à Paris-Plage, sans avoir au moins rendu une visite à notre supérieur hiérarchique, nous voulons dire à notre chef-lieu d'arrondissement, Montreuil-sur-Mer. Et cela d'autant moins que Montreuil n'est pas du tout une ville banale. Bien au contraire ; c'est une cité absolument intéressante à tous les points de vue et particulièrement sous le rapport historique. Il est peu de villes, dans le Nord de la France, qui puissent encore présenter leurs remparts et leur citadelle intacts, et permettre au touriste de se promener dans leurs rues en pleine royauté, sous Henri IV ou sous Louis XIII. A Montreuil, vous êtes reculé de plusieurs siècles en arrière ; vous en éprouvez la sensation et, qui plus est, le sentiment.

On peut se rendre au siège de notre sous-préfecture par deux routes différentes : soit par Trépied, Villiers et La Caloterie ; soit par Etaples et Beutin. Ayant déjà suivi le premier itinéraire dans des excursions précédentes, nous adopterons cette fois le second.

Prenez une voiture et partez de bonne heure. Vous vous rendez à Etaples, et vous descendez sur la gare que vous traversez au passage à niveau, près de la petite vitesse. Vous passez contre le cimetière. A votre droite la Canche forme, après être passée sous le pont du chemin de fer, un bassin assez large dans lequel se trouvent souvent de nombreux petits bateaux pour la pêche. Mais bientôt elle se rétrécit et coule dans un lit très profond.

Les bords de la rivière sont entaillés à pic dans la glaise sablonneuse, résultat des marées montantes qui viennent les ronger, tandis qu'ils restent à découvert quand la mer descend. Le flux se fait sentir d'ailleurs jusqu'à Montreuil, ce qui permet de s'y rendre facilement en barque avec le flot montant. Vous passez près d'une ancienne falaise crayeuse presque à pic, chargée de bois et de broussailles, et s'élevant à une très grande hauteur. Bientôt vous apercevez une petite ferme qui s'appelle Hilbert. Un peu plus loin vous franchissez la ligne du chemin de fer d'Arras, à un passage à niveau, et vous arrivez à une petite agglomération dénommée Hodicq. Elle est assise près d'une vallée en miniature, au fond de laquelle coule un léger ruisseau sans appellation et qui vient se jeter dans la Canche. Vous atteignez Enocq, petit hameau de Brexent-Enocq, et ayant une population de cent habitants environ. Là aussi se trouve une charmante vallée dans laquelle coule la Dordogne, autre ruisseau également de minime importance. Toute cette partie de la route est délicieusement paysagée. Ce n'est plus le même genre que la rive gauche, du côté de La Calôterie. Le site est plus découvert; mais par sa simplicité il charme, et il peut fournir le thème de nombreuses études, soit en peinture, soit en photographie. A Enocq, une route se détache pour rejoindre celle de La Caloterie, en traversant la Canche sur un pont de bois rustique. Ce chemin est très joli et vaut la peine d'être exploré, surtout après le pont.

Vous atteignez ensuite Beutin, village insignifiant de cent soixante-cinq habitants, mais agréablement situé sur le bord de la Canche. Un peu plus loin vous traversez Attin, petit pays très rustique avec sa coquette église gothique du XVIIe siècle. Vous passez sous le pont du chemin de fer pour vous diriger sur Neuville-sous-Montreuil. Toute cette partie de la route superbe et bien paysagée prête à l'interprétation artistique.

Vous arrivez à Neuville-sous-Montreuil. Là rien de particulier. C'est le faubourg classique et sans intérêt. Mais si vous poursuivez vers la Chartreuse, votre attention va de nouveau être mise en éveil. Vous gravissez une rue assez rapide, qui vous conduit à une belle avenue précédée d'un carrefour planté d'arbres, et à l'entrée duquel s'élève un Calvaire majestueux avec un fort beau Christ. Suivez le chemin du milieu et vous arriverez à la Chartreuse de Notre-Dame des Prés.

Ce célèbre monastère fut fondé en 1322 par Robert III, comte de Boulogne, à la suite d'une intervention miraculeuse.

La légende raconte que le noble comte, se trouvant de passage à Montreuil, se mit en devoir d'aller prier devant une image de la Sainte Face, très en vénération dans la cité. Or quel ne fut pas son étonnement de constater que les yeux du Sauveur se détournaient de sa personne. Il se rappela alors, qu'il avait promis autrefois de faire construire un monastère de saint Bruno dans son comté, et qu'il n'avait jamais tenu sa promesse. Il se mit aussitôt à l'œuvre, mais il mourut quelque temps après, et ce fut son fils, Guillaume, puis sa belle-fille, la comtesse Marguerite d'Evreux, qui se chargèrent d'exécuter ses dernières volontés.

Le monastère fut inauguré en 1338, et l'évêque de Thérouanne en consacra la chapelle, sous la double invocation de la sainte Vierge et de saint Jean-Baptiste.

L'histoire de Notre-Dame des Prés à travers les siècles serait trop longue à rapporter. Elle fut d'ailleurs un peu celle de toutes les abbayes de la région.

Elle eut à souffrir de toutes les invasions, et la sainteté du lieu, où les moines vivaient dans la solitude et dans le recueillement, ne retint pas la fureur des envahisseurs. Pendant la guerre de cent ans, les Anglais avec le duc de

Norfolk incendièrent les bâtiments. En 1537, pendant le siège de Montreuil, les Impériaux pillèrent le couvent qu'ils détruisirent en partie.

La grande Révolution en consomma la ruine. Le tout fut vendu, comme bien national, au général Duval de Haut-Marest et transformé en ferme et en château.

En 1870, les fils de saint Bruno rachetèrent, aux descendants du général, leur ancien domaine, et ils confièrent à M. Clovis Normand le soin de ressusciter l'antique monastère. Le distingué architecte s'acquitta de la chose avec toute la science dont il était capable. Il produisit un chef-d'œuvre dans le style du xɪvᵉ siècle. Tous ceux qui ont visité ces cloîtres immenses aux arceaux se prolongeant à l'infini, tous ceux qui ont pénétré dans ces salles monastiques où se tenait le chapître, où se prenait le frugal repas des moines, tous ceux qui de la tribune ont plongé leurs regards dans le sanctuaire où se disait le saint office, tous ceux-là se sont crus transportés à une autre époque de notre vie nationale. Ils ont eu du Moyen-Age comme une vision passagère, dont ils conserveront toute leur vie l'impression profonde.

Aussi les visiteurs étaient légion à Notre-Dame des Prés, et pourquoi faut-il maintenant que cette superbe excursion, en même temps que cet impressionnant pèlerinage, nous aient été supprimés !

Aujourd'hui, si vous voulez visiter la Chartreuse, il faudra vous contenter d'en voir l'extérieur et de faire le tour du monastère. Cela en vaut encore la peine.

L'entrée se présente sous un porche gothique, avec un bas-relief représentant la donation du monastère par le comte de Boulogne. Au-dessus on lit : *Cartusia Santæ Mariæ de Pratis,* ainsi que les armes des Chartreux : Celles-ci représentent un globe terrestre entouré d'un cercle immobile supportant une croix au-dessus de laquelle sept étoiles forment demi-cintre, avec cette devise : *Stat crux dum volvitur orbis.*

En montant dans la campagne, on peut plonger dans le couvent, et se rendre compte de la disposition intérieure. On distingue fort bien les bâtiments principaux, la chapelle, les cloîtres, et les cellules formant chacune une petite maison.

Un silence mortel plane sur toute cette sainte résidence. Pour la deuxième fois, l'antique monastère est encore rentré dans l'histoire, et aujourd'hui il n'en reste plus que le souvenir.

Vous quittez bien tristement ce coin béni de la contrée, et vous vous dirigez sur Montreuil. Arrivé au pied de la ville, et après avoir traversé la voie ferrée, vous voyez se dresser devant vous les remparts gigantesques de l'antique cité. Il faut gravir plusieurs pentes par d'interminables lacets, pour arriver sous la porte principale. Vous passez près de l'ancien hôtel des gouverneurs, dont les trophées militaires rappellent le souvenir. C'est aujourd'hui une superbe propriété agrémentée de jardins fleuris qui lui donnent tout à fait grand air. Vous passez près d'un carrefour d'où la vue plonge dans les bas quartiers, toujours très intéressants quand il s'agit de vieilles cités. Comme il est midi tout au moins, nous vous engageons à déjeûner ; vous visiterez les remparts et la ville l'après-midi. Vous avez le choix entre deux hôtels également très bons, l'Hôtel du Renard d'Or et l'Hôtel de France et de l'Europe. Après votre repas vous faites le tour des fortifications. C'est une bien belle promenade. Les horizons sont merveilleux, surtout du côté de Neuville et de la Chartreuse, ainsi que dans la direction d'Etaples, sur toute la baie de la Canche. Le profil des remparts est surtout merveilleux, avec toute cette végétation luxuriante qui les escalade en certains endroits, fournissant au tableau un premier plan d'un remarquable effet. La citadelle qui renferme des magasins ne peut être visitée. C'est dommage, car c'est la plus intéressante. Les vieilles tours sont parfaitement conservées, et on montre encore celle de la Reine où fut enfermée, suivant la tradition, la malheureuse reine Berthe, épouse répudiée de Philippe Ier.

Après cette promenade à la fois sentimentale et historique, vous devez visiter l'église Saint-Saulve, ainsi que l'Hôtel-Dieu, pour avoir vu ce qu'il y a de plus curieux.

L'église Saint-Saulve, commencée en 1100, fut terminée en 1500. On y remarque des fonts baptismaux du XIIe siècle. Sous la tribune se trouve un tombeau du XIIIe siècle. Dans la sacristie, vous demanderez à voir une cassette du XIe siècle, de style byzantin, divers reliquaires en argent, la crosse abbatiale de sainte Julienne de Pavilly, datant du IXe siècle.

Autrefois on pouvait encore visiter l'église Sainte-Austreberthe, qui se trouvait contre l'ancienne abbaye du même nom. Les cloîtres, en style roman, étaient assez curieux. Elle servait, il y a quelques années encore, de chapelle à un pensionnat ecclésiastique, l'institution Sainte-Austreberthe. Mais par suite d'une décision du Conseil municipal, ce pensionnat a été remplacé par une école supérieure laïque et la chapelle sert aujourd'hui d'atelier pour l'apprentissage du travail manuel.

L'institution Sainte-Austreberthe n'a cependant point quitté Montreuil. Elle a fait construire au cœur de la cité un grand établissement scolaire, magnifique construction, présentant toutes les commodités et tout le confort désirable. Ce spacieux bâtiment est le plus élevé de la ville.

Reste à visiter l'Hôtel-Dieu, fondé en 1200, avec la chapelle moderne de style gothique et son porche du XVe siècle très ouvragé et chargé de riches sculptures. Intérieurement, on remarque de jolies boiseries du XVIIIe siècle, un rétable en cuivre et un confessionnal de la même époque également dignes d'attention. Mais ce qui fait surtout l'admiration des visiteurs, ce sont deux tableaux de grand prix, l'un reproduisant la Descente de Croix par Rubens, l'autre représentant un Christ et attribué à Van-Dyck. Ce dernier se trouve dans la salle du Conseil.

On peut encore voir, après ces trois monuments, le Palais de Justice, dans l'ancien Couvent des Carmes, et l'Ecole des Enfants de Troupe.

Comme physionomie, Montreuil est une ville presque morte et qui, en dehors de ses jours de marché, n'a pas grande animation. Mais ses rues sont bien entretenues. Un certain air de confortable bourgeois semble régner partout.

C'est un peu une cité de rentiers, vivant plus de ses souvenirs historiques que de l'actualité. Le fait est qu'elle possède des annales glorieuses entre toutes.

Son origine remonte à la plus haute antiquité, puisque, déjà du temps de César, un oppidum gaulois du nom de *Bragum* se trouvait sur son emplacement.

Les Romains en firent une ville importante, et l'empereur Claude y éleva un arc de triomphe dont on pouvait voir encore les restes avant la Révolution.

Mais avec Attila, les Huns ruinèrent la cité dont il ne resta que la forteresse.

Plus tard saint Saulve fit ériger sur la colline, où se trouve le Montreuil actuel, un petit monastère *(Monasteriolum)*. Ce fut l'origine de la cité du Moyen-Age. Autour des moines, toute une population laborieuse vint s'établir, vivant de leurs bienfaits et des travaux qu'ils leur procurèrent. Ces derniers furent considérables. Il fallut défricher la colline, élever les remparts de la nouvelle ville. On en fit une forteresse inexpugnable.

Au IXe siècle les habitants crurent pouvoir s'affranchir de l'autorité royale. Les capitaines qui commandaient le château, pour le compte du roi, se rendirent indépendants et se proclamèrent comtes de Montreuil.

De ce jour, Montreuil connut toutes les horreurs de la guerre. Pendant tout le xe siècle, la ville eut à soutenir tour à tour les sièges et les assauts du duc de Vermandois, du comte de Flandre, de Louis d'Outremer et même du roi de France, Hugues Capet.

Montreuil rentra dans le domaine royal par le mariage de Hugues, fils de Guillaume, comte de Montreuil, avec Giselle, la fille du roi. Le roi donna en dot à sa fille la ville d'Abbeville, mais il eut soin de reprendre Montreuil à son gendre.

La petite ville ne perdit pas à ce changement de maître, car elle devint bientôt excessivement prospère. Les Capétiens en firent une de leur résidence favorite. Ils y bâtirent un palais et y installèrent un atelier monétaire. Des églises et des constructions religieuses s'élevèrent partout pendant le xe siècle. Ce fut l'abbaye de Sainte-Austreberthe, pour conserver les reliques qu'un habitant du pays du nom de Vallon avait rapportées de Pavilly en Normandie. Ce fut l'abbaye de Saint-Saulve, pour abriter la dépouille mortelle du célèbre évêque d'Amiens, puis celle de saint Vulphy. Ce furent les couvents des Bénédictines et des Augustines, ces dernières pour le service de l'Hôtel-Dieu, puis les monastères des Carmes et des Chartreux. Pourquoi faut-il que cette période de souvenirs religieux ait été ternie par l'acte si coupable de Philippe Ier ? Le roi dévergondé répudia sa femme légitime, la pieuse reine Berthe, et il la fit enfermer pour la fin de ses jours dans cette tour de l'enceinte fortifiée, dont nous avons parlé plus haut, et où elle mourut en 1095.

Entre temps le commerce s'était également développé considérablement dans la cité. Au xiiie siècle il avait atteint son apogée, et Montreuil faisait partie de la hanse teutonique ; mais avec les invasions anglaises, il ne tarda pas à décliner. La ville changeait constamment de maître, et cela ne s'opérait pas sans les plus cruelles épreuves. Tour à tour au pouvoir du roi d'Angleterre, puis en celui du roi de France ; passant plus tard dans les mains de Jean-sans-Terre, pour retomber dans celles de Louis XI ; attaquée successivement par les Anglais et les Flamands contre lesquels elle soutint des sièges mémorables ; prise enfin d'assaut en 1537 par les Impériaux, pillée et incendée ; tels furent sa vie et son sort pendant les xive et xve siècles. Pour comble elle fut ravagée en 1596 par une terrible épidémie.

Il n'en fallut pas davantage pour faire de cette ville, autrefois prospère, une cité désormais ruinée et condamnée pour toujours à végéter. En 1635 elle avait perdu la moitié de son importance. Sous Henri IV, Vauban releva bien ses murailles et sa citadelle ; mais cela ne lui redonna pas la vie, ni son antique splendeur. Elle demeura une ville morte, simple forteresse destinée à arrêter les envahissements, et elle ne vécut plus que des grands souvenirs de son glorieux passé.

Cet état de choses ne s'est guère modifié de nos jours. Montreuil demeure un des tombeaux de notre histoire. Mais c'est précisément à cause de cela que le touriste érudit aime à s'y rendre. Là il retrouve la vieille France aujourd'hui si ignorée. Là, dans la visite des remparts et des édifices publics, il récapitule tous les grands événements de nos annales nationales. Et, quand à la recherche historique et archéologique vient se joindre le charme de la contemplation d'un site merveilleux et délicieusement paysagé, rien d'étonnant que Montreuil ne soit devenu, pour tous les baigneurs de la région, pendant la saison, un pèlerinage obligé et le centre d'excursions toutes aussi attrayantes les unes que les autres. Les habitants de Paris-Plage ne failliront pas à cette obligation. Ils n'auront d'ailleurs pas à le regretter.

Armes de Montreuil-sur-Mer

CHAPITRE IX

Camiers et l'Etang du Roi

LE CHARME DE LA ROUTE. — LES ABORDS DE CAMIERS. — L'ÉGLISE ET SON HISTOIRE. — L'ÉTANG DE LA MIERRES. — CONSIDÉRATIONS GÉOLOGIQUES. — EXPLICATION DE LA NOUVELLE DÉSIGNATION « L'ÉTANG DU ROI ». — BEAUTÉ DU PAYSAGE EN CET ENDROIT. — LE PEINTRE YON. — PHYSIONOMIE DU VILLAGE.

Camiers est un joli petit village de l'arrondissement de Montreuil et du canton d'Étaples, dont il n'est distant que de six kilomètres. Il possède une population moitié marine, moitié agricole, de 894 habitants. Agréablement situé sur la rive droite de la Canche, il n'est distant de la mer que d'environ cinq cents mètres. Il en est séparé par des sables presque plats et marécageux par endroits.

Vous pouvez vous rendre à ce village de trois façons différentes : par chemin de fer en partant d'Étaples, en voiture de Paris-Plage dont il est distant par la route d'environ treize kilomètres, ou enfin à pied, mais en traversant la Canche en barque en face de notre station, à la hauteur du petit phare de Camiers, et en vous entendant avec le batelier pour l'heure du retour.

Entre Étaples et Camiers le paysage est absolument spécial. La route court d'abord dans une campagne plate qui serait sans charme, si elle ne possédait pas, au loin vers votre gauche, la vue de la Baie. Mais bientôt, elle s'engage à travers des dunes plantées de pins maritimes, déjà forts, et présentant les formes les plus étranges. De temps à autre, une éclaircie vous découvre le panorama de la Canche, de la forêt et de notre coquette station balnéaire avec ses deux phares. A cette distance, Paris-Plage dit quelque chose. Son importance paraît même grandie et exagérée Vous côtoyez le chemin de fer, qui ne tarde pas à s'engager à travers une dune escarpée, couronnée de pins et dominée par un petit phare. Le paysage change pour vous. Les abords de Camiers rappellent la campagne romaine, par la tonalité des collines qui bordent l'horizon, du côté opposé à la mer. Camiers lui-même n'échappe pas à cette note exotique. Les maisons aux tuiles rosées, ses arbres roussâtres, tordus et grillés par le vent de mer, contribuent à prolonger cette agréable impression.

Vous arrivez dans le pays. La route tourne à gauche en descendant rapidement vers le chemin de fer. D'un côté vous laissez la pauvre petite église, sans grand intérêt, mais agréable par sa rusticité. Elle est entourée d'un minuscule enclos, chargé de cyprès et de sapins, dans lequel dorment, les uns sur les autres, les ancêtres depuis le milieu du XVIIIe siècle.

Cette église n'est pas en effet bien vieille. Elle a remplacé celle qui était dans le bas du village, et qui fut démolie à la suite des trop nombreuses inondations dont elle était constamment l'objet, quand l'étang dont nous parlerons plus loin débordait. L'archidiacre Abot, dans une visite qu'il fit en 1715, constata « qu'elle est tout environnée d'eau et qu'il n'y a qu'un petit passage pour y entrer ». En 1756, le curé de Camiers, M. du Sommerand se plaint à l'évêque de Boulogne que « le cimetière disparaît sous les eaux qui menacent l'église et le presbytère ».

L'évêque ne pouvait rester insensible à une telle détresse, et il prescrivit la reconstruction de l'église sur la hauteur où elle se trouve actuellement. On y transporta le mobilier de l'ancien sanctuaire avec les deux principales statues, celle de saint Éloi, patron de la paroisse, et celle de sainte Madeleine.

De l'autre côté de la route, toujours en descendant, vous

passez devant quelques coquettes villas entre cour et jardin, le tout parsemé de mille fleurs, qui jettent dans le tableau une note luxueuse.

Après avoir traversé la voie ferrée qui, au loin, s'engage entre de hautes collines dans la direction de Boulogne, vous apercevez l'étang que nous avons cité et dont la présence, à première vue, paraît inexplicable, car on se demande par quoi il est alimenté. Pour nous, nous le considérons, tout simplement, comme le déversoir des eaux pluviales qui descendent des hautes collines imperméables entourant Camiers. Ces eaux, en arrivant dans le bas du village, trouvent un terrain perméable, dans lequel elles s'enfoncent pour reparaître à l'endroit où se trouve ce petit lac.

Ceci est une explication. Mais on pourrait admettre également qu'il y a, à une certaine altitude, des nappes d'eau plus ou moins considérables, suivant la saison, et qui, par infiltration, descendraient intérieurement dans la montagne jusqu'au niveau de l'étang correspondant à peu près à celui de la mer.

Ce qui permettrait d'émettre cette hypothèse, c'est la source presque inexplicable qui se trouve sur les hauteurs du Saint-Frieux, et dont nous parlerons en son temps.

Du reste toute cette contrée, qui procède un peu des régions montagneuses, donne lieu parfois à des faits géologiques qui ne manquent pas d'intérêt.

On rapporte dans le pays que, lors du célèbre tremblement de terre qui eut lieu à Lisbonne le 1er Novembre 1785, les eaux de l'étang furent tout d'un coup très agitées. Elles se mirent à bouillonner et elles s'élevèrent bien au-dessus de leur niveau ordinaire. On trouve la narration de ce fait dans l'histoire du Boulonnais par Henry.

D'autre part, ce qui prouve bien les bouleversements dont le pays fut autrefois le théâtre, ce sont ces arbres entiers ensevelis dans la sable, ainsi que divers bois de cerf pétrifiés qu'on y découvrit à certaines époques.

Il y a sur la côte toute une forêt ensevelie dont nous reparlerons et dont le niveau est aujourd'hui beaucoup plus bas que celui de la mer. Certainement il a dû se produire en cet endroit un affaissement considérable du sol.

D'où vient maintenant le nom d'*Etang du Roi.* Nous n'avons trouvé nulle part cette désignation, et nous nous demandons si elle ne serait pas due à l'aimable habitant du manoir, si poétique, qui se trouve assis sur les bords délicieux du minuscule lac suisse. Nous avons désigné M. Lefevre-Bougon, d'Amiens.

En effet autrefois on l'appelait l'étang de la Mierres. Il est vrai que la famille de Rocquigny du Fayel, qui a toujours possédé de nombreux fiefs avant la Révolution dans cette localité, en avait un qui s'appelait « le Four du Roy » et qui était tenu directement de la Couronne. Est-ce ce dernier qui aurait justifié la dénomination actuelle de l'étang? Cela se pourrait; mais dans tous les cas, ce serait une appellation moderne.

La petite métairie qui se trouve sur le bord de l'étang appartient du reste aux de Rocquigny, et l'un d'eux, qui fut dans ces derniers temps maire de Camiers, y habita longtemps.

C'est un site charmant, et qui a été bien souvent traduit par les nombreux peintres habitant Camiers pendant la belle saison. Le célèbre Yon, autrefois, en tira un merveilleux parti, et nous l'avons vu bien souvent installé sur les rives de l'étang, brossant une magistrale toile, sur laquelle il faisait passer toute son âme de rêveur incomparable.

C'est, il est vrai, un paysage qui n'est pas ordinaire et qui sort bien de la banalité. Il y a en cet endroit une série de contrastes qui forcent l'attention.

Tout autour de vous une végétation luxuriante et fraîche donne au site, aride par lui-même, l'aspect d'une oasis dans le désert. De petites dunes, dénudées et pointues, complètent le tableau à gauche ; tandis que dans le fond, vers la droite, au tournant d'un bosquet, la rue du village continue profonde, présentant une série de taches blanches et rouges.

Si vous y pénétrez, vous vous heurterez à toute une population grouillante, parmi laquelle les enfants dominent,

Les petits garçons sont presque tous habillés en mousses, avec le béret bleu marine à la bouffette rouge. Les vieux fument la pipe contre leur devanture, tissant des filets de pêche.

Par ici de lourdes voitures, chargées d'une tourbe ligniteuse noire, qu'on a extraite sur le rivage, parcourent les rues.

Par là c'est un troupeau de vaches, la clochette au cou, revenant du pâturage.

Rien de plus mouvementé et de plus gai que la vie des rues dans ce petit pays. C'est tout à fait une physionomie à part que vous n'aurez vue nulle part encore.

On dit toujours que : « l'ennui naquit un jour de l'uniformité ». En faisant l'excursion de Camiers, vous vous trouverez dans un site bien nouveau et tout à fait différent des excursions précédentes que nous avons fait faire jusqu'à présent.

Et maintenant, comme il faut toujours joindre l'utile à l'agréable, disons en terminant que si vous désirez déjeuner dans la localité, vous rencontrerez dans la principale rue un cabaret fort bien tenu qui sert de pension aux peintres. Vous pourrez y faire un très bon et très substantiel repas, et le milieu dans lequel vous vous trouverez ne sera pas la moindre attraction de l'endroit, par les études de mœurs qu'il vous procurera.

CHAPITRE X

Les Plages de Saint-Gabriel et de Sainte-Cécile

CE QUI A MOTIVÉ LA CRÉATION DE CES PLAGES. — COMMENT ON S'Y REND. — LE CHATEAU DE LHOMEL. — DESCRIPTION DU SITE. — L'HOTEL SAINT-GABRIEL. — LA DIGUE. — LES RUISSEAUX DU ROCHER ET DE DANNES. — LA PLAGE DE SAINTE-CÉCILE.

Il y a plusieurs années on aurait cherché sur les cartes, ou dans les annuaires du Pas-de-Calais, les noms de Saint-Gabriel et de Sainte-Cécile, qu'on aurait été dans l'impossibilité de les rencontrer. Il y a pourtant, aujourd'hui, deux plages de ce nom, et dans le voisinage immédiat du Paris-Plage, mais de l'autre côté de la Canche, à la hauteur ou plutôt un peu au-dessus de Camiers.

Et d'où vient encore cette création nouvelle? Eh mon Dieu, la réponse est bien simple. Paris-Plage en est l'auteur. Le succès foudroyant de notre station balnéaire, les avantages pécuniaires immenses qu'en ont retirés les premiers acheteurs, ont suscité d'autres spéculateurs, qui ont rêvé de rééditer par là ce qui avait été fait chez nous ; et voilà comment d'une plage il en est né deux, et même trois avec celle d'Hardelot qui se trouve un peu plus haut dans la direction de Boulogne.

Mais pour lancer une plage, il ne suffit pas de prendre une carte et de décider que sur tel point du littoral il y a lieu de bâtir. Il faut considérer les tenants et les aboutissants, les points de ravitaillement, les facilités de communication, les moyens de distraction. Paris-Plage devait très vite réussir, parce qu'il possédait à souhait tous les éléments qui devaient lui assurer aussitôt la vie. En est-il de même de beaucoup de nos voisines ? Ce n'est pas à nous de répondre à la question. C'est au promeneur, au visiteur et au touriste. Nous sommes armé d'une plume et non d'une bêche. Et d'ailleurs nous voyons la nature belle partout. Parce qu'elle change d'aspect, ce n'est pas une raison pour la condamner là où elle revêt une forme autre que celle qui nous est familière. N'en déplaise à certains, nous affirmons qu'il y a, dans la campagne de Sainte-Cécile et de Saint-Gabriel, de forts jolies choses. Le site y a un charme nouveau et qui a bien sa valeur. Mais n'anticipons pas.

Pour faire cette excursion — car les deux plages peuvent se visiter en une même fois — une après-midi suffit largement, si on se sert du chemin de fer. Si on fait en même temps l'excursion de Camiers, on ira en voiture le matin dans ce charmant village ; on y déjeunera, et l'après-midi on se rendra à Saint-Gabriel d'abord, à Sainte-Cécile après.

Mais comme nous avons déjà décrit l'excursion de Camiers, supposons la première combinaison par chemin de fer.

Nous avons pris un aller et retour. A la sortie de la station nous descendons l'avenue. Arrivé au bout de celle-ci, vous tournez à gauche, revenant un peu sur Camiers. A votre droite vous laissez le château de M. de Lhomel, au milieu d'un bosquet de pins maritimes ; à votre gauche, la tour d'un vieux moulin. Vous arrivez bientôt, près de Camiers, à une route sur votre droite qui vous conduira directement à Saint-Gabriel.

Le chemin traverse une lande, souvent marécageuse, dans laquelle certains essais de plantation ont été tentés. Il peut se faire que ceux-ci réussissent, mais il faudra encore pour cela beaucoup de temps et surtout beaucoup d'argent. Quand il faut penser qu'au Touquet, soixante ans et plusieurs millions ont à peine suffi à assurer ce que nous voyons

aujourd'hui, on est effrayé des efforts qu'il faut déployer, surtout quand on a à lutter contre tous les éléments : l'air salin, le vent de mer, le soleil brûlant et la dent des lapins !

Ces réflexions terribles, qu'on ne manque pas de se faire durant le trajet, sont tempérées, malgré les ardeurs d'un soleil désespérant, par la grandeur du tableau qui se déroule devant vous. Les lointains, sur votre droite, sont magnifiques. Le Mont Saint-Frieux, qui dresse majestueusement sa pyramide brumeuse, donne au paysage comme une réminiscence des environs de Naples avec le Vésuve. La couleur locale a d'ailleurs beaucoup d'analogie avec la campagne napolitaine, au dire de certains artistes qui ont longtemps exploité ces parages. Derrière vous se dressent les hautes collines du Boulonnais, sur lesquelles, déplorons-le en passant, des mains sacrilèges ont couché une réclame gigantesque d'un fabricant de chocolat. Pourquoi dénaturer ainsi les plus beaux sites ?

Vous arrivez à une auberge au coin d'une rue. C'est le début de Saint-Gabriel. Le lotissement commence à se dessiner. Le plan est vaste, et il y a de quoi bâtir une ville assurément. On compte déjà une vingtaine de constructions disséminées un peu partout, parmi lesquelles une petite chapelle très gentille. Mais une immense construction attire vos regards. Quel est donc cet édifice ou ce palais ? C'est le Grand Hôtel. Et pourquoi est-il fermé ? Nous répondons : Pourquoi avoir mis la charrue avant les bœufs ? A Paris-Plage où nous avons quatre cents chalets, quatre à cinq mille baigneurs au fort de la saison, jusqu'en 1904 nous n'avions encore qu'un hôtel qui était la moitié à peine de celui-là ; et ici dans cet aimable désert, où il y a plusieurs années il n'y avait aucune construction ni aucun habitant, on édifie une bâtisse renfermant plusieurs centaines de chambres, possédant tout le confortable moderne, meublé luxueusement et ayant coûté plus que le demi-million ! Comment qualifier cette imprudence ? Est-il d'usage de planter un arbre géant, ayant vingt-cinq ou trente ans d'âge, et qu'il reprenne ? Non, tout dans ce monde doit faire ses racines pour réussir.

A tout il faut la période d'incubation, le berceau pour arriver à l'âge viril. Que cette aventure soit une leçon pour les imitateurs de l'avenir.

Mais voyez, quel dommage ! car cet hôtel est vraiment splendide. Il se dresse dans une situation exceptionnelle sur le fait d'une digue que la mer vient battre. La construction de cette digue seule a coûté une somme folle.

L'idée première de cette plage serait due à Mademoiselle de Rocquigny. On prétend, dans le pays, qu'elle donna le terrain gratuitement à la Société qui fit construire l'hôtel, mais qu'elle prit à sa charge la construction de la digue. L'idée au fond est grandiose ; elle a eu le tort de ne pas venir à son heure. Mais le temps est là pour réparer les erreurs de la première heure. Nous faisons les vœux les plus sincères pour la réussite de cette nouvelle station balnéaire.

Il faut visiter l'hôtel en détail pour bien vous rendre compte de sa magnificence. Le salon, si nos souvenirs sont exacts, est clair et en beau Louis XV modernisé. La salle à manger, très sévère, est dans le style Henri II.

Toutes les chambres sont meublées en moderne-style, dans une note pleine de fraîcheur et vraiment ravissante.

Devant l'hôtel s'étend une vaste terrasse avec vérandah, d'où l'on peut, en se reposant, contempler la mer dans toute sa splendeur. Si vous descendez de cette terrasse et si vous sortez des limites de l'hôtel, vous arrivez sur le terre-plein de la digue que borde une longue balustrade en bois. Tout le long, des bancs invitent au repos.

Quand la mer vient battre le parapet, le spectacle est très beau ; mais on se demande avec inquiétude si le terrible élément n'aura pas un jour raison de cette résistance, et si l'édifice, qui s'abrite derrière ce rempart improvisé, ne sera pas, tôt ou tard, emporté par ses assauts.

Il aurait fallu, en effet, que cette digue fut prolongée pendant plusieurs centaines de mètres sur la gauche. Faute de cela, la mer sournoise tourne déjà la difficulté, et elle ronge sur le côté et par derrière ce qu'elle ne peut attaquer de front.

A marée basse un escalier en bois permet de descendre sur la grève. Le sable est fin, ferme et lisse. Cela tient au sous-sol formé d'une certaine glaise qui ne sèche jamais.

D'autre part, le sable qui recouvre cette glaise est battu à chaque marée par le flot, ce qui lui permet de former une masse bien homogène.

Mais s'il y a là un avantage précieux, il y a par contre, en certains endroits, un inconvénient. Quand le sable vient à manquer, le terrain devient visqueux et glissant. Ceci se produit aux endroits où les ruisseaux du Rocher, d'une part, et de Dannes, d'autre part, viennent se répandre sur la plage. La surface qu'ils baignent est assez considérable. Ils entraînent parfois le sable dans leur course et mettent le sous-sol à nu. A part cela, on peut dire que la grève de cette plage est superbe et certainement très agréable pour les promeneurs.

Mais nous n'avons pas encore parlé de Sainte-Cécile. Cette station se trouve dans le prolongement de Saint-Gabriel sur Boulogne. Elle fut la première créée ; mais elle se développa ensuite moins vite que sa sœur.

La cause en fut, dit-on, aux spéculateurs qui achetèrent des lots considérables de terrains, sans qu'il y ait obligation de bâtir. Tout le monde attend que cela se construise pour acheter et édifier ; mais comme il n'y a personne pour attacher le grelot, cela ne marche pas et cette plage en est, à peu près, toujours au même point.

Comme aspect, elle a exactement la même physionomie que Saint-Gabriel. Elle se trouve dans le même site et dans la même campagne.

Vous pouvez revenir à la gare de Dannes-Camiers par le boulevard de Sainte-Cécile, longue avenue de 1900 mètres qui traverse le parc de M. de Rosamel dans toute sa largeur.

CHAPITRE XI

Sur les Hauteurs. Les villages de Lefaux et de Frencq

ITINÉRAIRE A SUIVRE. — LE CHATEAU DES TREMBLES. — LE VILLAGE DE LEFAUX ET LES DUNES. — SON HISTOIRE. — LE DOMAINE DE ROSAMEL. — FRENCQ ET LA VALLÉE DE L'HUITREPIN. — CURIEUSE ÉGLISE. — SOUVENIRS HISTORIQUES. — LES HAMEAUX DE LINIÈRES ET DE LA MOTTE-COURTEVILLE. — FROMESSENT ET SES RUINES.

Une excursion qui diffère bien, par la nature nouvelle du site, avec ce que nous avons fait visiter, jusqu'à présent c'est celle de Lefaux et de Frencq.

Ces deux pays se trouvent sur la hauteur qui domine Étaples, à une très grande altitude au-dessus du niveau de la mer pourtant bien près, puisque le premier est déjà à soixante-quinze mètres, et le second à cent-quatre. C'est vous dire combien il faut monter en voiture pour y parvenir, car là il n'y a pas de bicyclette possible, et le chemin à parcourir, aller et retour, devant comprendre une trentaine de kilomètres, nous ne vous conseillons pas de faire l'excursion à pied.

Pour vous y rendre, vous prendrez d'abord la route qui mène au château des Trembles. Il vous faut, pour cela, passer sur le pont de la ligne de Boulogne au-delà de la station, et suivre le chemin qui monte la pente rapide de la haute colline, au-dessus d'Étaples.

Vous êtes bientôt dans des parties de dunes, presque inexplicables à cette hauteur, et vous atteignez des plantations de pins maritimes. Ceux-ci sont maigres en général, car la nature du sol est bien mauvaise, et les assauts des tempêtes de l'Ouest sont terribles.

Au bout de trois kilomètres environ, une avenue se détache, sur la gauche, à travers bois. Elle vous mène au château des Trembles, habité par la famille de France. Cette propriété est aussi désignée sous le nom des « Blanquettes ». Elle comprend divers corps de bâtiments dont plusieurs à usage de ferme.

Vous revenez ensuite sur vos pas, pour reprendre la route de Lefaux, que vous atteignez à quinze cents mètres plus haut.

C'est un bien petit village, puisqu'il ne comprend que deux cent quatre-vingt-sept habitants ; mais cela ne l'empêche pas d'être charmant. Le site est d'ailleurs accidenté, puisque vous êtes en plein dans la chaîne montagneuse du Boulonnais. Les sables viennent encore augmenter la hauteur des collines, par les dunes élevées qu'ils ont formées au-dessus du secondaire jurassique, terrain naturel de la région.

Malheureusement, ces sables sont toujours mobiles. En 1646, ils ensevelirent le village de Rombly, d'où dépendait Lefaux, alors simple hameau. A partir de cette époque, Lefaux devint le siège de la commune, et on y édifia l'église actuelle. Pour empêcher le retour de semblables catastrophes, une ordonnance royale parut en 1668 pour enjoindre aux habitants de planter des oyats, afin de fixer la dune.

Au sortir de Lefaux, vous vous dirigez sur Frencq. A l'intersection de plusieurs routes, vous passez au pied des restes du moulin de Lefaux. Vous êtes à cent vingt mètres d'altitude. Tournant à droite, vous obliquez sur Rosamel, dépendance de Frencq. Là, se trouve le splendide château construit en 1770 par l'architecte Gérard Sannier, pour le compte de Claude-Marie du Campe de Rosamel, Maréchal de camp des armées du Roi. Le parc en est immense et bien tracé. A son extrémité, se trouve le Mont de justice, où s'élevait autrefois le gibet du seigneur. Une allée qui part de ce point, comme pour rappeler ce lugubre souvenir, est encore dénommée le chemin des morts.

Reprenant la route de Boulogne, vous traversez le lieu dit « Le Marais », et vous arrivez à Frencq. Ce village, qui renferme 939 habitants, est très joli et très pittoresque. Situé dans une charmante petite vallée, où coule l'Huitrepin, il se compose d'une voie principale, de près de deux kilomètres, avec quelques rues adjacentes. Les maisons à l'alignement y sont bien construites, propres, et semblant respirer l'aisance. En divers endroits, quelques coins heureusement paysagés retiennent l'attention du touriste et de l'artiste.

L'archéologue trouve dans l'église de Frencq de quoi alimenter sa curiosité. Celle-ci comprend une nef sans bas-côtés, et semble appartenir en grande partie à la période romane. Elle est coupée par un transept datant du commencement du xve siècle. Le clocher qui se trouve sur le côté, près du chœur, est une reconstruction de l'ancien qui fut démoli après la guerre de 1870.

A l'intérieur, on remarque quelques peintures à fresques, découvertes en 1865 sous une couche épaisse de « badigeon ». Elles ont été restaurées, tant bien que mal, autant que la chose le permettait d'ailleurs.

Dans la chapelle de Sainte-Madeleine, on retrouve quelques vestiges du tombeau d'Enguerran d'Eudin, la célébrité du pays, comme on le verra plus loin. Il décéda en 1391.

Au village de Frencq se rattachent beaucoup de souvenirs historiques. Les Gaulois y occupèrent un oppidum, et d'après Luto, les Druides possédaient dans les bois voisins un temple très en faveur dans la contrée où ils célébraient leur culte sanguinaire. Plus tard les Romains s'emparèrent du pays. Les traces qu'ils ont laissées sont nombreuses. C'est d'abord la voie romaine d'Etaples à Boulogne qui y passait ; on y a même longtemps montré une borne très élevée qui servait d'indication. Puis on y a découvert une quantité respectable de poteries, de pièces d'airain et de monnaies impériales.

Sous les Mérovingiens, avec Clotaire III, Frencq fut inféodé à l'abbaye de Saint-Bertin. Au XIIe siècle, les Templiers vinrent s'établir dans le village. Ils y édifièrent une commenderie qui eut son heure de célébrité. L'ancienne tour romane de l'église aurait été bâtie par eux. Jusqu'à la Révolution, le petit ruisseau dont nous avons parlé plus haut et qui s'appelle aujourd'hui l'Huitrepin, était dénommé la rivière du Temple.

Au XIIIe siècle, le château et tout le domaine tombèrent dans la maison de Hodicq.

De Mahaut d'Hodicq et de Wallon d'Eudin naquit Enguerran d'Eudin qui fut chambellan de Charles VI, gouverneur de Ponthieu, puis du Dauphiné. Ce seigneur dota largement l'hôpital de Frencq, et attacha son nom dans le pays à une foule d'œuvres charitables qui consacrèrent à jamais sa mémoire. Son cœur fut retrouvé en 1844, en démolissant un autel de l'église.

Frencq donna en 1708 l'hospitalité à Jacques III Stuart, prétendant au trône d'Angleterre. Il descendit chez le maître de postes Simon Porquet, et il laissa avant de partir deux louis d'or au curé, en le priant de dire quelques messes pour la réussite de ses projets.

En 1804, un orage tellement violent se déchaîna sur le petit pays que la vallée fut subitement transformée en torrent. De nombreux habitants faillirent se noyer et ne durent leur salut qu'à l'assistance et aux secours qui leur furent prodigués par les hommes du 25e de ligne, campés à quelque distance de la commune.

Pour revenir à Etaples, vous commencez à descendre la vallée de l'Huitrepin en repassant à côté du château de Rosamel. Vous rencontrerez sur votre route les petits hameaux de Linières et de la Motte. Près de ce dernier, se trouve un moulin qui appartenait, au Moyen-Age, au comte Philippe de Boulogne. Celui-ci le donna au chevalier

Arnould de la Motte, par les descendants duquel il passa à la famille de Rocquigny.

De Frencq à Courteville la route va toujours en descendant. Arrivé à Courteville, vous n'êtes déjà plus qu'à quatre-vingts mètres d'altitude, après vous être trouvé à cent vingt mètres au moulin de Lefaux. Vous arrivez à un bois qui ramène un peu de gaieté dans cette campagne nue et aride, car après la Motte vous avez quitté la vallée de l'Huitrepin.

Voici Fromessent, avec les ruines de son château détruit en 1660 par un incendie. On prétend qu'une de ses tours servit de phare au IXe siècle, afin de permettre aux navires qui se rendaient à Étaples de se diriger dans la baie de Canche. C'est dire quelle fut son antiquité ! Il fut possédé tout d'abord par les sires de Fromessent, issus des comtes de Ponthieu, puis par les de Croy en 1559. Mais ceux-ci ayant embrassé la cause espagnole, Henri IV le leur confisqua pour le donner aux Patras de Campaigno. Cette illustre famille du Boulonnais n'est pas absolument éteinte de nos jours. Après avoir fourni tant d'illustres capitaines et avoir occupé une place si importante dans toute l'histoire de la région, on peut voir une de ses dernières descendantes, devenue cabaretière, inscrire son nom à la devanture d'un estaminet sur une des grandes routes qui avoisinent Boulogne. C'est le cas de dire « Cent ans bannière, cent ans roture ». Après tout le bon Henri IV, avant de devenir roi de France, n'avait-il pas une de ses cousines, dans le pays de Béarn, devenue gardeuse de dindons ?

Après Fromessent, la route continue de descendre jusqu'à Étaples que vous regagnez près du passage à niveau, non loin de la petite vitesse.

CHAPITRE XII

La Vallée de la Dordogne. — Longvilliers et ses Ruines

LE HAMEAU DE HENOCQ ET LE TEMPLE DE DIANE. — LE RUISSEAU DE LA DORDOGNE. — BRÉXENT ET SA PAUVRE EGLISE. — MARESVILLE. — LONGVILLIERS. — HISTORIQUE DU CHATEAU. — RUINES IMPOSANTES. — SOUVENIRS DE L'ANTIQUE ABBAYE. — L'ÉGLISE MOYEN-AGE ET LES PIERRES TOMBALES.

Quand vous suivez la droite de la Canche, en partant d'Etaples et en remontant sur Montreuil, vous arrivez après avoir rencontré successivement la ferme Hilbert, le ruisseau d'Huitrepin et la ferme Hodicq, au petit hameau d'Enocq. Il se trouve de l'autre côté de la voie ferrée qu'il faut traverser. Vous y remarquerez une rustique église ayant son histoire. On prétend dans le pays que le portique serait le dernier fragment d'un temple romain dédié à la déesse Diane. A l'intérieur vous trouverez une pierre tombale érigée à la mémoire de Messire Guy de Thubeauville, chevalier, décédé le 5 août 1817, à l'âge de 76 ans.

A côté de l'église se détache un chemin qui mène à Bréxent. C'est celui-là qu'il vous faut prendre. Vous remontez alors une gentille vallée miniature qu'arrose le ruisseau la « Dordogne », souvent à sec dans les étés torrides et sans pluie. La route absolument plate longe une colline à gauche. Elle est bordée de peupliers et de saules malingres jusqu'à Bréxent, très petit village, absolument pauvre, comme tous ceux de ces parages, mais pour cela plein de pittoresque et de poésie. L'église, dans le style roman, presque misérable, prête à la composition plus que n'importe quelle basilique, car la simplicité confinant à la pauvreté n'est plus de notre temps, et plus nous avançons dans la voie du progrès, plus elle semble vouloir déserter ce monde. C'est tant pis pour les artistes toujours à la recherche du primitif et de la note rustique. C'est pourquoi dans ces modestes villages, presque déshérités, ils trouvent avec joie de quoi satisfaire leurs aspirations. Souhaitons qu'il en soit encore longtemps ainsi. A Bréxent, les maisonnettes sont à l'avenant de l'église. Tout au plus distingue-t-on, dans ce pays, une villa entourée de murs et quelques fermes qui paraissent un peu importantes.

Vous poursuivez votre route, vous dirigeant sur Maresville. Cette fois vous avez la Dordogne sur votre gauche. Au loin, à droite, le bois de Longvilliers avec sa note sombre que tempèrent les vapeurs bleutées de l'atmosphère.

Vous atteignez Maresville dont le nom signifie commune de Sainte Marie, *Mariæ villa,* mince village de quatre-vingt-quinze habitants. L'entrée s'en annonce par une avenue très ombragée qui fait contraste après le parcours que vous venez d'effectuer. Rien de bien remarquable dans le pays lui-même : toujours la pauvreté des chaumières ; mais tout cela est coquet et bien propre. L'église, ou plutôt la chapelle, en raison de son peu d'importance, était desservie au XIIe siècle par les moines de Saint-Saulve. Elle renferme encore un chapiteau sculpté de cette époque, qui aurait appartenu à l'abbaye de Longvilliers, et qui sert maintenant de fonts baptismaux.

Au sortir de Maresville, vous passez au lieu dit « l'Abbaye », puis plus loin à Tateville. Enfin après dix-huit kilomètres, vous arrivez à Longvilliers, le terme de votre excursion.

Longvilliers est encore un mince village de trois cent cinquante-deux habitants. Néanmoins il paraît plus aisé que ses congénères. Les fermes sont plus nombreuses ; les maisons s'alignent sur plus d'un kilomètre, pour justifier sans doute le nom du pays.

A Longvilliers il y a deux choses à visiter : les ruines du château et l'église.

Il est juste de dire que Longvilliers est un pays absolument historique. Son château-fort constituait au Moyen-Age une des principales défenses du Boulonnais. Les sièges qu'il eut à soutenir sont, du reste, mémorables. N'y aurait-il que celui qui eut lieu sous la Ligue, il suffirait à son illustration. Charles du Halde le détenait alors, comme héritage de son père, qui le devait à la munificence du roi Henri III. Le gouverneur de Montreuil et le seigneur de Rambures, tous deux partisans acharnés du duc d'Aumale, le chef de la Ligue, vinrent alors l'investir avec une armée considérable. Les défenseurs résistèrent héroïquement pendant huit jours ; et pendant cet espace de temps ils tuèrent une centaine des assaillants. Mais ceux-ci ayant reçu des renforts importants, bombardèrent les remparts avec leur puissante artillerie. Après l'ouverture de plusieurs brêches, les assiégés, voyant la situation désespérée, furent obligés de capituler.

Cependant, plus tard, le duc d'Epernon ayant ramené les Boulonnais à l'autorité du roi, le château de Longvilliers fut abandonné par les Ligueurs. Là, s'arrête à peu près son histoire. Bientôt, comme tous les châteaux féodaux, il fut démoli, sous Louis XIII, par le cardinal de Richelieu qui n'avait qu'un but : abaisser à jamais la puissance seigneuriale, pour mieux consolider le pouvoir du roi.

Passons maintenant à la description sommaire de ce château célèbre. Comme toutes les constructions similaires du Moyen-Age, il formait un vaste quadrilatère, entouré de murailles élevées et crénelées. Aux quatre angles, de grosses tours avec créneaux et machicoulis se dressaient majestueusement. Le tout était dominé au centre par le donjon. De tout cet ensemble il ne reste aujourd'hui qu'une seule tour.

Après la démolition de la forteresse, la demeure des marquis de Longvilliers fut aménagée en une riche habitation seigneuriale, dans le style Louis XV, et elle serait passée ainsi jusqu'à nous, sans la Grande Révolution. A cette époque, le château fut confisqué et vendu comme bien national. En partie démoli, il retomba plus tard en la possession des anciens seigneurs; mais néanmoins il ne se releva jamais de ses ruines. Celles-ci sont imposantes dans leur majesté sévère. La nature désormais s'est emparée d'elles. Les lierres et la mousse tapissent les murailles et ont envahi même le premier étage. Cependant les cheminées encore debout émergent de l'ensemble, lui donnant de la légèreté et du caractère. *Sic transit gloria mundi.*

L'église, elle aussi, a son histoire. C'est tout ce qui reste de la puissante abbaye de Longvilliers, fondée en 1135 par Etienne, comte de Boulogne. Celle-ci était occupée par les religieux de Saint-Bernard. Comme toutes les grandes abbayes elle tomba vite en commende. René de Mailly fut le plus célèbre de ses abbés commendataires. Il la gouverna pendant cinquante-deux ans, de 1566 à 1618. Après toutes les guerres de religion qui désolèrent tant le Boulonnais, c'est lui qui restaura l'église et les cloîtres tombés presque en ruines pendant ces périodes troublées.

L'église de Longvilliers est construite en forme de croix latine. De style gothique, elle semble appartenir au XIVe siècle. Au centre de l'édifice, une tour à cinq pans se dresse surmontée d'un léger clocher très élancé. A l'intérieur on distingue deux chapelles absidiales : l'une dédiée à la Vierge, l'autre à saint Antoine. A la clef de voûte de cette dernière, se lisent les armoiries de François de Créqui, qui fut l'un des seigneurs de Longvilliers, par son mariage avec Marguerite Blondel, héritière de la seigneurie.

La sacristie actuelle de l'église formait autrefois la chapelle du château. Une baie cintrée et chargée de riches sculptures s'ouvrait sur le chœur.

De nombreuses pierres tombales revêtent le sol de l'église. Sur quelques-unes on peut encore relever quelques inscriptions. Parmi les plus intéressantes, notons celle de « Haute et puissante dame Diane de Soulhouette du Halde, femme de haut et puissant seigneur Jacques de la Meschaussée et de la Coste, dame de Longvilliers, Marquise et Dannes en Boullenois, laquelle décedda le 14e janvier l'an de grâce 1650. Priez pour son âme » ; ainsi que celle de Antoine de Lumbre, seigneur de Longvilliers, ambassadeur du roi en Pologne et en Allemagne, décédé le 14 mai 1676.

Sur ce baissé de rideau se termine cette excursion. Il convient à tout ce qui se rapporte au passé. Les grands souvenirs historiques de la France sont aujourd'hui descendus dans la tombe, et avec eux ceux qui en furent les héros. Faut-il qu'ils y restent à jamais ensevelis ? Chercher, comme nous venons de le faire, à soulever le voile qui les recouvre, c'est presque faire œuvre de rénovation sociale. Les hauts et puissants seigneurs semblent renaître de leurs cendres devant cette évocation ardente. Hélas ce ne sont que des fantômes et la vie leur manque ! Que Dieu les ressuscite en leurs descendants !

NOS EXCURSIONS

dans l'arrondissement de Boulogne-sur-Mer

CHAPITRE XIII

Dannes et le Mont Saint-Frieux

LES FABRIQUES DE PORTLAND. — ÉGLISE CURIEUSE DU XVe SIÈCLE : SON PASSÉ; SA RESTAURATION. — LE RUISSEAU DE DANNES. — LE CHATEAU. — AUTREFOIS ET AUJOURD'HUI. — ASCENSION DU MONT SAINT-FRIEUX. — DESCRIPTION DU PANORAMA. — HISTOIRE D'UN ERMITE. — L'ANCIEN PÈLERINAGE. — SOURCE MIRACULEUSE.

A deux kilomètres de Camiers, où nous vous avons conduits dans une de nos précédentes excursions, se trouve le ravissant village de Dannes, adossé au pied des montagnes du Boulonnais. On sait que ces montagnes appartiennent géologiquement à la chaîne du Jura, qui s'enterre en sortant du département du même nom, pour reparaître dans le Pas-de-Calais et se terminer au cap Griz-Nez. Ces collines appartiennent au terrain jurassique. On en extrait la craie grise, qui sert à faire les ciments de Portland, dont les fabriques couvrent à peu près toute la région.

Dannes, en particulier, est un centre très important pour cette fabrication. On en aperçoit du reste les nombreuses cheminées de notre plage.

En suivant la route, entre Camiers et Dannes, vous passerez devant ces usines qui disparaissent sous une couche de poussière grise. Les grands fours, en forme de cône tronqué, sont plantés à l'alignement, et reçoivent le carbonate de chaux qu'on extrait de la carrière en face.

A quelques pas de là, se trouve un calvaire intéressant, à cause de tous les instruments de la Passion qui y sont représentés, puis la tour d'un vieux moulin qui ressemble à un lointain débri de château-fort. Un château moderne précédé d'une avenue se présente à votre gauche. C'est la seule note pittoresque de cette campagne nue et sans intérêt. Au loin dans la même direction, les constructions des nouvelles plages de Saint-Gabriel et de Sainte-Cécile. Mais quand vous vous rapprochez de Dannes, le paysage change. Le village, groupé au pied des hautes collines en pointe et perdues dans la brume bleue, rappelle les sites de la montagne. Les toits en tuiles rougeâtres émergent de la verdure bronzée, comme partout dans ces parages, brûlée sous le souffle des vents de mer.

A l'entrée du village, la maison Fourmanoir paraît indiquée, pour y déjeûner confortablement et y mettre vos chevaux.

Après déjeûner vous aurez la petite église à visiter. Elle est très pittoresquement campée sur le bord de la route, avec son gracieux chevet qui se détache sur un fond de verdure. Toute en pierres de taille blanches, elle appartient au style gothique flamboyant, type du XVIe siècle, L'intérieur en est charmant, et c'est certainement une des belles églises de cette époque dans ce coin du Boulonnais. On y remarque deux parties d'une grille assez élevée, formant six arcades en chêne sculpté du XVe siècle. La balustrade en style Louis XII, également en bois sculpté, dans le sanctuaire, est digne d'attention; de même la cuve baptismale supportée par des colonnettes et appartenant au XIIe siècle.

Cette église placée sous le vocable de Saint-Martin dépendait, avant la Révolution, de la Maladrerie de la Madeleine à Boulogne. C'est à cause de cela que les décimateurs furent le mayeur et les échevins d'abord, puis les membres de l'hôpital Saint-Louis, et cela jusqu'en 1790.

Au XIXe siècle, l'église de Dannes subit une restauration importante. Parmi les souscripteurs de marque qui s'intéressèrent à cette entreprise, on remarque la reine Amélie, qui par deux fois figura sur les listes des donateurs pour la somme de cent francs chaque fois.

Auprès de là murmure un petit ruisseau, à l'eau limpide, qui vient de la montagne, et qui va se perdre dans la dune, après avoir arrosé la belle propriété de la famille Deflesselle d'Amiens. Les bords de ce minuscule cours d'eau sont adorables. Partout ailleurs, on n'y ferait peut-être pas attention. En cet endroit, le contraste est tellement frappant avec le restant du paysage, qu'on ne peut faire autrement de s'y arrêter. Il fait mouvoir un peu plus haut un moulin, et près de la route sous laquelle il passe, il forme an abreuvoir, qui ressemble à un miroir, et dans lequel le sous-bois profond qui borde les rives, se reflète de toute sa hauteur.

Tout à côté, à gauche, se trouve entre deux haies le chemin qui conduit au splendide château.

Le parc est fort bien tracé à travers la dune. Les pins sont fort beaux, et les abords du manoir ont grand air, avec leur cadre merveilleux de végétation qu'on ne soupçonnerait pas en cet endroit, Le château lui-même est construit avec tours crénelées aux angles. Il ne manque pas d'un certain cachet, avec son style sévère Moyen-Age, bien en rapport avec le milieu où il se trouve.

Malheureusement il est de construction moderne, ce qui lui enlève un peu de son prestige. Il ne devait pas y avoir de château primitivement à Dannes, car pendant longtemps ce pays appartint à de puissantes abbayes. En 1026 on le trouve désigné sous le nom de *Villa Dalnas* comme faisant partie du domaine de Saint-Bertin. Il passa plus tard dans celui de Thérouanne en même temps que Cafitinere (Camiers).

En 1756, la Seigneurie appartenait à la famille Régnier d'Esquincourt.

La propriété et le château actuels ont été créés par feu M. Leullier, également d'Amiens. On peut dire qu'il a su faire naître,au milieu du désert, une véritable oasis pleine de fraîcheur et de poésie.

Si vous connaissez particulièrement les châtelains, vous pourrez passer par chez eux pour vous rendre au Saint-Frieux. C'est le chemin le plus court.

Dans le cas contraire, vous poursuivrez la route départementale, au-delà du ruisseau dont nous avons parlé plus haut, et jusqu'au tournant. Là vous trouverez un sentier qui vous conduira dans la dune. Vous longez la propriété Deflesselle, en dehors, dans la direction du Saint-Frieux,jusqu'à ce que vous arriviez à une route blanche, au pied de la montagne.

Le terrain s'élève graduellement. Vous commencez l'ascension. La cime du Saint-Frieux vous apparaît perdue dans la nue. Au fur et à mesure que vous vous élevez, l'horizon grandit, le cadre s'élargit et le panorama s'annonce merveilleux. Enfin, après un quart d'heure à vingt minutes de montée, vous arrivez au fait. Un bouquet de rhamnoïdes très élevé en forme le couronnement. Vous êtes à environ trois cents mètres d'altitude au-dessus du niveau de la mer.

Si vous jetez vos regards sur l'Océan immense, vous percevez bien la côte anglaise qui se traduit par une longue ligne blanche de falaises à pic. Avec une lunette, vous distinguez même des groupements de maisons et une immense tour qui s'enlève sur le ciel.

Notre cher Paris-Plage apparaît pour ainsi dire adossé à la forêt, mais en façade sur la Canche. Ceci tient à ce que la côte tourne toujours jusqu'à Berck, car nous sommes sur une pointe. Le panorama de la baie est tout simplement merveilleux.

Du côté de Neufchâtel, vous ne voyez que collines boisées, des lointains à perte de vue entre de légères montagnes, des quantités de petits villages. La forêt immense de Neufchatel couvre une partie du pays jusqu'à la côte. La pointe d'Equihen, avec son sémaphore, semble à deux pas de cette belle végétation.

Au loin vous voyez très distinctement le dôme de la

cathédrale de Boulogne, la colonne Napoléon, le cap Gris-Nez et les falaises du Calaisis.

Le Mont Saint-Frieux n'est pas seulement intéressant par le panorama qu'on y découvre ; il l'est bien davantage par les souvenirs qui s'y rattachent.

La tradition veut qu'un certain moine d'origine bretonne, *sanctus Feriocus*, saint Frieux, vécut en qualité d'ermite sur son sommet abandonné. Il était, paraît-il, de la même famille que saint Josse et saint Winoc, si célèbres dans la contrée et bretons comme lui. Comme eux, il passa sa vie dans l'austérité et dans la pratique des vertus chrétiennes. Comme eux, il mourut en odeur de sainteté, et plus tard il monta sur les autels, proposé comme exemple aux habitants de la contrée. Son pèlerinage fut célèbre. Une chapelle, dont on perçoit encore quelques légers vestiges, recevait chaque année la visite de milliers de pèlerins pendant les siècles de foi.

Non loin de là se trouvait une fontaine, qui existe encore aujourd'hui et dont on n'a pu encore expliquer la présence à une semblable hauteur. On prête, dans le pays, une vertu miraculeuse à son eau, surtout dans les affections des yeux. On s'y rend encore à cet effet.

C'est tout ce qu'il reste aujourd'hui de cette vénérable tradition qui tient presque de la légende.

Pour terminer disons que cette excursion est une des plus intéressantes que nous puissions recommander pendant la saison. Elle laisse un souvenir durable. Mais nous conseillons surtout, de ne pas la faire pendant une trop chaude journée, ni quand il fait trop de vent, à cause de l'ascension, qui alors devient par trop pénible.

CHAPITRE XIV

Le Château historique d'Hardelot

HISTOIRE DU CHATEAU. — L'ÉPOQUE DES INVASIONS NORMANDES. — LES COMTES DE BOULOGNE. — LES DIFFÉRENTES TRANSFORMATIONS. — OCCUPATION PAR LES ANGLAIS AU XVIe SIÈCLE, PUIS PAR LES LIGUEURS. — DÉMOLITION DE LA FORTERESSE SOUS LOUIS XIII. — RESTAURATION AU XIXe SIÈCLE. — COMMENT ON SE REND A HARDELOT. — LA FORÊT D'HARDELOT. — CONDETTE AVEC SON ÉGLISE ET SON CHATEAU. — LE HAMEAU D'HARDELOT. — DESCRIPTION DU CHATEAU. — M. WHITLEY. — LA CAMPAGNE D'HARDELOT. — LA NOUVELLE PLAGE.

Hardelot, c'est l'excursion historique par excellence. Avec Hardelot, nous remontons jusqu'en 811 environ, à l'époque de Charlemagne et des grandes invasions normandes, qui motivèrent l'érection de ce castel pour préserver la côte de leurs incursions.

Hardelot, c'est là que furent détenus de 890 à 916, dans les sombres cachots du manoir, plusieurs habitants de Marck « tout chargés de chaînes », sur l'ordre du cruel Régnier, comte de Boulogne.

C'est à Hardelot que séjournèrent, à la fin du XIIe siècle, et au commencement du XIIIe, l'autre célèbre comte de Boulogne, Renaud et sa femme Ida ; car deux édits, dont l'un se rapporte à une donation pour l'église d'Andres, en 1194, et l'autre aux franchises communales de Boulogne, en 1203, furent signés par eux dans cette demeure.

Cependant il faut se reporter vers 1230 pour ouvrir la grande période historique d'Hardelot. A cette époque Philippe Hurepel, comte de Boulogne, le transforma en une forteresse de premier ordre. Un siècle plus tard, en 1380, Jean de Gaurie, gouverneur de Boulogne, y fit établir de nouveaux et importants travaux de défense, pour résister aux Anglais qui menaçaient Boulogne. Mais en 1544, sous Henri VIII, la place ne put résister à leurs efforts. Les troupes anglaises avaient envahi tout le Boulonnais. De Bletz, qui commandait pour la France, manquait de soldats et de munitions. Les paysans accoururent et défendirent le château de leur mieux; mais ils ne purent résister longtemps aux assiégeants, et ils durent capituler le 29 juillet. Au mois de septembre suivant, François Ier y délégua ses ambassadeurs pour y négocier de la paix avec le roi d'Angleterre. Cela n'empêcha que Hardelot resta longtemps encore en la possession des Anglais. Il fut plus tard occupé par les ligueurs, avec Claude Oudart de-Roussel, seigneur de Bédouâtre pour gouverneur. En 1589, ce dernier ayant fait sa soumission au roi de France conserva le commandement de la forteresse. Enfin, en 1658, Louis XIII, redoutant toujours de nouvelles révoltes de la part des princes et des grands seigneurs du royaume, ordonna la démolition du château d'Hardelot, comme celle de beaucoup d'autres forteresses féodales. Patras de Campaigno, lieutenant du maréchal d'Epernon, fut chargé d'assurer l'exécution de cet ordre.

Cependant, dans la seconde période du siècle dernier, le manoir fut relevé de ses ruines. Une restauration intelligente exécutée en outre de nos jours nous permet aujourd'hui d'en admirer la belle ordonnance.

Après cet exposé, nos lecteurs jugeront de l'importance de l'excursion que nous leur proposons.

Pour ceux qui ne pourraient se rendre à Hardelot en bicyclette ou en voiture, d'une station quelconque de la ligne de Boulogne, nous conseillons tout simplement de descendre à Neufchâtel, avec un simple billet d'aller et retour; de gagner Condette, et de là Hardelot. C'est une excursion à pied qui comporte, dans les deux sens, une quinzaine de kilomètres, et qui n'a rien d'excessif. Nous supposons cette dernière combinaison.

Au sortir de la gare de Neufchâtel, par le premier train du matin, vous suivez la ligne du chemin de fer, dans la direction de Boulogne, jusqu'au pont qui la traverse. Là, après l'avoir franchi, vous descendez la grande avenue bordée de maisons ouvrières de chaque côté. Vous arrivez à la forêt d'Hardelot. C'est une masse imposante de bois élevés, dont les immenses ombrages se font sentir jusque sur la route pourtant très large. A droite et à gauche, de vastes pelouses d'un beau vert, vous offrent un moëlleux tapis tout le temps que dure sa traversée. Arrivé vers le milieu, vous rencontrez, sur le côté droit, une très jolie chapelle de la sainte Vierge, d'un grand caractère dans ce lieu désert et sombre.

Vous atteignez, après quatre kilomètres de marche environ, le village de Condette sur la gauche. Ce pays, qui contient onze cents habitants environ, est assez pittoresque et renferme de très jolies propriétés. Une filature de lin et de chanvre, ainsi qu'une manufacture de toiles à voiles font vivre ses habitants, et donnent une certaine animation à la petite localité.

L'église, dans le style gothique, est à visiter. On s'y rend par une belle avenue d'arbres, sous un délicieux ombrage. Vous y remarquerez le chœur dans le beau flamboyant du XVe siècle, ainsi qu'une cuve baptismale d'un seul bloc, remontant vraisemblablement à la période romane.

Tout à côté de Condette, au hameau de Florincthun, se trouve un château qu'on appelle ordinairement le château de Condette, et qui a également son histoire. C'est là, en 1744, que le malheureux prince Charles Edouard et son frère séjournèrent, en attendant leur départ pour cette campagne d'Ecosse, à la conquête d'un trône irrévocablement perdu pour eux. On sait comment celle-ci se termina.

Au sortir de Condette, pour vous rendre à Hardelot, nous vous conseillons de demander souvent votre chemin ; car il est presque impossible de l'indiquer exactement autrement que par un plan. En effet les routes se croisent en tous sens, desservant les moindres agglomérations, fort répandues dans toute la région. Partout des petites propriétés charmantes, très rustiques, des prairies, des chemins bordés de haies.

Vous arrivez à un petit hameau comportant à peine une vingtaine de maisons. C'est Hardelot.

Tournant sur votre gauche, vous parcourez la rue principale du minuscule pays. Au bout, à gauche encore, vous trouvez un petit chemin ombragé au fond duquel se trouve une grille. Sur celle-ci est apposée une pancarte annonçant le château historique, avec les heures d'admission pour le public. Vous pénétrez dans une allée de jardin fort bien tenue et bordée d'arbustes de chaque côté. Elle vous mène à une porte antique, vestiges des fortifications de la forteresse. Après l'avoir franchie, vous vous trouvez dans un vaste square, qui fut vraisemblablement autrefois la place d'armes. Le château se dresse dans le fond. Il se compose d'un corps de bâtiment principal dans lequel le style de la Renaissance domine. Ce style est dû à une transformation opérée à cette époque, puisque nous avons vu plus haut que Philippe Hurepel, comte de Boulogne, fut le principal restaurateur de l'édifice au commencement du XIIIe siècle. Tout le faîte de la façade est crénelé et se présente sur des plans différents, ce qui en fait le charme. Au centre, une tour ronde très élevée, avec paratonnerre, fournit du caractère à l'ensemble. A l'angle droit, une tourelle de guetteur surmontée d'un toit conique donne de la légèreté. Aux angles, les grosses tours à créneaux rappellent le Moyen-Age militaire. Les fenêtres et la porte d'entrée, à laquelle on accède par un superbe perron, sont surtout remarquables par leur aspect gothique très accentué. Des massifs d'arbustes, savamment disposés, viennent poétiser l'antique manoir et composent un paysage vraiment charmant.

Si vous pénétrez à l'intérieur vous êtes étonné d'y trouver tout le confortable moderne. Il faut dire que le château d'Hardelot est devenu, depuis quelques années, la propriété d'une société anglaise, sous le nom de « Plage d'Hardelot », et dont le fondateur est encore l'infatigable M. John Whitley.

Il y a dans cette création, avec celle de Mayville autrefois, et celle du Touquet actuellement, un plan d'ensemble qui est certainement grandiose. Bien des difficultés qu'il serait trop long, et d'ailleurs inutile de rappeler ici, ont empêché, jusqu'à ce jour, la réussite simultanée de cette conception. Mais il apparaît déjà, que tout arrivera à s'enchaîner fatalement. Mayville se soudera à l'affaire du Touquet, et Hardelot sera le couronnement du gigantesque projet. Il sera, pour les stations de Paris-Plage-Mayville et pour la plaisance du Touquet, l'excursion de prédilection ; car les visiteurs et les promeneurs y retrouveront, dans un autre genre, un second chez eux. Pour mieux nous faire comprendre, disons que Hardelot sera pour ainsi dire la campagne des bourgeois du Touquet-Paris-Plage-Mayville.

En attendant la réalisation de ce vaste plan, on trouve au château d'Hardelot une indication des projets en cours. Dans le vestibule d'entrée, on a installé un très confortable buffet pour les excursionnistes. On y trouve également tous les renseignements sur la station balnéaire d'Hardelot, ainsi que sur les excursions environnantes.

Il vous faut maintenant visiter les vieux remparts tout en ruines, si pittoresques avec tous ces lierres et cette végétation désordonnée qui les ont envahis. A leur pied s'étend le marais de Grise Marine, chargé de roseaux et de mille plantes aquatiques. La vue passe sur toute la campagne pleine de poésie pour gagner la dune aride et atteindre la mer bleue à l'horizon. Sur la gauche vous apercevez l'étang de la Claire-Eau, qui donne naissance au petit ruisseau de Becque. Celui-ci, à travers des sites tour à tour marécageux et boisés, se dirige sur la Manche. Là, avec lui, viennent expirer vos pensées et vos rêves, comme si dans cette merveilleuse contrée si délicieusement paysagée, l'Océan était toujours le but suprême. Dans nos multiples excursions, si adorables et si impressionnantes, vous le perdez en effet bien souvent, mais vous le retrouvez toujours, et quand ce bienheureux moment arrive, c'est alors à travers un prisme enchanteur que vous le percevez et que vous l'admirez.

Vous pouvez terminer cette excursion, si vous ne prévoyez pas trop de fatigue, par la visite de la plage. Vous revenez sur vos pas, jusqu'à un certain endroit qu'il faudra vous faire indiquer pour ne pas vous égarer. Là, vous trouverez une superbe route ouverte jusqu'à la mer. Celle-ci vous conduit à un bois qui se rattache à la forêt d'Hardelot ; puis, à travers de longues dunes, il vous mène directement à la station nouvelle. Déjà, quelques chalets y ont été construits. C'est un avenir plein de promesses, mais qui ne pourra se réaliser évidemment, que lorsque le trop plein des plages voisines sera devenu trop manifeste.

Pour revenir, vous regagnez la station de Neufchâtel par le même itinéraire qu'à l'aller.

Château d'Hardelot

CHAPITRE XV

Au pays des Faïences. — La petite ville de Desvres par Samer

DIFFÉRENTS CARACTÈRES DE CETTE EXCURSION. — AU-DELA DE FRENCQ. — LE PETIT VILLAGE DE HUBERSENT. — LE HAUT-BOULONNAIS. — TINGRY ET SES RUINES. — SAMER ET SON ANCIENNE ABBAYE. — SON HISTOIRE MOUVEMENTÉE. — INDUSTRIE DU PAYS. — MONUMENTS A VISITER. — LA ROUTE DE DESVRES. — WIERRE-AU-BOIS ET SON ÉGLISE STYLE ANGLAIS. — LONG-FOSSÉ. — DESVRES ET LE MONT-HULIN. — L'ÉGLISE. — HISTOIRE TRAGIQUE DE CETTE MALHEUREUSE LOCALITÉ. — LA FABRICATION DE LA FAIENCE. — SPÉCIALITÉS DE DESVRES. — VISITE D'UNE FABRIQUE. — LES DIFFÉRENTES PHASES DE LA FABRICATION.

Dans nos différentes promenades à travers les rues de notre charmante station balnéaire, nous vous avons fait souvent remarquer les jolies faïences décoratives qui ornaient les façades de nos villas. Vous êtes-vous demandé où ces pièces artistiques pouvaient bien être produites ? Et ces briques émaillées gros vert, bleu ciel, brun rouge qui auréolisent nos fenêtres et nos portes ; en avez-vous recherché la provenance ? Tout cela vient de Desvres. De Desvres également, ces poteries originales, savamment décorées, où le bleu se mêle au jaune dans une heureuse harmonie ; poteries que vous trouverez en vente dans toutes les boutiques de Paris-Plage et jusque sur le marché.

Vous conduire à Desvres, qui en somme n'est éloigné de

chez nous que de neuf lieues, ne sera donc pas une course inutile. Quand on se rend dans une région, on doit en connaître toutes les curiosités, qu'elles soient physiques artistiques, historiques, archéologiques, religieuses, scientifiques ou industrielles.

Cette fois, il s'agit d'une attraction qui résume ces diverses qualités. Il y a attraction scientifique, par l'étude du terrain géologique qui fournit la matière première à l'industrie que vous devez étudier. Il y a attraction industrielle, vraiment intéressante, puisqu'il s'agit là d'une étude technique à faire, qui ne se rencontre pas partout, inconnue de la plupart, et dont toutes les opérations sont faites pour captiver l'attention des visiteurs. Il y a attraction artistique, puisque finalement l'art qui se dégage de cette fabrication en est surtout la base, et qu'il constitue, dans ce siècle de progrès et voué aux beaux arts, un véritable régal pour ceux qui savent se passionner à tout ce qui touche la sculpture, la peinture et la décoration. Et enfin, il y a attraction historique et archéologique dans ces pays si riches en souvenirs du passé, souvenirs que nous croyons toujours utile de rappeler chaque fois que l'occasion s'en présente.

Il y a donc là plus qu'il n'en faut, pour vous inviter à entreprendre cette excursion qui, si elle est longue, aura toujours l'avantage d'être superbe comme traversée de sites. Car il faut vous dire que vous allez dans un véritable pays de montagnes, de petites montagnes il est vrai ; mais qui ne vous en donneront pas moins l'illusion toujours agréable. C'est donc du nouveau vraiment, à tous les points de vue, que nous allons vous soumettre.

Pour vous rendre à Desvres, la route à prendre est celle d'Etaples à Boulogne par Frencq. Jusqu'à cette localité vous connaissez le pays, que nous avons déjà décrit dans notre excursion de Lefaux et de Frencq. Au delà de ce dernier village, vous vous dirigez sur le hameau du Turne. A ce point, vous prenez le chemin qui se détache, à droite, se dirigeant sur Hubersent, gentil petit village de quatre cent douze habitants, dont la petite église renferme une ancienne verrière assez intéressante. En continuant, vous atteignez la grande route nationale de Paris à Calais. Bientôt le bois de Tingry apparaît sur votre gauche. Vous traversez successivement les petites agglomérations de Fassurne, Vertevoie et Beauvois. Le pays devient de plus en plus accidenté. Vous atteignez du reste le haut Boulonnais.

Voici Tingry, bâti en partie dans la plaine, en partie sur la hauteur que forment les limites de la fosse boulonnaise. Le site est superbe, car il est partout entouré de bois. Sur un des contreforts des collines voisines, parmi des buissons et des bois dévastés, se trouvent les ruines du vieux château bâti en 1050 par le comte Eustache, le père du célèbre croisé, Godefroy de Bouillon. On y distingue encore deux étages de souterrains, avec la trace des fossés, des ponts-levis, l'emplacement des tours, de la cour d'honneur et des diverses parties constituant les manoirs féodaux.

L'église, de style gothique, a été restaurée à la fin du siècle dernier. On y remarque des fonts baptismaux du XIIe siècle.

Les Romains ont habité cette localité, car on y a trouvé de nombreux vestiges de leur séjour, des restes de monuments, des tombeaux, des ustensiles et des monnaies impériales. Feramus de Tingry fut la célébrité du pays. En 1160, il était pair du Comté de Boulogne, et il possédait de grands domaines en Angleterre.

De Tingry, vous vous dirigez tout droit sur Samer. La route est bordée presque tout le temps de fermes et de maisons. Voici la ferme du Château-Gris, puis celle du Château-Rouge. Ensuite c'est Panehem, Vernicourt.

Vous entrez dans Samer, agréablement situé sur le versant d'un côteau, gros chef-lieu de canton de deux mille cent cinquante habitants. Son origine paraît remonter au VIIe siècle, et son nom viendrait de Silviacus, qui veut dire pays de bois.

Primitivement, il n'y avait en cet endroit qu'une abbaye que fonda le moine saint Wulmer vers 680, sous le règne de Clotaire II. Celle-ci, dans le début, était assise au milieu du bois, mais les moines ayant défriché peu à peu le pays, un village vint se grouper sous les murs du monastère.

Au IXe siècle, l'abbaye de Samer fut détruite par les Normands, mais elle fut bientôt restaurée, et en 1026, elle florissait de nouveau sous Alfride, célèbre abbé de Samer. Il est vrai que les comtes de Boulogne contribuaient beaucoup à son entretien. Ernuphe, comte de Boulogne, s'y fit enterrer ainsi que ses deux fils, Arnould II et Eustache Ier. Leurs successeurs continuèrent d'en être les protecteurs et les bienfaiteurs.

Au XIVe siècle, l'abbaye fut fortifiée. Le capitaine Robert des Jardins en avait le commandement, et une vingtaine d'arbalétriers en formaient la garnison. A partir de cette époque commença une période de troubles pour le petit pays si paisible autrefois. Après la bataille de Crécy, Edouard III le saccage. En 1412 les comtes de Warwick et de Kent le brûlent. Nouvelle destruction en 1425.

En 1524, le bailli de Samer leva 1200 hommes et se joignit aux troupes du seigneur de Pont-Remy contre les Impériaux.

En 1662, les habitants se révoltèrent pour la question du *Quartier d'hiver*. Le commissaire du Roi, Louis de Machaut, fut envoyé pour rétablir le calme et instruire l'affaire. Le bailly Sébastien Darsy, sieur du Painaisme, instigateur de la rébellion, fut pendu et étranglé sur la place du marché.

Après ce dernier événement, il n'y eut plus rien de bien remarquable comme fait historique. Mais on voit, par ce qui précède, que la petite localité eut une histoire assez mouvementée. Cela n'empêcha pas l'industrie de s'y développer dès les siècles les plus reculés. Il y eut toujours à Samer des fabriques de tuiles et de poteries. Celles-ci, de nos jours, sont devenues très importantes. En outre la fabrication du ciment de Portland est encore venue y apporter une nouvelle source de prospérité et de fortune.

Comme monuments à visiter, citons l'église bâtie dans le style flamboyant, avec des vestiges cependant du XIIIe siècle dans la chapelle de la Vierge. On y remarque des fonts baptismaux en pierre grise, avec de curieuses sculptures attribuées au XIe siècle, une belle piscine, un remarquable bas-relief en chêne, et un curieux rétable. Signalons également les restes de la maladrerie, avec une chapelle dédiée à sainte Madeleine, dans le bas de la rue du Breuil.

A Samer, il vous faudra déjeuner pour couper l'excursion. Il sera du reste plus que l'heure lorsque vous y arriverez. Vous y rencontrerez une auberge très confortable, où nous nous sommes arrêté nous même autrefois, et dans laquelle nous avons trouvé plus que le nécessaire.

Après votre repas, vous vous remettrez en route. Vous vous dirigez sur Desvres, en passant à Wierre-au-Bois. Ce charmant pays est le rendez-vous, pendant la belle saison, des Boulonnais fortunés. Ils y possèdent de superbes villas et des campagnes tout à fait séduisantes. Cela prouve combien le site est joli, car il semblerait que les habitants de Boulogne, déjà en possession d'un pays si pittoresque, n'aient pas besoin de s'éloigner de chez eux pour en trouver un autre qui leur plaise davantage.

Wierre-au-Bois se trouve dans une vallée miniature, où coule un mince ruisseau, affluent de la Liane. Sur la droite, les petites montagnes du Haut Boulonnais se dressent majestueusement, s'élevant en certains endroits jusqu'à deux cent deux mètres, comme pour le Haut-Blaisel, par exemple, entre Wierre-au-Bois et Long-Fossé, où nous passerons tout à l'heure. Ceci a fait dire à certains touristes, que tout le pays entre Samer et Desvres ressemblait à une véritable petite Suisse. La comparaison peut être soutenue très certainement, toutes proportions gardées.

Wierre-au-Bois passe pour avoir été le lieu de naissance de saint Wulmer. C'est pourquoi il y bâtit une abbaye de femmes dont sa nièce, sainte Heremberthe, fut la première abbesse. Le monastère fut détruit par les Normands, et il n'en reste plus trace aujourd'hui. L'église, au contraire, est parfaitement conservée. Entre le chœur et la nef s'élève une tour carrée dans le goût anglais. La partie du chœur et cette tour appartiennent au flamboyant. A l'intérieur, les voûtes avec leurs arêtes en saillie et les culs de lampes sculptés à jour qui se trouvent aux différents croisements, sont dignes de retenir l'attention. Il en est de même de la cuve baptismale appartenant au XIIe siècle, qui se trouve dans le bas de l'église. Sur l'autel, vous voyez la statue de sainte Herembecthe, dont nous avons parlé plus haut. Elle est revêtue du costume d'abbesse, et elle porte la crosse abbatiale. On remarque également une statue de saint Gendulphe, en chevalier du Moyen-Age. Ce saint est l'objet d'une dévotion locale. Il existe à côté une fontaine ferrugineuse saline, qu'il aurait fait jaillir, et qui procure la guérison aux enfants incapables de marcher. Un grand pèlerinage en son honneur, auquel on se rend de dix lieues à la ronde, a lieu chaque année le lundi de la Pentecôte.

Après Wierre-au-Bois, la route se dirige sur Long-Fossé, village de quatre cent quarante habitants, avec une église dont le chœur date du XVe siècle. On y remarque des fonts baptismaux à colonne que l'on fait remonter au XIIe siècle.

Enfin vous arrivez à Desvres, petite ville très pittoresque de quatre mille neuf cent trente-sept âmes, assise au pied du Mont-Hulin et du Mont-Pelé, contreforts les plus élevés de la chaîne du Haut-Boulonnais. Les deux montagnes se dressent en face de la cité, avec deux cent sept et deux cent cinq mètres d'altitude. Sur le versant du Mont-Hulin viennent s'étayer les dernières maisons du faubourg, ce qui ajoute au charme du paysage.

L'église, moitié dans le style flamboyant, moitié dans le style de la Renaissance, présente trois nefs se terminant par trois chevets. Elle n'a pas de transept. Au centre s'élève une vaste tour. La flèche construite en 1730 est en charpente et couverte d'ardoises. Elle a trente-six mètres de hauteur.

Desvres a un passé historique d'un certain intérêt. Les Romains semblent avoir occupé le pays pendant longtemps, car on y a trouvé de nombreuses antiquités se rapportant à cette période. La voie romaine de Thérouanne à Boulogne passait du reste près de la ville.

Après l'invasion franque on perd toute trace de son histoire, et ce n'est qu'à partir du XIIe siècle qu'il en est de nouveau question. En 1544, après la prise de Boulogne par les Anglais, Louis du Tertre, lieutenant général de la Sénéchaussée, se réfugia à Desvres, en attendant que Boulogne fut rendu à la France. François Ier renforça la garnison du château bâti alors sur le Mont-Hulin.

En 1553, les Impériaux incendièrent la ville. Elle était à peine rétablie de ses ruines qu'elle fut de nouveau prise et livrée au pillage par les Ligueurs en 1588, puis brûlée par les partisans du roi pour la reprendre.

En 1590, Ancevalot, mercenaire hollandais, fit enlever les voûtes de l'église pour empêcher les Ligueurs de s'y retrancher. Pendant dix ans l'exercice du culte y fut suspendu. Finalement en 1597, l'édifice fut brûlé par les Espagnols qui s'étaient emparés de la ville. Sur quatre cents maisons, il n'en resta pas vingt debout, dit la chronique, et la population qui s'élevait à deux mille cinq cents âmes tomba à vingt-deux. Les malheureux habitants revinrent l'année suivante, mais pour comble de malheur, ils furent décimés par la peste.

En 1651, la ville fut encore prise par les Espagnols, qui l'incendièrent de nouveau. Cette dernière date marqua la fin des grandes calamités pour le pays, qui, à partir de cette époque, put enfin se ressaisir et vivre dans une tranquillité relative jusqu'à nos jours.

Il nous reste, maintenant, à entretenir nos lecteurs de la puissante industrie du pays et à décrire la merveilleuse fabrication de poteries et faïences qui fait la célébrité de Desvres.

Les ciments de Portland ont une réputation universelle, et de puissantes maisons se sont montées pour se livrer à cette exploitation. En première ligne, il faut citer la Société anonyme des ciments français, au capital de dix millions, ainsi que la Compagnie nouvelle des Ciments de Portland du Boulonnais, au capital de cinq millions.

Nous ne ferons pas la description des usines où s'opère cette industrie. Tous connaissent la fabrication de la chaux, dont les fours se rencontrent un peu partout dans nos campagnes. Ici la chose est montée en grand, avec tous les procédés mécaniques les plus perfectionnés, pour arriver à la haute production. Voilà la différence.

Parlons des fabriques de faïences et de poteries d'art. Celles-ci sont innombrables et toutes ont plus ou moins leurs spécialités. En dehors du Desvres proprement dit, on y traite des faïences de tous styles : Delft bleu et polychrôme, vieux Rouen, Moustiers, Nevers, Marseille, Empire, Italien ; — faïences héraldiques ; — faïences bretonnes et normandes. Pour le bâtiment on fait des carreaux de faïence, des revêtements de luxe, des panneaux d'art, des plaques, des frises pour l'ornementation intérieure et extérieure des villas, chalets et casinos. Pour les salles de bains et les cuisines on fabrique des revêtements céramiques en faïence ordinaire et en porcelaine opaque décorée en émaux grand feu.

Si vous le voulez bien, maintenant, et pour terminer notre excursion, nous allons visiter une fabrique et voir ensemble les différentes opérations de la fabrication.

D'abord la matière première qui sert à la confection des objets est l'argile. Ici c'est une espèce de glaise grise qui tient un peu du kaolin. Chimiquement, c'est toujours un silicate double quelconque, dans lequel la magnésie ou la potasse domine en plus ou moins grandes porportions.

Nous avons dit qu'à Desvres on faisait toutes sortes de poteries et de faïences. Les différentes espèces s'obtiennent suivant le degré de fusibilité de la matière, comme aussi suivant le degré de chaleur employée pour la cuisson. Pour obtenir le genre porcelaine, il faut une matière pure, presque blanche, et on doit porter la cuisson à un degré qui donne la vitrification. Avec une glaise plus ou moins mêlée d'oxydes métalliques, la pâte est opaque et ne donne qu'une faïence commune. Les faïences, genre anglais, s'obtiennent par un degré de cuisson voisin de la vitrification. Leur cassure n'est pas vitreuse ; elle reste crayeuse et granulée.

En général, voici comment on procède. L'argile, après avoir pris pendant un certain temps le contact de l'air pour arriver à une certaine désagrégation, est mélangée avec de l'eau, de façon à former une pâte pétrissable que l'on manie mécaniquement comme dans les briqueteries. On y ajoute, suivant la nature de faïence qu'on veut obtenir, de la chaux, du sable fin, du feldspath dans diverses proportions. Quand la masse possède la consistance nécessaire, on la présente à la roue du potier, espèce de tour, qui, au moyen d'un galbe en bois, donne à l'objet que l'on veut exécuter la forme voulue. Ceci pour les poteries communes. Pour les poteries et les faïences fines, on coule la pâte, en la promenant dans des moules de plâtre. Ordinairement les pièces sont jumelles ou alternées. Réunies ensemble elles forment l'objet voulu. Il faut, pour ce dernier travail, des opérateurs habiles, car souvent les morceaux à réunir sont minces et fragiles, et le modelage qu'il faut donner après coup est délicat à exécuter.

Pour la cuisson, les poteries ordinaires sont placées dans les compartiments cloisonnés d'un simple four à réverbère, où l'air chaud est entretenu pendant trente heures environ. Vers la fin de la cuisson, on jette dans le fourneau du sel marin. Le chlorure de sodium se volatilise, et en se combinant avec la silice de l'argile, il forme sur les poteries un vernis vitreux qui leur donne la résistance et le dernier cachet.

S'agit-il de poteries fines, les objets sont enfermés dans des boîtes circulaires en argile réfractaire, que l'on étage les unes sur les autres contre les parois du four. On porte la chaleur à blanc, et on la maintient environ trente-six heures. Le produit que l'on retire, quand le four est refroidi suffisamment, est sonore, mais il demeure poreux. Pour lui conférer l'imperméabilité, après l'avoir nettoyé et débarrassé des bavures, on l'enduit d'une composition renfermant de l'argile blanche, du feldspath, du quartz en poudre, du blanc de plomb, de l'acide borique et du chlorure de soude. On le reporte ensuite dans le four où on le soumet à la chaleur du rouge cerise sombre.

Après il n'y a plus qu'à passer à la coloration et à la décoration artistique. Ce travail est exécuté habituellement dans de vastes pièces, par des femmes qui ont parfois un réel talent. Beaucoup de dessins sont obtenus par décalque ou par des poncifs ; mais certains sont traités à même par des artistes de valeur. Les couleurs sont données par des oxydes métalliques, et elles n'obtiennent leur véritable ton qu'à la cuisson finale.

Les diverses phases par lesquelles passe cette fabrication des faïences et des poteries de Desvres est réellement intéressante. Ceux qui n'ont jamais visité les fabriques dans lesquelles s'exécute ce travail ne peuvent se faire une idée de la façon dont il se pratique. C'est pourquoi nous vous conseillons très fortement, pendant votre séjour à Paris-Plage, de consacrer une journée à ce voyage. Vous n'aurez certainement pas à le regretter.

CHAPITRE XVI

Où la Dune finit et où la Falaise commence. Equihen

COMMENT ON SE REND A EQUIHEN. — LES SITES DU TRAJET. — L'ENTRÉE DU PAYS. — L'ÉGLISE BRETONNE AVEC SON INTÉRIEUR MYSTIQUE ; IMPRESSIONS RESSENTIES. — DANS LE PAYS. — LES HABITANTS ET LEUR TENUE DÉBRAILLÉE. — LE PEINTRE CAZIN — MISÈRE PROVERBIALE D'ÉQUIHEN DANS LE PASSÉ. — DESCRIPTION DE LA FALAISE. — LE PANORAMA. — DANS L'ÉCROULEMENT DES ROCHERS. — LES FAMEUSES MOULES D'ÉQUIHEN. — COURS D'HISTOIRE NATURELLE. — LE PORT. — LA PLAGE FUTURE.

Vous avez bien souvent, autour de vous, entendu vanter à tour de rôle, par les uns ou par les autres, les plages de sable ou les plages de galets et de rochers. Les avis sont très partagés au sujet des unes et des autres, et il est bien difficile de mettre les critiques d'accord. A Équihen pourtant la chose est possible, car en ce point de la côte, il y en a pour tous les goûts. C'est l'endroit où la dune finit et où la falaise commence. Et elle commence de suite immense, grandiose, à pic, avec un écroulement de rochers rappelant le chaos de Gavarnie.

Mais nous avons tort d'anticiper. Conduisons nos lecteurs nous même dans ce délicieux endroit, et nous lui présenterons ensuite, les uns après les autres, tous les détails de ce site charmant.

Et d'abord, pour faire cette excursion, il faut une grande

journée. Le moyen le plus pratique est d'employer la bicyclette; mais pour ceux qui ne savent pas monter en machine, il faudrait se procurer une voiture à Neufchâtel, ce qui n'est pas commode, car il n'y a pas de louager dans le pays. Enfin qui veut la fin veut les moyens. Ceux qui voudront nous suivre s'arrangeront pour avoir une voiture disponible à la gare de Neufchâtel, car c'est de là que nous faisons, nous, notre excursion en bicyclette.

Au sortir de la gare on suit le chemin de fer, à gauche, jusqu'au pont qui passe sur la tranchée. Là, la grande route départementale descend tout droit entre deux rangées de maisons ouvrières de chaque côté. Puis vous arrivez à une magnifique avenue à travers la forêt d'Hardelot. La voie est large et bordée de vastes et magnifiques gazons. Au milieu on rencontre un petit oratoire dédié à la Sainte Vierge.

Vous arrivez à Condette dont nous avons déjà parlé dans l'excursion d'Hardelot. Vous demandez le chemin qui, à travers la forêt de Condette, vous conduira à Équihen. Cette forêt est bien sauvage. Les pins sont moins serrés que ceux de notre forêt du Touquet, mais comme ils sont beaux, forts et de belle forme ! Et vous avez ainsi plusieurs kilomètres à faire, avant de sortir du sous bois pour arriver à Ecault, petit hameau qui dépend de Saint-Étienne et qui se trouve presque au sortir de la forêt, à environ cinq cents mètres de celle-ci. Vous arrivez à une carrière de minerais de fer sur la gauche. Sur la hauteur vous découvrez un panorama magnifique : à vos pieds une vallée immense très dénudée mais qui a son charme, surtout avec le contraste des beaux lointains bleutés qui la caractérisent. On aperçoit le dôme de la cathédrale de Boulogne sur la droite, tandis que sur la gauche la mer bleue semble dominer tout le tableau. L'impression est même étrange. Par un effet d'optique, il semble que l'Océan est en élévation sur vous et, pendant un instant, on se demande comment il ne déroule pas sur les terres pour les envahir.

Vous descendez à nouveau dans la vallée. C'est peut-être là la partie la plus pénible et la plus ingrate de la route, surtout quand le soleil se met de la partie, mais cela ne durera pas. Quand vous aurez regagné la hauteur, Equihen vous apparaît dans un enfoncement sous un aspect inconnu. Vous n'en voyez, pour commencer, que les toits très allongés horizontalement. Les maisons semblent écrasées par le paysage.

Vous pénétrez dans le pays par une descente très rapide. A votre gauche une coquette église, rappelant beaucoup les sanctuaires de Bretagne, frappe votre attention. On la prendrait pour un édifice du Moyen-Age. Elle est cependant de construction moderne. Elle est due au zèle d'un vénérable ecclésiastique, M. l'abbé Lebègue qui, avec le concours de généreux donateurs, la fit édifier sous l'épiscopat de Mgr Parisis.

L'architecte qui en dressa les plans s'est bien inspiré du site, car elle a un je ne sais quoi qui plaît, dans ce milieu pauvre et presque primitif.

L'intérieur est très bas ; mais les voussures et les fenêtres d'un beau gothique sont dignes d'admiration. Aux clefs de voûte pendent des petits navires, ex-votos pieux des marins de l'endroit, promis en des jours de péril. On respire à l'intérieur de ce temple un parfum de piété et un bien-être qu'on rencontre difficilement ailleurs. Pourquoi ? Il est difficile de répondre à cette question. Est-ce le repos dans un lieu saint après les fatigues de la course ? Est-ce le contraste d'une demi-obscurité abritant les mystères du Tabernacle après les éblouissements de la route ensoleillée ? Sont-ce tous ces souvenirs pieux déposés là par les croyants et qui attestent la grandeur de la Religion ? A ceux qui éprouveront les mêmes émotions de solutionner ces diverses hypothèses.

Le petit cimetière qui encadre l'église ajoute aussi son charme, en jetant la note verte sur la pierre grise du petit édifice. Le presbytère également gothique, et semblant faire corps avec l'église, prolonge ainsi l'effet. Il y a là une belle étude à traiter pour l'artiste, soit en peinture, soit surtout avec le fusain.

Vous continuez dans le village. La population grouille

dans vos jambes. Comme vous arrivez presque en plein midi et par une chaleur souvent intense pendant la saison, les indigènes sont dans une tenue très sommaire. Il n'est pas rare de voir des jeunes enfants absolument nus traverser la rue. D'autres simplement en chemise, avec une chevelure d'un blond presque blanc, une trogne rouge salie de confiture ou d'autre chose, piallent et pleurent, essuyant avec leur bras leur frimousse sur laquelle ils promènent la tartine salissante. Des femmes au jupon court, jambes nues, débraillées, un méchant corset plus ou moins lacé emprisonnant leur taille, déambulent, les unes portant des seaux d'eau, d'autres des mannes de poissons. Des vieux marins, sur le pas de leur porte, un brûle-gueule à la bouche, tricotent des filets ou les remaillent. C'est tout ce grouillement, tout ce débraillement, tout ce tohu-bohu qui attirent tant les artistes dans ce pays. Il y a là une série intarissable de sujets à croquer et tout cela dans un cadre à nul autre pareil. Car, si vous vous transportez sur la falaise, vous avez des profils incomparables. Les accidents de terrain sont gigantesques et le spectacle grandiose. Le peintre Cazin avait trop bien compris cela,et on le lui a assez souvent reproché. Il avait loué, dit-on, ou acheté tout ce qu'il avait pu de ces escarpements descendant dans la mer ; et, aussitôt qu'un peintre venait s'installer dans ces parages,un garde venait lui signifier qu'il eût à déménager en vertu du droit de propriété privée. Cazin aurait conservé ainsi, la plus grande partie de sa carrière, le monopole de cette région et de ce genre de paysage. Nous ne pouvons certes pas affirmer la véracité de cette légende, mais le fait nous a été raconté sur place par des rapins venus inutilement à Équihen, au temps où Cazin vivait, et ce jour-là.ils ne le bénissaient pas.

Nous venons de faire une description des habitants du pays qui annonce une singulière pauvreté. Celle-ci autrefois hélas ! était proverbiale.

Henry, dans son essai historique du commencement du siècle, ne dit-il pas qu'on appelait cette localité la république d'Equihen, parce que les habitants en étaient si pauvres, qu'on ne pouvait tirer d'eux aucune contribution et qu'ils vivaient dans leurs chaumières « dans une indépendance semblable à celle des castors et des loutres auxquels on peut les assimiler à cause de leur position. »

Mais cette triste condition a bien changé avec le zèle de M. l'abbé Lebègue. Ce digne prêtre ne se contenta pas de construire une église et un presbytère, il fit encore édifier deux écoles de garçons et de filles, fidèle en cela aux traditions de l'Eglise Catholique qui, dans le passé et pendant de longs siècles, fut la seule éducatrice du peuple.

S'il y a encore des misérables dans le pays, il y a par contre de l'aisance dans beaucoup de familles. Certaines maisons se font remarquer par leur intérieur propre et confortable. Beaucoup de marins du reste, aujourd'hui, sont engagés dans la marine de Boulogne et ils y gagnent de l'argent.

Mais revenons à la description de ce site enchanteur : Quand on l'a une fois entrevu, on s'explique peut-être un peu cette gourmandise et cet égoïsme d'être seul à le goûter et à l'interpréter. Nous ne sommes pas de ceux-là et nous voulons que tous en profitent avec nous.

Du haut de la falaise, la vue est superbe sur tout le profil qui se déroule dans les deux directions de Boulogne et d'Etaples. Les versants sont chargés de jardinets fleuris, dans lesquels découlent de nombreuses sources qui sont la cause de toute cette végétation fertile qu'on y observe. Dans le bas, vous entrevoyez un chaos de rochers, sur lesquels la mer, à marée haute, vient se briser en écumant, et au loin l'immense mer domine le tout.

A marée basse vous irez vous promener dans cet écroulement. C'est au bout de la grève, vers Boulogne, que la population recueille ces fameuses moules,si renommées dans tout le Boulonnais, et qu'on vend à Paris-Plage en criant bien haut la provenance. Chaque fois que nous venons dans ce délicieux pays, nous ne manquons pas d'aller nous même faire notre provision avant le déjeuner, et je vous assure que c'est notre premier et meilleur plat. Les enfants ont un grand plaisir à se promener dans ces rochers, qui leur offrent toutes les promesses d'un aquarium, et dont ils peuvent s'offrir la possession. Ce sont ces plantes marines, algues de toutes sortes et de toutes nuances, dont les formes invraisemblables, transition entre le règne animal et végétal, offrent à l'observation et à l'étude un champ si vaste et si inconnu. Ce sont ces actinies accrochées aux rochers, avec leur corps charnu, chargé à la partie supérieure de nombreux tentacules placés sur plusieurs rangs, comme les pétales d'une fleur double, ce qui leur a fait donner le nom d'*anémones de mer*. Si vous y touchez, les pétales se referment, et du centre part un jet d'eau qui vous inonde. Ce sont ces étoiles de mer appelées *astéries* que tous connaissent, ces spongiaires, ces patelles, petites coquilles univalves en forme de cônes qui retiennent votre attention... Mais nous voilà en plein cours d'histoire naturelle. Revenons à notre excursion. Quand vous aurez bien déjeuné dans un des excellents cafés de l'endroit, vous continuerez votre promenade dans le pays.

Là, c'est un puits qu'alimente toujours une source captée qui tombe de la hauteur, car derrière le pays, déjà si élevé, se trouvent des collines qui le dominent encore. Autour de ce puits, il y a toujours un croquis à prendre ; l'entourage, dans la tenue dépeinte plus haut, n'y manque jamais. Plus loin, au bas de la descente, dans la direction de Paris-Plage, c'est le petit port aujourd'hui bien délaissé, presque tous les marins du pays, comme nous l'avons dit plus haut, servant dans la flotte de pêche de Boulogne. Un poste de douane est établi auprès.

La falaise est finie. La dune commence, telle que nous la connaissons. Il y aura sans doute là, un jour, une plage, car le site a trop de promesses pour qu'il n'en soit pas tiré parti. Mais à toute médaille, quelque belle qu'elle soit, il y a un revers. Derrière le pays, c'est l'aridité, et l'aridité absolue. Il n'y a pas, comme à Paris-Plage, l'abri du bois. La forêt de Condette est à une distance considérable et ne peut pas être invoquée comme ressource. Ce qui prouve qu'on ne peut pas avoir tous les avantages.

Pour terminer la journée, vous prenez la route de Boulogne dont vous n'êtes distant que de six kilomètres ; vous allez goûter chez le pâtissier Caveng et vous pouvez reprendre le train, pour Paris-Plage, vers six heures.

Voilà une excursion que vous n'oublierez pas, croyez-le bien.

Équihen

CHAPITRE XVII

Boulogne-sur-Mer

PAR LA ROUTE. — PAR CHEMIN DE FER POUR LA JOURNÉE. — LE MATIN : VISITE DU PORT A EAU PROFONDE. — LE PORTEL. — CAPÉCURE. — LE BASSIN, LE PORT, LA PLAGE. — LE CASINO. — LES RUES A ESCALIERS. — L'APRÈS-MIDI : LA GRANDE RUE — L'ÉGLISE ST-MICHEL. — LE MUSÉE. — LA PORTE DES DUNES. — LES REMPARTS ET LEUR HISTOIRE. — LE PALAIS DE JUSTICE. — L'HOTEL-DE-VILLE, — LA CATHÉDRALE. — LA COLONNE — QUELQUES LIGNES D'HISTOIRE. — DOMINATION ROMAINE. — LES NORMANDS. — LES COMTÉS DE BOULOGNE — DOMINATION ANGLAISE. — RETOUR AU POUVOIR ROYAL. — SOUS NAPOLÉON Ier.

A tout seigneur, tout honneur. Boulogne-sur-Mer, c'est la grande excursion, c'est le pèlerinage célèbre que tout Paris-Plageois doit accomplir pendant la saison.

Si vous devez vous rendre plusieurs fois dans cette ville pendant votre villégiature, nous vous dirons d'employer, un jour, une matinée pour faire le voyage par la route, soit en bicyclette, soit en voiture. Vous connaissez déjà le chemin jusqu'à Condette, car les excursions précédentes de Camiers et du Saint-Frieux vous ont fait apprécier la campagne jusqu'à Dannes. De Dannes à Neufchâtel la distance n'est pas considérable, et vous avez déjà parcouru la route de Neufchâtel à Condette pour vous rendre à Hardelot. Après, vous aurez à traverser successivement l'extrémité de la forêt de Condette, le hameau de Cassaigne ; puis vous entrerez dans la vallée de la Liane qui est une merveille de poésie.

Arrivé à Audisque, vous franchissez la Liane pour prendre la route qui vous mène à Pont-de-Briques. Ce pays n'a rien de remarquable ; c'est un centre usinier. Quinze cents mètres plus loin, vous entrez dans le charmant village de Saint-Léonard, où vous rencontrez une église du XVIe siècle, et à côté une tour du XIIe. Enfin trois kilomètres après, vous atteindrez un des faubourgs de Boulogne. Il sera environ midi. Après votre déjeuner, vous pourrez faire une légère promenade sur le port et sur la jetée ; puis vous vous rendrez à la Haute-Ville et à la Cathédrale. Votre après-midi sera ainsi bien vite employée.

Mais s'il rentre dans votre plan de visiter Boulogne en une seule fois, vous n'aurez pas trop de toute votre journée. Nous vous conseillons, alors, de prendre le train du matin. De cette façon, il vous sera facile de diviser votre temps en deux parties bien distinctes. Prenez une voiture pour ne pas vous fatiguer. Vous consacrerez la matinée à la visite du port à eau profonde, du Portel, des bassins du port proprement dit, de la jetée nord, de la plage, du casino et du boulevard Sainte-Beuve. Après votre déjeuner, toujours en voiture, vous irez explorer la ville, le musée et la cathédrale ; vous ferez le tour des vieux remparts ; vous vous rendrez à la colonne Napoléon. Vers cinq heures, vous pourrez vous rendre chez Cavengue pour le five o'clock, et à six heures vous reprendrez le train pour Paris-Plage.

Et maintenant que vous avez bien tracé votre programme, vous vous mettez en route. Par Châtillon, vous vous faites conduire de suite au port à eau profonde. Une jetée interminable, tout en pierre, s'avance de mille six cents mètres en mer. Contre elle viennent se briser les fureurs de l'Océan, dans les grosses tempêtes de l'Ouest. Les plus grands navires peuvent alors venir s'abriter contre ce rempart, et souvent les transatlantiques y viennent faire relâche. La profondeur moyenne varie entre cinq et huit mètres au-dessous des plus basses mers. Il faut compter une bonne demi-heure, pour se rendre à l'extrémité de cette jetée qui se termine par un petit phare.

De là, vous pouvez vous faire conduire au Portel, gros village de pêcheurs, très intéressant à visiter, dans les quartiers de la marine. L'église, en gothique sévère, est à visiter à cause des pieux souvenirs et des nombreux ex-votos qu'elle renferme.

Vous vous rendez au port. Celui-ci s'ouvre dans une échancrure de la falaise, qui s'abaisse tout d'un coup à cet endroit. Il y a là un fort joli sujet de tableau à contempler, et qui a du reste été traité bien souvent par les artistes. Sur trois faces, des maisonnettes au brillant coloris s'alignent, contournant le petit port. Derrière, la falaise s'élève rapidement, et la route qui la cotoie vous mène au pied d'habitations superbes, qui dominent la campagne et la mer. Le site est grandiose et pittoresque à la fois. Quelques bribes de végétation jettent la note verte sur le rocher sombre. Dans le fond, se trouve la minuscule plage qui, pendant la saison, est très fréquentée par un public fidèle. A marée basse, il y a de fort jolies promenades à faire dans les rochers. Les enfants y recueillent des moules et des coquillages de toute nature, sans compter des polypiers, des anémones de mer, et ces algues toujours si recherchées des collectionneurs.

Vous revenez à Boulogne par Capécure. La descente est formidable en arrivant sur la ville ; mais le point de vue, à l'un des tournants de la route, y est de toute beauté et vaut la peine qu'on s'y arrête, pour qu'on le contemple et qu'on l'admire. Tout ce port de Boulogne rempli de navires, avec ses maisons qui s'étagent et se superposent, dominées par les remparts de la haute ville d'où émerge cette merveilleuse Cathédrale et son dôme gracieux, non il y a là, par un beau soleil, un panorama inoubliable à nul autre pareil. Dans le fond, à droite, ce sont les riantes collines du Boulonnais chargées de pâtures et de bois ; tandis qu'à leur pied roule dans une poétique vallée la *Liane*, en son cours capricieux. Sur la gauche, après l'antique église St-Pierre, si chère aux marins, apparaissent les constructions grandioses qui bordent la plage et le boulevard Sainte-Beuve ; puis c'est le Casino avec son superbe pavillon, les jetées ; et, par dessus le tout, la mer infinie qui se confond souvent avec le ciel.

En terminant votre descente, vous arrivez à la gare. De

là, vous vous dirigez sur le bassin. De gros steamers, souvent sur plusieurs rangs, dressent leur mâture puissante et leurs immenses cheminées bariolées, formant une forêt de mâts, de vergues et de cordages. Autour des navires règnent une animation et une vie indescriptible. C'est une entrée et une sortie perpétuelle : les uns embarquent, les autres débarquent. De charbonniers anglais, on extrait par centaines des sacs de charbon. Ceux-ci sont descendus d'un seul coup au moyen d'un vaste plateau, que manœuvre une grue puissante, mue par la vapeur. Par le même système, on retire des blocs de glace des vapeurs norwégiens. Cette glace servira à conserver le hareng et le maquereau que les bateaux de pêche vont chercher au loin.

Des navires de Bilbao (Espagne) livrent du minerai de fer, ou oxyde rouge anhydre. De bâtiments anglais on débarque des caisses de biscuits, des Huntley Palmers, ou autres similaires.

Par contre, on embarque dans d'autres vaisseaux. Voici auprès des gros steamers qui font le service des voyageurs pour Folkestone, un train qui amène des wagons venant de Brindisi, avec des chargements d'œufs de conserves. Ceux-ci, disposés dans des centaines de caisses plates, sont descendus, par quantités à la fois, dans les immenses cales qui les absorbent.

Sur une autre voie, un train chargé de produits débarqués depuis le matin, s'en va rejoindre la gare. Quel mouvement ! Quelle fièvre ! Les douaniers circulent impassibles au milieu de tout ce tohu-bohu, prenant des notes et surveillant les diverses opérations.

Le sifflet d'une locomotive se fait entendre. C'est le train de marée qui s'amène, entièrement composé de wagons à couloir. Celui-ci glisse plutôt qu'il ne roule ; car au milieu de tout ce fouillis de monde qui circule, de voitures qui s'ébranlent, il faut marcher prudemment. A peine arrêté, c'est un déluge de voyageurs qui en sort. Tous se précipitent aux embarcadères. C'est à qui s'en ira le plus vite retenir, sur le pont du bateau, les meilleures places pour la traversée.

Les porteurs ont empoigné les colis à la main et vont les installer, au gré des voyageurs, près d'eux, ou dans les salles intérieures du bâtiment. Quant aux gros bagages, c'est bien vite fait. Les wagons dans lesquels ils se trouvent se fractionnent en deux compartiments égaux. Des grues colossales les enlèvent l'un après l'autre, comme de simples caisses, et vont les déposer à l'avant du paquebot, tandis que la plate-forme roulante du wagon reste sur la voie. On embarque souvent, par le même procédé, des chevaux avec leur stalle. Quand tout est fini, la cloche sonne, un coup de sifflet sourd se fait entendre, et le steamer s'ébranle. Les mouchoirs s'agitent ; des larmes discrètes coulent sur les visages des assistants ; et quelques minutes après, il n'y a plus qu'un peu de fumée dans le lointain, et une coquille de noix que le flot balance.

Vous revenez sur vos pas, et longeant le port, vous arrivez au quai des bateaux de pêche à vapeur, armés pour les campagnes lointaines de Terre-Neuve ou de l'Islande. Vous passez sur le pont-levis et vous voilà sur l'autre quai. Là, ce sont les petits bateaux pêcheurs, faisant le service journalier. Il y a toujours en cet endroit beaucoup de mouvement également, mais ce n'est plus la même physionomie. C'est le monde des marins aux grandes bottes, des matelotes aux jolis bonnets boulonnais et aux grandes boucles d'oreilles.

Un peu plus boin, sont amarrés les steamers de promenade, le *Chicago,* entre autres, qui pour vingt sous et pour une heure, vous servira le plaisir du mal de mer ; à moins que la Manche excessivement calme ne vous permette de contempler la côte et toutes les beautés qui s'en dégagent.

Vous arrivez à la jetée qu'il faut parcourir jusqu'au bout. Des promeneurs, dans des tenues select et de circonstance, la parcourent, prenant leur apéritif dans le humage de la brise de mer. Vous revenez par le casino que vous pouvez visiter avec leurs délicieux jardins, moyennant un droit d'entrée très abordable. De là, vous rendant sur la plage, vous tombez, si c'est l'heure du bain, au milieu d'une foule élégante, faisant salon sur la grève. Des voitures roulantes, conduites par des chevaux, mènent de gracieuses baigneuses jusque dans la mer, de façon à les dérober le plus possible aux regards curieux de la foule.

Vous remontez de la plage et vous tombez dans les parterres fleuris qui bordent la façade de mer. Là commence le boulevard Sainte-Beuve, avec la série d'hôtels gigantesques et de propriétés superbes qui le bordent. Derrière, la falaise colossale s'élève à une hauteur prodigieuse, dominée par un calvaire que les marins peuvent apercevoir de la mer.

En revenant sur vos pas, et quand vous passerez sur le port, près du Casino, n'oubliez pas de jeter un coup d'œil sur toutes ces rues à escaliers, qui sont habitées exclusivement par les pêcheurs. C'est peut-être le quartier le plus intéressant de Boulogne. Là s'écoule, en plein air, la vie domestique. Sur chaque palier formé par les interruptions de l'escalier, les femmes, en corset noir montant haut dans leur dos, et en manches de chemise retroussées, le bonnet de matelote sur la tête, lavent le linge qu'elles étendent sur des cordes jetées d'une maison à l'autre. Il y a là de forts jolies scènes à interpréter pour les artistes, surtout à cause de l'originalité du décor.

Quand vous avez accompli tout ce trajet, il est bien près de midi. Vous allez déjeuner dans l'un des hôtels qui se trouvent sur le port, ou mieux dans la ville même.

Après le repas, vous vous dirigez vers la Grande-Rue. Il vous faut traverser les quartiers les plus commerçants de Boulogne. C'est là où se trouvent les plus beaux magasins, avec tous les jolis souvenirs bien faits pour tenter les promeneurs.

Vous atteignez la Grande-Rue, élégamment construite et bordée de maisons modernes, souvent très élevées. La chaussée monte d'une façon prodigieuse à partir de l'église Saint-Nicolas. Ce monument que nous vous conseillons de visiter au passage, est en partie du XIVe siècle. L'entrée s'annonce par un fronton avec horloge. Au-dessus de la croisée, se dresse une grosse tour carrée avec des ouvertures ogivales. Celle-ci est surmontée d'une flèche octogonale, qui lui donne une certaine originalité. L'intérieur, très-sombre, renferme de superbes vitraux de Lusson ayant trait à la vie de Saint-Nicolas. Dans le chœur, on distingue un beau tableau de Lehman, représentant la flagellation.

Plus haut, se trouve le Musée communal, renfermant des collections inappréciables d'ethnographie et d'histoire naturelle, de nombreuses antiquités et des tableaux dont quelques uns ont une réelle valeur. La salle d'ethnographie est surtout remarquable, car elle renferme plus de deux mille cinq cents objets catalogués ; meubles, costumes, armes de guerre ayant appartenu à de nombreux peuples sauvages, et rapportés par de célèbres navigateurs boulonnais, tels que Rosamel et Pinart. Les antiquités trouvées à Boulogne et dans la province sont également très dignes d'étude. Parmi les tableaux anciens, signalons une toile de Lastman, le professeur de Rembrandt. Dans les œuvres modernes, vous remarquerez l'Appel des Girondins, de François Flameng, Charles Ier et ses enfants, de Claudius Jacquand, des Hedouin, des Jeanron, etc.

Obligé d'abréger, vous gagnez, à l'extrémité de la Grande-Rue, les vieux remparts si pittoresques, et vous parvenez à la Porte des Dunes. Celle-ci est du XIIIe siècle. Elle est flanquée de deux tours romaines, à travers lesquelles on a ouvert deux passages pour les piétons. Au-dessus de la voûte, qui s'ouvre en ogive, on a placé une belle statue de Notre-Dame de Boulogne.

Un mot d'histoire à propos de ces remparts. L'histoire nous apprend qu'ils furent construits par Philippe Hurepel, comte de Boulogne, en 1236. Ils formaient, à cette époque, un immense quadrilatère avec de grosses tours crênelées, avec angles et divers ouvrages avancés. Le tout était entouré de fossés remplis d'eau.

Sous Louis XIV, on démolit une partie des fortifications pour ne laisser subsister que la ligne intérieure ; on baissa les tours pour les ramener à la hauteur des murailles, et on les borda d'un parapet. Aujourd'hui on a installé sur ces remparts un très beau boulevard qui, en faisant le tour de la ville, permet aux promeneurs de jouir d'un panorama superbe sur toutes les dépendances et les environs de Boulogne.

Quand vous pénétrez dans la vieille cité, par la Porte des Dunes, vous tombez sur une place où se trouve le Palais de Justice. C'est un monument moderne, dans le style grec, construit en 1852 sur les plans de l'architecte Epellet. Sur la façade, on distingue les statues de Charlemagne et de Napoléon Ier. Le fronton, qui couronne l'édifice, renferme un bas-relief représentant « la Loi s'appuyant sur la Justice et la Force ». Celui-ci est dû au sculpteur Bougron. Sur cette même place, se trouve la petite église Saint-Joseph datant de 1772.

De là, vous vous rendrez sur la place Godefroy-de-Bouillon. Vous y trouverez l'Hôtel-de-Ville et, derrière, le beffroi. Ce monument rappelle le dernier vestige du palais des fameux comtes de Boulogne, dans lequel naquit Godefroy-de-Bouillon. Détruit par un incendie dans le cours du XIIIe siècle, il fut reconstruit par les échevins en 1270.

Actuellement, le beffroi se compose d'une grosse tour carrée flanquée aux quatre angles de tourelles surmontées de petits toits coniques. Dans les murailles se trouvent des doubles baies accostées en ogives. Le haut se termine par une balustrade faisant le tour de la plate-forme. De cette terrasse, s'échappe en retrait une autre tour octogonale, avec une grande horloge. Cette partie de l'édifice date du XVIIIe siècle. Elle renferme une grosse cloche, qui sert au guetteur pour marquer pendant la nuit toutes les heures, afin de faire savoir à la cité endormie qu'on veille sur elle, et que nulle part il n'y a trace de feu. En cas d'incendie, le veilleur donne l'alarme et sonne le tocsin. Il y a là une vieille coutume renouvelée du Moyen-Age, coutume qu'on retrouve dans toutes les villes du Nord qui possèdent un beffroi.

Mais il faut vous rendre à Notre-Dame, cette merveille de Boulogne et le but de tant de pèlerinages. Par la rue de Lille vous arrivez au parvis. La façade comporte un portique de style gréco-romain, auquel on accède par un perron de neuf marches. Au-dessus se trouvent des ouvertures en plein-cintre, accostées de piliers toscans. De chaque côté, se dresse une aile surmontée d'une tour carrée. Chacune renferme une porte donnant entrée dans l'édifice. Un dôme central se dresse au-dessus de la croisée, portant majestueusement dans les airs sa coupole élancée. Celui-ci comprend trois étages de baies cintrées. L'étage du milieu est très élevé, et une galerie avec hautes arcades en fait le tour. La coupole est ajourée d'étoiles et de croix ; elle est surmontée d'une lanterne dans laquelle on distingue une belle statue de la sainte Vierge due au ciseau de Bonnassieux. Le tout est surmonté d'une immense croix à deux cents mètres d'altitude.

A l'intérieur, l'édifice présente la forme d'une croix latine. La nef offre une particularité qu'on ne voit nulle part. Dans chaque travée la voûte est à jour, et on perçoit au-dessus une deuxième voûte plus élevée, décorée en camaïeu gris sur fond azuré. Mais ce qu'il y a de plus intéressant, comme décoration, c'est l'intérieur du dôme. Il est orné de tous les portraits de papes peints en grisaille. Au pied du dôme, sont disposées six chapelles ornées de fresques superbes dues à M. Soulacroix.

Le maître-autel est une merveille, avec son marbre vert, ses riches mosaïques et ses bronzes finement ciselés.

La chapelle absidiale est surtout celle qui doit être visitée, car elle renferme la statue de la Vierge miraculeuse, objet du célèbre pèlerinage dans toute la contrée. Sa décoration est d'une richesse incomparable. La Madone est recouverte des pierreries les plus rares. Sur les murailles, des centaines d'ex-voto, parmi lesquels de nombreuses croix de la Légion d'honneur, rappellent des guérisons ou des faits d'une insigne préservation. Dans l'une des chapelles latérales, se trouve le mausolée de Mgr Haffringue, qui fut le promoteur de la construction de l'édifice. Celui-ci a remplacé, en 1827, l'ancienne cathédrale, dont le pied des murs se retrouve encore dans la crypte actuelle. Cette crypte est aussi à visiter. Au centre on a disposé des morceaux intéressants de sculpture se rapportant à l'antique monument, tels que fûts de colonne, chapiteaux. Sur les murailles on a reproduit l'histoire de l'apparition de Notre-Dame de Boulogne, ainsi que de nombreux sujets religieux.

La visite de l'église est terminée. Rendez-vous maintenant devant le château-fort à l'angle-nord des remparts. Son entrée ogivale, flanquée de deux tours et de plusieurs fenêtres gothiques, rappelle le Moyen-Age, avec le comte Philippe Hurepel qui en fut le fondateur.

Il vous reste à voir la colonne de la Grande-Armée. On y arrive par une superbe avenue plantée de quatre rangées d'arbres. Elle mesure cinquante-trois mètres soixante de hauteur, sur quatre mètres de diamètre. Elle perpétue, en cet endroit, le souvenir de la Grande-Armée réunie pour le projet de descente en Angleterre, ainsi que celui de la distribution des croix de la Légion d'honneur aux soldats du camp de Boulogne.

Vous avez vu tout ce qu'il y avait de remarquable à Boulogne. Après cette longue promenade vous avez bien mérité de vous arrêter chez le célèbre pâtissier Cavengue, pour le five o'clock select. De quatre heures et demie à cinq heures et demie, c'est une bousculade inénarrable, un envahissement. Il faut se servir soi-même, sous peine de rester inutilement en détresse pendant une heure. Mais on peut dire en sortant, par le choix des consommations qu'on y a prises, que la réputation n'est pas surfaite.

Vers six heures, vous reprenez votre train pour Etaples-Paris-Plage, et si vous voulez compléter votre visite de Boulogne, vous pourrez lire pendant le trajet son histoire sommaire, dans les quelques lignes suivantes.

Sous les Gaulois, le point de notre côte où se trouve actuellement Boulogne faisait partie de la Morinie. Un oppidum, du nom de Gesoriacum, existait seul en cet endroit. Il servait à la défense d'un chantier de constructions navales.

Après la conquête de la contrée, Jules César fonda, à l'extrémité de la Liane, *Portus Itius*. C'est de là que s'embarqua le célèbre général romain, en l'an 54, avec huit cents navires, pour aller conquérir la Grande Bretagne. En l'an 40, Caligula fit élever un phare puissant qu'on appela la Tour d'Ordre. Charlemagne le fit réparer en 811, mais il s'effondra malheureusement en 1644, avec un éboulement de la falaise. Le célèbre empereur donna en même temps au port de Boulogne une extension considérable. Il le fit fortifier puissamment, afin de lui permettre de résister éfficacement contre les invasions des Normands. Mais, sous ses successeurs, il tomba au pouvoir de ces barbares en 882.

Après avoir fait partie du comté de Flandre, le Boulonnais devint une province autonome.

En 1066, le comte Eustache de Boulogne prit part avec Guillaume de Normandie à l'expédition d'Angleterre. De sa deuxième femme Ide, il eut le célèbre Godefroy-de-Bouillon qui devint roi de Jérusalem. Etienne, l'un de ses descendants, fut roi d'Angleterre en 1135. A cette époque le comté de Boulogne fit donc partie du royaume britannique.

En 1203, Renaud de Dammartin, comte de Boulogne, se ligue contre le roi de France, Philippe-Auguste, avec l'empereur Othon et le comte de Flandre. Il fut fait prisonnier à la bataille de Bouvines, et il mourut en captivité en 1227. Sa fille Mahault, ayant épousé le fils du roi, Philippe de Hurepel, le comté de Boulogne passa dans la maison de France.

Philippe de Hurepel fit beaucoup pour Boulogne, qu'il embellit et qu'il dota de fortifications redoutables.

En 1318, eut lieu à Boulogne le mariage d'Isabelle de France, fille de Philippe le Bel, avec le roi d'Angleterre, Edouard II. Les chroniques du temps rapportent que « Oncques ne vit cérémonie plus magnifique ».

En 1430, Philippe-le-Bon, duc de Bourgogne, s'empara du Comté de Boulogne. Celui-ci passa ensuite à son fils Charles le Téméraire. A sa mort, en 1477, Louis XI s'en saisit, et pour en assurer la possession à perpétuité à la couronne de France, il le plaça sous la suzeraineté de la Vierge miraculeuse, se déclarant, lui et ses successeurs, son vassal. Cette mesure n'empêcha pas les Anglais de surprendre plus tard la ville, d'en brûler les bas quartiers, ainsi qu'une partie des navires dans le port.

En 1544, Henri VIII, roi d'Angleterre, à la tête d'une armée de 30.000 hommes, prit d'assaut la cité héroïquement défendue par le mayeur Eurvin. Les Anglais restèrent maîtres de la place jusqu'en 1550, époque à laquelle elle fut rachetée par Henri II moyennant 400,000 écus.

Pendant les guerres de religion et pendant la guerre d'Autriche sous Louis XIII, Boulogne eut encore à se défendre bien souvent. Ses habitants furent constamment admirables de vaillance, durant ces périodes difficiles. A la fin du XVIIIe siècle, ils armèrent des corsaires, et firent une guerre redoutable sur mer à l'amiral Byng.

Enfin sous Napoléon Ier, Boulogne servit de point de concentration à l'armée de cent cinquante mille hommes qui devait opérer le débarquement en Angleterre. Le 15 août 1804, eut lieu l'inoubliable journée, où fut solennellement instituée la Légion d'Honneur. Il serait trop long de rappeler l'histoire de cette période glorieuse que tous connaissent du reste, comme faisant partie du trésor de nos annales nationales.

Cette digression historique, un peu longue, peut-être, n'est pas inutile. Elle est le complément de cette belle excursion. Là où l'histoire de la patrie se mêle, le plaisir est doublé ; car c'est vivre deux fois que de pouvoir se reporter par la pensée aux temps héroïques, lorsqu'en même temps on explore des sites où tout est fait pour séduire les yeux et l'imagination.

NOS EXCURSIONS

dans l'Arrondissement d'Abbeville (Somme)

CHAPITRE XVIII

Quend — La plage de Fort-Mahon — La baie de l'Authie

PAR LA GRÈVE DE BERCK. — DANGER DE L'AUTHIE. — PÉNIBLES SOUVENIRS. — PAR CHEMIN DE FER ET PAR QUEND. — LE BOURG DE QUEND. — TRAITS HISTORIQUES. — L'ÉGLISE. — CURIEUSE COUTUME. — LA ROUTE DE FORT-MAHON. — LES DIFFÉRENTS HAMEAUX. — LA STATION BALNÉAIRE : LES DÉBUTS, DESCRIPTION DE LA PLAGE. — RETOUR PAR CONCHIL-LE-TEMPLE — LE PAS-DE-L'AUTHIE. — LE TEMPLE.

Quand nous avons fait l'excursion de Berck, nous avons dit qu'au delà du grand hôpital la dune fuyait dans la direction de la baie de l'Authie, après laquelle se trouvait la plage de Fort-Mahon.

Se rendre à cette nouvelle station balnéaire par la grève serait trop long ; et du reste, arrivé à l'Authie, vous ne pourriez traverser sans danger l'estuaire. Il nous souvient, dans notre enfance, d'avoir failli périr à deux en risquant cette tentative. C'était à marée basse. Nous étions descendus presque la rive élevée, près de la pointe de Groffliers. Nous commencions à atteindre les fonds ; quand, tout d'un coup, il nous sembla que nous enfoncions. Impossible de nous rendre bien compte de ce qui se passait ; mais pour mieux traduire notre pensée, il nous semblait que nous filions. Nous étions dans des sables mouvants. Les jambes, le bassin, le buste, tout était déjà enseveli, et nous continuions de descendre. Nous pensions bien notre dernier moment arrivé. Mais l'instinct de la conservation nous suggéra l'idée d'utiliser nos bras, que nous avions eu l'imprudence de laisser le long du corps, et qui avaient déjà disparu avec le restant de notre personne dans la masse engloutissante. A force d'efforts nous parvînmes à les détacher et à les ramener dehors. Aussitôt nous les étendîmes horizontalement. Ceci fut le commencement du salut, car nous cessâmes de nous enfoncer, le poids du corps se trouvant réparti sur une surface plus grande. Puis nous pensâmes, que pour augmenter encore cette répartition de la pesanteur et pour sortir de notre misérable condition, nous devions essayer de porter le corps en arrière, de façon à le retirer de sa position verticale, pour le faire passer dans la position horizontale. A force d'appuyer et de nous jeter en arrière, en donnant pour ainsi dire des coups de dos, nous nous aperçumes subitement que nous remontions. Il était temps ; une sueur froide et mortelle perlait sur notre front ; nous étions exténués et à bout de forces. Bientôt nous étions à plat sur le dos. Nous retourner et nous mettre à plat sur le ventre fut l'affaire d'une seconde. Nous marchâmes à quatre pattes et nous sortîmes de notre affreuse situation. Nous étions sauvés ! Mais quelle équipée ! En rentrant à Berck, comme nous contions notre aventure, on nous narra, pour nous consoler, que vingt ans auparavant un jeune notaire voulant traverser comme nous le perfide estuaire, s'était enlisé et avait disparu, sans qu'on put jamais retrouver trace de sa personne.

C'est tout ce que nous vîmes de la baie de l'Authie. Si vous voulez la traverser un jour, ne faites donc pas comme nous. Franchissez là en barque, ou faites vous indiquer l'endroit guéable par un habitant des environs. Arrivé de l'autre côté, vous serez bien vite à Fort-Mahon que vous apercevez à une lieue environ.

Comme cette excursion faite dans ces conditions serait trop fatigante et surtout incertaine, nous vous conseillons, bien plutôt, de vous rendre en chemin de fer à la station de

Quend-Fort-Mahon. Là, ou bien vous prendrez le petit chemin de fer Decauville qui vous mène à Saint-Quentin-Plage, à quelques kilomètres de Fort-Mahon ; ou bien vous prendrez une voiture qui, en vous faisant passer par Quend et par une série de petites métairies, vous conduira au hameau de Fort-Mahon, et ensuite à la plage elle-même.

Supposons cette dernière combinaison. De la ligne de Boulogne, vous apercevez le clocher original du village de Quend. Vous vous rendez directement dans ce charmant pays, dont le nom évoque plus d'un souvenir historique. Sans parler de la controverse au sujet de Quentovic, que nous avons placé plus haut sur la rive gauche de la Canche, et que certains historiens ont voulu voir à Quend même, *Quend vicus*, bourg de Quend. Rappelons le désastre qui sous Charles le Téméraire éprouva cette localité. A cette époque, les troupes du duc de Bourgogne ravageaient tout le Marquenterre. Un détachement s'amena un jour à Quend pour rançonner les habitants ; mais ceux-ci attaquèrent les envahisseurs et se défendirent héroïquement. Cependant, ils ne purent tenir longtemps contre des soldats aguerris et habitués aux combats. Obligés de battre en retraite, quelques-uns se réfugièrent dans le clocher de l'église, d'où ils firent feu sur les Bourguignons. Ceux-ci prirent d'assaut le monument, en délogèrent les défenseurs, et pour se venger de cette résistance, ils mirent le feu aux quatre coins du village.

L'église seule échappa à l'incendie, ce qui nous permet aujourd'hui d'en faire la visite intéressante. Elle serait, dit-on, du XIe siècle. Chose digne de remarque, elle ne renferme à l'intérieur que deux piliers : l'un carré, l'autre octogonal et supportant chacun deux arcades. On remarque beaucoup les sculptures qui décorent le chapiteau du deuxième. C'est un mélange heureux de feuilles de chêne et de vigne, dans lesquelles des oiseaux se reposent.

A l'extrémité de la nef, se trouve une grosse tour carrée renfermant un escalier.

Il y a dans cette église un pèlerinage célèbre de saint Vast, patron de la localité, dont la fête a lieu le 15 juillet.

Ce jour là, tous les habitants des villages circonvoisins amènent leurs enfants, pour obtenir du saint la préservation des maladies communes au jeune âge. A cet effet, ces braves gens font toucher à la statue des petits gâteaux qu'ils leur font manger ; après quoi, ils leur font exécuter plusieurs fois la promenade du tour de l'église, en récitant des prières.

Le village de Quend est assez important, puisqu'il renferme mille sept cent quatorze habitants. Cette commune possède du reste un des plus grands territoires connus, puisqu'elle comprend quatre mille cent quarante-sept hectares. On s'y livre en grand à la culture de la betterave ; culture qui alimente la sucrerie indigène de Châteauneuf.

Vous vous dirigez, au sortir du village, sur le hameau de Monchaux. Puis, vous passez devant le chalet de D[illegible]e. Jusque-là, vous n'avez fait que traverser d'agréables prairies, closes de hautes haies qui procurent l'abri et la fraicheur. Un peu partout, de petites fermes apportent la note chantante au paysage. Mais bientôt les dunes apparaissent. Vous passez à Ronthiauville, puis au moulin du Royon, et au Royon même, très petites agglomérations délicieuses qui poétisent ce pays sauvage.

Enfin, après une dizaine de kilomètres parcourus par un dédale de routes tout à fait indirectes, vous arrivez à un gros hameau qu'on appelle le Fort-Mahon. Pourquoi ? On n'en sait rien. Tout fait supposer qu'il y eut autrefois un fort de ce nom dans ces parages, mais on ne trouve aucune trace de ce souvenir dans les documents anciens.

A partir de ce point, une route se dirige verticalement vers la mer à travers des dunes stériles. Vous ne pouvez vous empêcher, en la parcourant, de vous remémorer ces vers du bon La Fontaine :

> Dans un chemin montant, sablonneux, malaisé
> Et de tout côté au soleil exposé,
> . . . .

Vous avez ainsi deux kilomètres à « tirer » avant d'arriver à la plage. Cependant les constructions commencent à s'aligner. Sur la droite, voilà l'hôtel du Fort. Pour justifier le nom, on a bâti une grosse tour qui n'a rien de bien Moyen-Age, mais qui fait néanmoins assez bonne figure dans le tableau.

Vous atteignez la plage. Une centaine de chalets, parmi lesquels de forts jolis, bordent la façade de mer, ou se dressent un peu partout dans les rues latérales qui s'échappent de l'avenue principale.

La plage de Fort-Mahon, dans le début, a eu un développement assez rapide, grâce à l'intelligence de ceux qui la lancèrent. Le terrain fut mis en vente à un prix très modeste ; mais son acquisition entraînait l'obligation de construire au bout de deux ou trois ans. Les premiers acheteurs eurent ainsi l'espérance de revendre avec gros bénéfice, sans avoir eu à remplir le sévère engagement du contrat ; cependant comme tous s'étaient livrés au même calcul, et que personne n'avait attaché le grelot de la construction, il se trouva qu'au bout de plusieurs années la nouvelle station n'avait fait aucun pas. La vente, par suite, était complètement enrayée, car les plus prudents attendaient, pour acquérir, qu'il y eut un commencement d'exécution dans la fondation de la station balnéaire. C'est alors que les vendeurs se décidèrent à poursuivre les délinquants et à les mettre en demeure d'exécuter les conditions de leur contrat. De ce jour Fort-Mahon marcha, et comme les acquéreurs avaient été nombreux, il s'éleva de suite un grand nombre de chalets en quelques années, ce qui donna de suite au nouveau pays une certaine importance.

La grève de Fort-Mahon est certainement très belle. Elle vaut largement celle de Berck. Le sable y est ferme et la promenade facile. Si vous côtoyez la dune, dans la direction de la baie de la Somme, vous arrivez à Quend-Plage, après deux kilomètres de marche environ. Là se trouvent un hôtel et quelques constructions.

Dans le sens opposé, vers Berck, vous atteignez, après deux kilomètres également, un corps de garde de douaniers, puis la pointe de la dune blanche qui forme l'extrêmité sud de la baie d'Authie.

Pour revenir, nous vous engageons à gagner la station de Conchil-le-Temple. Cela aura l'avantage, d'abord, de vous faire passer par des routes différentes ; puis de vous faire connaître la région, qui n'est pas dépourvue de charme ni d'intérêt.

Une fois revenu à Fort-Mahon même, vous vous enfoncez dans le hameau ombragé. Cela fait plaisir, après avoir pérégriné pendant des heures, dans ces dunes stériles, sans abri et sans arbres, qui forment le voisinage direct de la station balnéaire. Il vous semble rencontrer une de ces oasis du désert, si souvent décrites par les explorateurs africains ; et vous éprouvez en y pénétrant un véritable soulagement.

Une superbe route, en passant par la ferme du Trou à Mouches, vous conduit au Château-Neuf. Là vous suivez des herbages superbes et des prairies immenses, jusqu'au chemin qui suit l'Authie à quelque distance. La rivière, quand la mer est basse, vous apparaît profondément encaissée entre des rives rongées à pic, qui sont d'un bel effet au point de vue paysage.

Vous voilà au Pas de l'Authie, puis au Pont à Cailloux, endroit très pittoresque, gâté malheureusement en partie par le voisinage d'une sucrerie.

Vous franchissez l'Authie, et vous passez dans un ravissant domaine qui appartenait jadis à la famille de la Houplière. Des avenues séculaires laissent percevoir partout un très joli château, ayant vraiment grand air dans ce superbe décor. Des herbages, bordés de haies taillées, alternent avec le sous-bois. Là, des centaines de lapins de garenne, presque apprivoisés, vivent sur les pelouses et regardent les passants. Le propriétaire de l'endroit en faisait, autrefois, un élevage spécial, qui lui procurait sans frais un très joli revenu.

Vous arrivez enfin à Conchil-le-Temple, village très-gentil et très rustique, qui doit la dernière partie de son nom à une commanderie de Templiers installée un peu plus loin, au lieu dit « le Temple ». Cette commanderie eut son heure de célébrité. En 1307, deux templiers de marque, Raoul de

Montèswis et Eudes d'Ecuires furent arrêtés en ce lieu, à la suite des ordonnances criminelles de Philippe le Bel. Conduits à Montreuil, leur procès y fut instruit rapidement. Ils furent condamnés et brûlés vifs sur la grande place de cette ville.

Sur ce triste souvenir historique nous terminons cette excursion. A la station de Conchil-le-Temple, vous reprendrez le train pour Etaples-Paris-Plage.

CHAPITRE XIX

L'antique abbaye de Valoires

DESCENTE A LA STATION DE QUEND. — LE MARQUENTERRE. — VILLERS-SUR-L'AUTHIE ET SON ÉGLISE. — VRON. — SOUVENIRS HISTORIQUES. — RUINES DE L'ABBAYE DE BALANCES. — NAMPONT-SAINT-MARTIN. — ARGQULES ET SON ANTIQUE CHATEAU. L'ABBAYE DE VALOIRES. — LES CLOITRES. — L'ÉGLISE : LE CHŒUR, LES TOMBEAUX DES COMTES DE PONTHIEU, LES TABLEAUX, LE BUFFET D'ORGUE. — HISTORIQUE DE L'ABBAYE. — LA BATAILLE DE CRÉCY. — LES ABBÉS COMMENDATAIRES. — DEPUIS LA RÉVOLUTION.

Une excursion archéologique dans toute l'acception du mot, c'est celle de l'abbaye de Valoires.

Parmi les monuments historiques les plus imposants et les mieux conservés, celui qui va nous occuper peut être classé un des premiers. Il convient d'ajouter que le pittoresque ne le cède en rien au but historique et artistique à la fois que nous proposons. Les immenses prairies du Marquenterre que vous traversez ont leur poésie. La vallée de l'Authie que vous retrouvez à Argoules est admirablement paysagée, et l'abbaye a été bâtie dans un site vraiment merveilleux. C'est du reste une chose à constater : les religieux savaient toujours choisir leur endroit pour y asseoir leur résidence et y établir leur retraite. Ils recherchaient avant tout la belle nature, comme si, par elle et avec elle, ils trouvaient plus facilement à satisfaire leurs aspirations divines !

Pour se rendre à l'abbaye de Valloires, quand on ne possède ni auto ni bicyclette, le meilleur moyen est de prendre directement le chemin de fer jusqu'à la station de Quend-Fort-Mahon. On se sera entendu, à l'avance, avec le propriétaire de l'auberge, près de la station, pour retenir cheval et voiture. On fera bien également, au préalable, d'écrire au curé d'Argoules (Somme) pour lui demander la nouvelle méthode pour visiter l'abbaye, car depuis la dissolution des ordres religieux non autorisés, les Frères de saint Vincent de Paul, qui détenaient à Valoires un orphelinat agricole, ont dû l'abandonner, et il serait pénible de s'exposer à un voyage inutile.

Nous supposons toutes vos dispositions prises et arrêtées. Vous descendez à la station de Quend, où se trouve la ferme du Petit Gerville. Aussitôt vous prenez la route du Vieux Quend. Vous traversez la voie ferrée, et vous vous dirigez vers Villers-sur-Authie.

Le paysage est celui du Marquenterre : marais sans fin, coupés, par-ci, par-là, de haies, de fossés et de bouquets d'arbres ; troupeaux considérables partout venant égayer le tableau ; par intervalle, de longs canaux de drainage pour la saison pluvieuse, afin d'empêcher les inondations, car le terrain est absolument plat à perte de vue. L'un de ceux-ci, le canal Nocage, se trouve sur votre droite, à quelque distance de la route.

Vous arrivez à Villers. Le château est la première construction qui arrête vos regards. Il est agréablement situé, mais on ne peut lui assigner aucune valeur archéologique. Le village comprend plusieurs rues, dont la principale traverse votre route perpendiculairement, pour se terminer au lieu dit « le Carouge ». L'église du pays n'a guère d'autre intérêt que celui de la rusticité. Elle se compose de trois parties : la tour en pierres avec clocher, la nef avec contreforts en briques et le chœur. Les fenêtres latérales sont avec pleins cintres. A l'intérieur, la voûte tout en pierre possède quelques nervures gothiques, avec diverses sculptures à leur point de jonction.

Au-delà de Villers, le chemin devient plus boisé. Vous passez à la ferme d'Hémancourt, ancienne seigneurie ferme de Villers-sur-Authie, puis à celle de Pendé, et vous arrivez à Vron. C'est un village de neuf cent quarante-deux habitants, actuellement bien déchu de son ancienne importance ; car en 1850 il en comptait encore mille deux cent vingt-cinq. Les environs sont couverts de bois assez étendus, qui viennent se ramifier avec l'immense forêt domaniale de Crécy.

Quand on fit la route nationale de Paris à Calais en 1765, on trouva à Vron, près du bois du Périot, un cimetière gallo-romain d'une grande importance. Des débris d'armures, des armes de toute nature et des pièces romaines furent recueillis en cet endroit par quantités considérables, le tout avec des traces très caractérisées de carbonisation, ce qui laissa supposer que des luttes homériques s'y étaient déroulées, et, qu'après le combat, les cadavres réunis en tas avaient été incinérées.

Le lieu était déjà célèbre, depuis 1720, par un vol à main armée contre la Trésorerie du Roi, qui fut soulagée de vingt mille livres, dans une attaque soudaine qui se produisit au milieu d'une nuit profonde. Les auteurs, originaires de Montreuil-sur-Mer, capturés quelques temps après sur les frontières d'Espagne, furent ramenés à Abbeville, et après un procès sensationnel, exécutés et rompus sur la grande place du marché, le 16 mai 1720.

Vous n'avez plus beaucoup, grâce à Dieu, à craindre ces attaques de nos jours. Que le récit de cette aventure ne vous trouble donc pas, au point de vous arrêter dans l'exécution de votre excursion.

Mais revenons à Vron. Le village a l'aspect de tous les petits pays de Picardie : maisons composées d'un simple rez-de-chaussée, en torchis blanchi à la chaux, recouvertes d'ardoises ; jardinets de temps en temps avec haies et bouquets d'arbres.

L'église, la pauvre église se compose, pour ainsi dire, de deux bâtiments distincts se suivant à la file : le premier, servant de nef, surmonté d'une espèce de clocheton carré, avec une fléchette que termine un malheureux coq ; le deuxième plus élevé dans lequel se trouve le chœur. A l'intérieur rien de bien extraordinaire pour retenir l'attention. A noter seulement; dans la nef, une frise en bois sculpté, représentant une guirlande de vigne tenue à chaque extrémité par un monstre. Elle est supportée par des poutrelles qui avancent et qui se terminent par des figures grimaçantes. Sous la dalle repose le corps de Messire Claude de Fontaine, seigneur de Vron, chevalier de saint Louis, et ancien lieutenant-colonel de cavalerie, décédé à 61 ans, le 24 novembre 1736. Son épitaphe se lit à l'extérieur du monument.

Après la visite de Vron, vous continuez votre route sur Argoules. Vous passez au moulin de Vron. Vous arrivez ensuite à une superbe propriété, avec parc et bosquets. Ce sont les restes de l'ancienne abbaye de Balances, dénommés aujourd'hui « les fermes de Balances ». C'est là que fut transférée, autrefois, la première abbaye de Valoires, établie primitivement à Bonnance, près de Port-le-Grand, et qui plus tard fut de nouveau amenée à s'établir au-dessus d'Argoules, là où nous nous rendons aujourd'hui.

Vous traversez la route de Nampont-Saint-Martin qui vous croise, et vous arrivez au « Petit Chemin », gros hameau dépendant d'Argoules, bâti dans une plaine qui domine l'Authie.

Enfin, après seize kilomètres de parcours, vous atteignez Argoules même, d'où dépend l'abbaye de Valoires située à douze cents mètres plus haut environ.

Argoules est un très pittoresque village, bâti sur le flanc d'une colline bordant la baie d'Authie. Il renferme six cents vingt habitants. Tout contribue à lui donner un aspect séduisant : l'environnance qui est superbe, son vieux château qui possède tant de caractère, et dont la description à faire est encore bien telle que Dom Grenier la rapporte dans un écrit du XVIIIe siècle. « C'est, dit-il, un gros corps de logis flanqué de quatre tours de soixante pieds de roi de long, sur trente de large, non compris les tours qui sont hors des murs ». Ce castel, bâti sur le côté du village et regardant l'Authie, prête à une composition charmante, qu'il faut interpréter en descendant dans la vallée, de façon à mieux juger de l'ensemble. L'église, bien modeste, est une construction en pierres blanches avec une partie en silex dans le haut. Comme toutes celles de la contrée, elle est en deux parties, et le chœur est en contre-bas sur la nef. A l'intérieur, quelques vitraux paraissent appartenir au XIVe siècle.

Vous traversez Argoules, et vous arrivez dans la vallée. Encore un petit quart d'heure, et vous atteignez l'abbaye de Valoires.

Le célèbre monastère est situé au bas d'une colline toute chargée de bois et de jardins. C'est un site merveilleux et délicieusement paysagé. La plupart des bâtiments, parfaitement conservés, sont encore tels qu'ils apparaissaient avant la Révolution.

A l'intérieur, le cloître respire ce parfum religieux qui impressionne toujours les touristes, même incrédules, quand ils visitent des monuments de cette nature. Il n'y a qu'à en fouler le pavé pour en comprendre de suite le charme, surtout quand, blasé des tristesses de la vie, on s'en vient chercher là le repos et la consolation.

Une porte apparaît dans ce cloître ; c'est celle du sanctuaire. Vous entrez dans l'église par le côté, et vous vous trouvez de suite au centre d'un immense transept entre la nef et l'autel.

L'impression ressentie est énorme, car vous rencontrez là une merveilleuse architecture, et qui contraste grandement avec celle des pauvres églises que vous avez visitées durant votre parcours. La voûte avec ses courbes hardies, la grille somptueuse qui vous sépare de la nef, le splendide autel sous la coupole élancée avec le chœur admirable qui suit ; non, il y a dans tout cet ensemble quelque chose qui vous empoigne et qui évoque en vous les grandeurs du Catholicisme dans les siècles passés.

L'église de Valoires, car c'est plutôt une église qu'une chapelle, c'est vraiment un résumé incomparable des styles pompeux de Louis XIV et de Louis XV, transportés sur le terrain religieux pour mieux interpréter la majesté divine.

Dans le transept vous apercevez les tombeaux du comte Simon de Ponthieu et de sa femme Marie. Tout en marbre blanc, ils sont représentés couchés dans une niche prise dans l'épaisseur de la muraille. Il est bon de dire, de suite, que l'abbaye de Valoires fut le Saint-Denis des comtes de Ponthieu. C'est dans l'antique église, qui précéda celle actuelle, que furent inhumés pendant des siècles tous les membres de cette illustre Maison qui, dans les premiers temps de la Royauté, marchait presque de pair avec elle, lui disputant le pouvoir et l'obligeant parfois à rechercher son alliance. Tous les ossements des comtes de Ponthieu ont été exhumés de l'ancienne église, groupés tous ensemble et déposés de nouveau dans un caveau devant l'autel. Là dorment en commun Guillaume IV, mort au commencement du XIIIe siècle, Simon de Montmorency, comte de Ponthieu, mort en 1250, le célèbre Jean de Ponthieu tué à la bataille de Courtrai en 1302, et tant d'autres membres de cette glorieuse famille, dont l'histoire seule, maintenant, consacre le souvenir. Les mausolées superbes qui leur avaient été élevés dans l'ancienne église ont disparu avec elle. A peine quelques pierres tombales ont-elles échappé à la destruction, comme celles citées plus haut.

Mais visitons l'église plus en détail, et en procédant par ordre. La grille du chœur est un ouvrage remarquable de ferronnerie. Dans le chœur même se trouvent des boiseries de toute beauté. Dans le fond, vous rencontrez une belle peinture se rapportant à un évêque d'Amiens, Mgr de la Motte d'Orléans, abbé de Valoires, en contemplation parmi ses moines devant une apparition de la Sainte Vierge avec l'Enfant-Jésus. Deux autres tableaux, l'Ascension et l'Assomption sont dûs au pinceau d'un artiste amiénois, M. Letellier, aujourd'hui décédé. Le centre du transept est occupé, comme nous l'avons dit, par l'autel. Celui-ci est également d'une grande richesse. Du côté de la grille, on remarque les statues de Moïse et du grand prêtre Aaron.

Mais descendons dans la nef. Dans le milieu, on lit sur une dalle l'épitaphe du fondateur de l'association religieuse qui vint occuper l'abbaye de Valoires après la Révolution :

« Ci gist Jean-Baptiste-Joseph-Ghilain Laleuse, né à

« Wodecq, le 10 mai 1757, province de Hainaut, diocèse de « Tournai. Il forma l'établissement de la Société de Fort- « Lillo à Mons, en 1800, vint avec elle en 1817 à Valoires, « où il mourut, le 19 avril 1825, âgé de 68 ans. Requiescat in « pace. »

Voici divers tableaux. L'un représente la Présentation au Temple, de Le Tellier; un autre sans signature une Annonciation. Un troisième, de Paroncel, se rapporte à la naissance de l'Enfant-Jésus.

En arrivant dans le bas de l'église, voici des sculptures en bois peint et décoré, ayant trait à la vie de saint Jean-Baptiste. La partie en retrait dans laquelle elles se trouvent s'appelle la chapelle de la Décollation. Tous les personnages qui ont figuré dans cette sombre tragédie, Hérodiade, Solomé, des soldats, sont là avec des expressions et une attitude très étudiées, bien en rapport avec le triste rôle qu'ils ont joué.

Nous arrivons à la porte de la nef et au buffet d'orgue magnifique qui le surmonte. C'est ce qu'il y a de plus remarquable dans l'église de Valoires. Toutes ces boiseries, en beau cœur de chêne, sont sculptées à même et possèdent une réelle valeur artistique. Les anges à la Boucher sont d'une exécution savante, et la composition des groupes est parfaitement ordonnée. La tribune, où se trouve l'orgue lui-même, est supportée par quatre cariatides dont les têtes, d'après la tradition, rappelleraient les traits de certains frères servant les moines. Le tout est dominé par la statue de David interprétant les psaumes; deux anges se tiennent à ses côtés. N'oubliez pas les deux belles statues féminines représentant la Pénitence et la Sagesse et qui se trouvent de chaque côté de la porte.

La visite de l'église est terminée. Il nous reste maintenant à rappeler quelques faits historiques se rapportant à la célèbre abbaye.

L'abbaye de Valoires fut fondée en 1226 par des religieux de l'ordre de Citeaux ou de saint Bernard. L'église primitive dédiée à la sainte Vierge et à saint Martin fut construite en cette même année. Les restes des comtes de Ponthieu dont les moines avaient la garde, à Balance, avant leur transfert à Valoires, furent en même temps transportés dans le nouveau sanctuaire. En 1239, Simon de Dammartin, comte de Ponthieu, fut inhumé à Valoires. En 1279, Jeanne, reine de Castille et comtesse de Ponthieu, se fit construire un mausolée splendide. A sa mort elle y fut ensevelie, comme elle l'avait prescrit. L'année suivante, Édouard, roi d'Angleterre, fit un certain séjour à l'abbaye.

En 1346, le lendemain de la bataille de Crécy, on transporta dans l'abbaye le corps du roi de Bohême, où il fut inhumé provisoirement en attendant son transfert en Hongrie. Beaucoup de chevaliers, grièvement blessés pendant le combat, furent soignés avec dévouement par les religieux. Ceux d'entre eux, qui décédèrent des suites de leurs blessures, furent enterrés dans un enclos du cimetière que l'on montra longtemps aux visiteurs étrangers.

Parmi les abbés commendataires les plus célèbres de l'abbaye, il faut citer : Guillaume François Gouffier, de la branche des marquis de Thois ; Michel de Monchy, seigneur de Boutouville, conseiller au Parlement de Rouen ; Joseph-Hyacinthe de Broglie, évêque de Boulogne ; Augustin-César d'Hervilly, également évêque de Boulogne, et Louis-François-Gabriel de la Motte d'Orléans, évêque d'Amiens déjà cité. Sous ce dernier abbé, l'abbaye rapportait mille quatre cents livres.

A la Révolution, les religieux de saint Bernard se dispersèrent. Comme on l'a vu sur l'épitaphe que nous avons copiée dans la nef, l'association de Fort-Lillo appelée aussi les « frères de saint Basile » s'établit dans l'ancien monastère en 1817. Et enfin, de nos jours, les frères de saint Vincent de Paul vinrent s'y installer après la mort du dernier frère Basilien. Ils y fondèrent une colonie agricole devenue très prospère.

Malheureusement la persécution a sévi de nouveau, et pour la deuxième fois la vie religieuse vient de s'éteindre à Valoires. Mais les grands souvenirs du passé continueront de planer à jamais sur cette sainte demeure. Heureux ceux qui, dans un pieux pèlerinage, viendront les évoquer. Ils en rapporteront tout le bien que l'âme sait toujours retirer de ces visites bienfaisantes, car si les religieux ne sont plus là pour parler et pour raconter l'histoire, les pierres parlent pour eux et leur éloquence est éternelle !

CHAPITRE XX

Rue et la Chapelle du Saint-Esprit

LA CAPITALE DU MARQUENTERRE. — SOUVENIRS MILITAIRES. — VISITE DE LA VILLE. — LE CHATEAU DE BROUTEL. — L'HOTEL DE VILLE DU MOYEN-AGE. — LA CHAPELLE DU SAINT-ESPRIT : SA DESCRIPTION. — HISTORIQUE DU PÉLERINAGE. — LE CHRIST MIRACULEUX. — L'ÉGLISE SAINT-VULPHY. — LA LÉGENDE D'ADÈLE DE PONTHIEU.

Quand on est en villégiature dans une localité, il nous paraît de rigueur de connaître la région dans un rayon au moins de trente kilomètres. Cela représente à peu près la distance réglementaire fournie par nos troupiers dans une journée de marche. Or, pour vous qui possédez moyens de locomotion de toute nature : autos, bicyclettes, chemin de fer, les excursions à faire dans un rayon de cette simple portée sont classiques et tout-à-fait élémentaires.

C'est pourquoi nous vous proposons cette fois la visite de Rue, qui rentre précisément dans les limites voulues, puisque cette bourgade se trouve juste à vingt-huit kilomètres d'Etaples. En outre, si nous vous indiquons cette excursion, c'est parce qu'elle en vaut véritablement la peine, comme vous en jugerez d'ailleurs.

Rue, aujourd'hui chef-lieu de canton, est une petite ville de treize cents habitants, qui remonte à une très haute antiquité. Elle formait, pour ainsi dire, autrefois, la capitale du Marquenterre, vaste espace de territoires abandonnés par la mer, ainsi que l'éthymologie du nom le prouve. *Maris in terra, maris quœ est in terra,* mer qui est en terre.

Il est du reste de tradition dans le pays, qu'au Moyen-Age la mer venait battre ses remparts. Le flot, avec la marée, remontait par un vaste estuaire la rivière actuelle de la Maye, et y produisait le phénomène que nous voyons tous les jours encore à Etaples.

Aujourd'hui, entre Rue et la mer, il faut compter au moins 6 kilomètres, et cette distance s'accroit sans cesse, le mouvement de recul continuant toujours à s'opérer.

Comme toutes les cités de Picardie et de l'Artois, la ville de Rue traversa des vicissitudes bien différentes. Mêlée à toutes les guerres et à toutes les invasions, elle eut parfois à soutenir des sièges héroïques.

Au XVIe siècle, sa citadelle résista aux efforts des calvinistes dont l'artillerie puissante éprouva cependant grandement les murailles. Toute la contrée environnante fut mise à feu et à sang ; mais la place tint bon et le siège dût être levé.

Le XVIIe siècle vit la fin de son existence chevaleresque. En effet, à la suite du traité d'Aix-la-Chapelle, sa citadelle fut rasée et ses remparts démolis.

A partir de cette époque, Rue vécut de ses souvenirs. Mais ceux-ci ne se bornent pas seulement qu'aux traditions militaires. L'histoire religieuse de la cité a également une importance exceptionnelle ; car Rue est le siège d'un pèlerinage célèbre, qui remonte à la plus haute antiquité, ainsi que nous le verrons plus loin.

Quand vous pénétrez dans cette petite ville, vous êtes de suite frappé par cet aspect riant qui la caractérise. Les avenues sont larges, ensoleillées et paysagées. La première qui s'offre à vos regards toute gazonnée au milieu et bordée d'arbres avec des allées, forme boulevard. Elle conduit directement au château de Broutel. C'est une agréable solitude, comprenant un triple corps de logis, avec toits et cheminées très élevés qui lui donnent tout son caractère. Le parc qui l'environne, avec ses pelouses et ses arbres séculaires, ajoute au charme de l'ensemble.

A droite du château, se détache la grande rue qui n'a rien de pittoresque. D'une largeur démesurée, que souligne encore les maisons à simple rez-de-chaussée qui la bordent, elle n'est guère agréable à parcourir par un soleil ardent, ou par une pluie battante. Pas le moindre abri, pas un arbre pour y procurer l'ombrage. Ce parcours fastidieux vous paraîtrait même intolérable, si vous n'aviez devant vous, en perspective, le haut beffroi si pittoresque, dont la vue pleine de promesses vous attire et vous occupe. Messieurs de la Mairie, nous vous en prions, pourquoi ne plantez-vous pas cette avenue ? Croyez-nous, le pays y gagnerait.

Encore quelques pas, et vous vous trouverez devant l'Hôtel-de-Ville d'où s'échappe ce superbe beffroi que vous convoitez depuis si longtemps.

Celui-ci est bien Moyen-Age. Il se compose d'une grosse tour carrée en grés, avec contreforts aux angles, d'où partent de gracieuses tourelles surplombantes, couvertes de toits coniques. Une balustrade gothique couronne l'édifice, bordant une terrasse d'où s'élance un dôme à facettes, avec cadrans d'horloge. Le tout est surmonté d'un petit clocheton final qui le domine.

Mais, là n'est pas la principale merveille du pays. Voici de l'autre côté, sur la place, la chapelle du Saint-Esprit, qui est un véritable bijou d'architecture et de sculpture. La façade ouvragée, au point de ressembler à de la dentelle, est à peine descriptible. C'est un fouillis incomparable de niches, de statuettes, de dais, de sujets et de scènes de toute nature taillés dans la pierre, avec un art exquis, une finesse de sentiments où la naïveté le dispute au sublime. Vous avez devant vous un des chefs-d'œuvre du gothique flamboyant. Aussi, le gouvernement a pensé devoir conserver cette chapelle à l'admiration des siècles futurs, en la classant parmi les monuments historiques.

Essayons, cependant, la description de cette œuvre d'art. Le porche principal est divisé en deux parties par un trumeau que couronne une belle statue de la Vierge. Les voussures sont chargées de groupes se rapportant au règne de

Louis XII. Un gabe finement ciselé, et renfermant une superbe rosace, s'élance du porche pour atteindre la balustrade qui couronne l'édifice. Les fenêtres, en belles ogives, sont séparées par des piliers surmontés de pinacles, avec niches et dais qui abritent d'innombrables statues, se rapportant à des personnages du temps de Louis XI, car tous portent au cou le collier de l'ordre de saint Michel, institué par ce monarque en 1469. Cependant, par un anachronisme de costume qui se répète souvent à cette époque, Charlemagne figure parmi tous ces personnages, et l'artiste l'a revêtu, comme les autres, de la même dignité.

Voilà pour l'extérieur. Si vous pénétrez maintenant dans la chapelle, vous ne serez pas moins émerveillé. Une première porte, dissimulée dans des boiseries sculptées, vous fait pénétrer dans la Chapelle de Notre-Dame des Sept-Douleurs ; une autre donne accès à un escalier qui vous mène à la Salle de la Trésorerie. Là se trouvent de superbes boiseries du XVIe siècle, avec de magnifiques sculptures puisées à même, parmi lesquelles les plus remarquables reproduisent des scènes se rapportant à l'Annonciation et à la Circoncision.

Vous pénétrez maintenant dans la Chapelle du St-Esprit. Tout de suite ce qui vous frappe, ce sont les voûtes aux arêtes très en saillie et fouillées profondément. Celles-ci forment une nuée de nombreuses arcades, qui s'entrecroisent en tous sens, pour venir se résumer en de magnifiques rosaces se terminant en culs de lampe, très ouvragés, et à jour. Sur les murs, on remarque les artistiques peintures à fresques de M. Siffait de Moncourt. Celles-ci ont trait au Christ miraculeux dont nous allons conter brièvement l'histoire.

Pendant les Croisades, de nobles chevaliers découvrirent une superbe statue de Christ dans les ruines du Golgotha, à l'endroit où fut la demeure de l'empereur Nicodème. Ceux-ci, pour la soustraire aux sectateurs de l'Islam, la transportèrent dans le port de Jaffa, la déposèrent dans une barque sans voiles et sans gouvernail, sans pilote et sans matelots, la confiant aux soins de la Providence et aux caprices des flots. Par un miracle extraordinaire, celle-ci vint s'échouer sur la plage, près de la ville de Rue, le premier dimanche d'Août de l'année 1100. Un pieux marinier l'aperçut et courut aussitôt prévenir ses compatriotes. Ils arrivèrent avec le clergé pour recueillir la vénérable image et la transporter dans l'église du pays. Elle fut de suite l'objet d'une grande vénération, le rendez-vous de nombreux pélerinages et l'occasion de grands miracles. Aussi les Abbevillois, jaloux, ne tardèrent pas à revendiquer la possession de l'insigne statue. Ils prétextèrent la plus grande importance de leur cité, et par suite la plus grande vénération qui s'en suivrait ; ils obtinrent même du Parlement un édit autorisant leurs prétentions. Mais voici que le jour où on passa à son exécution, un nouveau miracle s'opéra. On avait attelé, pour la circonstance, de quatre forts chevaux un chariot sur lequel on avait couché la statue ; or ceux-ci restèrent immobiles et ne purent jamais se mettre en route. Les Abbevillois durent donc renoncer à leurs espérances. Ils dételèrent les chevaux et un seul put ramener l'image vénérée dans son sanctuaire habituel.

C'est cet épisode que Monsieur de Montcourt a reproduit avec un véritable talent. Une autre de ses fresques représente « *l'arrivée du Christ miraculeux* » ; une troisième « *la visite de Louis XI en pélerinage à Rue.* » Car il faut dire que nombre de rois, de grands personnages et de papes honorèrent le célèbre sanctuaire de leurs visites, de leurs dons, de leurs faveurs et de leurs indulgences. Parmi ceux-ci, on cite, outre Louis XI, Louis XII, Philippe-le-Bon, duc de Bourgogne, Isabelle de Portugal, et Clément VII.

De la chapelle du Saint-Esprit passons maintenant dans l'église paroissiale dédiée à saint Vulphy. Cette dernière, après la contemplation des merveilles auxquelles vous vous êtes arrêté, n'a rien qui puisse retenir votre attention. Cependant les stalles du XVIe siècle avec leur mélange de sacré et de profane, leurs sujets se rapportant à la Mythologie et à la Bible sont dignes d'examen. Il en est de même d'un confessionnal habilement sculpté dans le goût du XVe siècle.

Et maintenant pour terminer cette visite nous raconterons une légende se rapportant à Adèle de Ponthieu.

Il paraît qu'au temps où la mer venait battre les remparts de Rue, cette noble princesse avec Thomas de Saint-Valery, son époux, s'en furent un jour à cheval faire un voyage dans les environs de la ville. Arrivés près d'un bois, ils furent attaqués par une bande de quatre brigands. Thomas, après avoir recommandé le courage à la princesse, se mit en état de défense. Il tira son épée et réussit à abattre trois de ses assaillants. Mais quatre autres bandits ayant surgi, son cheval fut tué et il tomba avec sa femme en leur pouvoir. Ceux-ci le ligottèrent dans un buisson d'épines, puis s'emparèrent d'Adèle qu'ils transportèrent au milieu d'un bois. Là, après l'avoir dépouillée de ses vêtements, ils lui firent subir les derniers outrages, puis la relâchèrent.

Elle courut aussitôt délivrer son mari et lui conta la terrible aventure. Quelques temps après, son père, le comte Jean de Ponthieu, ayant eu connaissance des faits, s'en vint à Rue et invita Adèle et son époux à une partie de promenade en mer. Quand ils furent arrivés à trois lieues de la côte, Jean de Ponthieu s'écria : « Dame de Dommard, il faut maintenant que la mort efface la vergogne que notre malheur apporte à notre race ». Aussitôt les matelots, malgré les supplications de son mari, s'emparèrent d'elle, la ligottèrent et l'enfermèrent dans un tonneau qui fut jeté à la mer. A leur grande stupéfaction le tonneau ne s'enfonça pas ; mais il se mit à flotter. Quelques heures après, il fut recueilli par un navire allemand, et Adèle délivrée fut rendue à son époux. Jean de Ponthieu après cette tentative de crime, fut pris de remords. Il partit pour la croisade en Palestine et périt de la peste au siège de Saint-Jean-d'Acre.

CONCLUSION

NOTRE LIVRE N'EST PAS FINI. — TRANSFORMATION ACTUELLE DU DOMAINE DU TOUQUET. — LES NOUVELLES ET GRANDIOSES CONSTRUCTIONS. — CELLES PROJETÉES. — LE PLAN RIDOUX. — DANS LA FORÊT. — RÉALISATION DU RÊVE DE M. DE VILMESSANT. — L'ARCACHON DU NORD. — PARIS-PLAGE TIENDRA DE PARIS QUI LUI A DONNÉ SON NOM ET SES ARMES.

Et maintenant avons-nous bien fini d'exposer tous les agréments et tous les charmes de notre plage ? Avons-nous bien décrit toutes les promenades qu'elle renferme ? Non.

Grâce à M. Withley qui, à si juste titre, a été traité bien souvent d'enchanteur, depuis que notre ouvrage a été composé, le domaine du Touquet s'est pour ainsi dire transformé du tout au tout.

Paris-Plage a bénéficié de suite de cet essor prodigieux. Soixante-dix chalets nouveaux ont salué les splendides conceptions de l'illustre directeur de la Société du Touquet.

Un hôtel merveilleux, l'Atlantic-Hôtel, dresse sa masse gigantesque et imposante à l'entrée de notre station balnéaire dans la direction de Berck, et cela pour bien indiquer où régneront désormais la puissance et la grandeur parmi les stations balnéaires de notre littoral.

Et comme si cela n'était pas suffisant, à l'autre extrémité de la plage, voilà qu'un autre rêveur, M. Ridoux, entreprend une œuvre colossale qui rappellera les splendeurs de l'antiquité romaine.

Si les plans que nous avons vus sur le papier étaient

exécutés, si la construction grandiose de cette digue-promenade, de ce casino princier, de ce Balneum magistral et de ces Thermes sans précédent dans les annales de l'architecture se réalisaient jamais, Paris-Plage deviendrait certainement et sans exagération la première de nos plages françaises et peut-être même européennes.

Et que dirons-nous de la forêt où les transformations commencées si heureusement en 1903, se poursuivent avec un zèle infatigable et avec un résultat qui tient presque du miracle ?

Cet Hermitage-Hôtel qui donne au Touquet sa véritable et définitive destination ; ce Casino qu'on édifie sous bois ; ce grandissime Hôtel qu'il est question d'ériger, après la saison, en plein milieu des pins maritimes ; cette amorce de constructions sylvestres dans la forêt, sur la route du château ; cette villa ravissante qu'on vient de jucher sur une des buttes boisées ; tout cela n'est-il pas pour Paris-Plage le début d'une révolution qui va orienter définitivement sa marche ?

De Vilmessant avait donc raison, quand dans son génie prévoyant, il avait rêvé de créer au Touquet une station balnéaire qui devait être unique.

La beauté et la grandeur du site ont dicté à ceux qui l'ont suivi le parti à tirer de cet endroit absolument privilégié.

L'Arcachon du Nord s'était révélé dans des conditions tout à fait identiques à celles que possédait l'Arcachon du Midi ; mais il avait ce que l'autre n'aura jamais : une plage immense avec la vue de la pleine mer !

Et ce nouvel Arcachon se trouvait à 3 heures de Paris et à quatre heures de Londres !

Aujourd'hui que tous ces avantages sont connus, et que la réputation de Paris-Plage n'est plus à faire, où s'arrêtera sa marche triomphale ? Car nous ne sommes qu'au début d'une période !

Paris, la reine du monde, ne souffre pas d'être éclipsée par une autre capitale. N'est-elle pas constamment à l'avant-garde du progrès et des conceptions supérieures qu'enfante le génie moderne ?

Paris-Plage qui s'est emparé de son nom, doit avoir à cœur de le porter noblement, et il fera de même. Il voudra marcher dans le sillon glorieux que trace sur les flots son navire toujours en marche, *Fluctuat nec Mergitur.* Il flotte et il ne sombre pas.

Non il ne sombre pas et il ne sombrera jamais !

Rien ne pourra l'engloutir, car il est impérissable, et sa destinée veut qu'il se dirige toujours haut et ferme à la tête des autres capitales.

Il ne peut être remorqué, car il est fait pour conduire et non pour suivre.

Paris-Plage a son programme tout tracé. Puisque dans ses armoiries il porte le navire du grand Paris, qu'il vogue comme lui, et un jour qui n'est pas éloigné, il justifiera pleinement son nom. Ce sera bien le Paris des plages, c'est-à-dire la reine des stations balnéaires !

. . . .

Et, quand dans la suite des siècles, on recherchera sa modeste origine, on retrouvera un désert entre la forêt et la mer, désert où deux phares seuls dressaient autrefois leur masse, inondant pendant la nuit l'horizon de lumière et d'espérance.

Cette lumière aura fécondé la ville : « *Fiat lux, fiat urbs* », car la lumière appelle la vie. Tous les mondes gravitent autour d'un soleil ; tous les êtres fuient les ténèbres.

On découvrira que cette lumière qui, pendant trente ans, était restée presque stérile, du jour où elle chercha sa source dans notre belle capitale de France, de ce jour elle fit dériver vers elle ce courant prodigieux d'où est sorti notre magnifique plage.

Mais, dorénavant, puisque nous avons réalisé, grâce à ce précieux parrain, le *fiat lux, fiat urbs,* réalisons sa propre devise : *Fluctuat nec mergitur.*

Paris-Plage, 1er Juillet 190[illegible]

TABLE ONOMASTIQUE

A

B

C

D

E

F

G

H

I

J

K

L

M

N

O

P

Q

R

S

T

V

W

Y

Z

TABLE DES MATIÈRES

TROISIÈME PARTIE. — NOS EXCURSIONS

Imprimeur-Editeur Charles DELAMBRE, Montreuil-sur-Mer et Paris-Plage.

www.ingramcontent.com/pod-product-compliance
Ingram Content Group UK Ltd.
Pitfield, Milton Keynes, MK11 3LW, UK
UKHW021102220726
13924UKWH00005B/2200